科学教育译丛

主编　王恩科　主审　钟南山

迈向科学教育中的表征能力框架

Towards a Framework for Representational Competence in Science Education

〔美〕克丽丝蒂·L. 丹尼尔（Kristy L. Daniel）　主编

麦文隽　赵灵智　译

科　学　出　版　社

北　京

图字：01-2023-5533

内 容 简 介

　　表征能力是国内外教育学、心理学等各学科领域关注的重要议题，不仅与学生的个人成长息息相关，更是科学发展与社会进步的背后推手。本书旨在促使科学教育者、研究如何学习科学的科学家，以及相关的从业人员对表征能力的理论框架有所理解和思考，并试图搭建各学科之间的思想桥梁。共分为三部分，第一部分聚焦于表征能力的介绍，第二部分关注表征能力的教学应用，第三部分围绕"表征能力的评估"这一主题，对各类评估方法进行了理论与实践层面的研究。

　　本书适合科学教育从业者，教育以及自然等相关领域的学生、教师及研究人员阅读。

First published in English under the title
Towards a Framework for Representational Competence in Science Education
edited by Kristy L. Daniel, edition: 1
Copyright © Springer International Publishing AG, part of Springer Nature, 2018
This edition has been translated and published under licence from
Springer Nature Switzerland AG .

图书在版编目（CIP）数据

迈向科学教育中的表征能力框架 /（美）克丽丝蒂·L. 丹尼尔（Kristy L. Daniel）主编；麦文隽，赵灵智译. —北京：科学出版社，2024.3
（科学教育译丛 / 王恩科主编）
书名原文：Towards a Framework for Representational Competence in Science Education
ISBN 978-7-03-077085-1

Ⅰ. ①迈⋯ Ⅱ. ①克⋯ ②麦⋯ ③赵⋯ Ⅲ. ①科学教育学-研究 Ⅳ. ①G40-05

中国国家版本馆 CIP 数据核字（2023）第 241870 号

責任編輯：郭勇斌　杨路诗 / 責任校对：张亚丹
責任印制：赵　博 / 封面设计：义和文创

科 学 出 版 社 出版
北京东黄城根北街 16 号
邮政编码：100717
http://www.sciencep.com

北京科印技术咨询服务有限公司数码印刷分部印刷
科学出版社发行　各地新华书店经销
*
2024 年 3 月第 一 版　开本：720×1000　1/16
2025 年 9 月第三次印刷　印张：18 1/4
字数：373 000
定价：**158.00 元**
（如有印装质量问题，我社负责调换）

"科学教育译丛"编委会

科学教育：大学的使命与担当
（丛 书 序）

我少年时代就读于华南师范大学附中前身的岭南大学附属中学，也因此和华南师范大学结下深厚的渊源。2023 年 7 月，"全国科学教育暑期学校"中小学教师培训（广州会场）在华南师范大学开班，学校邀请我去作报告。我很认真地做了准备，去跟老师们讲我所理解的科学教育以及如何培养科学素质。在我看来，中小学老师会影响孩子一辈子，科学素质的培养必须从小抓起。

科学教育是提升国家科技竞争力、培养创新人才、提高全民科学素质的重要基础。2023 年 5 月，教育部等十八部门联合印发了《关于加强新时代中小学科学教育工作的意见》，对如何在推进教育"双减"的同时做好科学教育加法作出系统性的部署。这么多部门联合发布文件，一方面足见国家对科学教育的重视，要求集聚社会资源，加强部门联动；另一方面也是希望更多组织和相关人士能积极参与，担负起科学教育的使命。

作为广东教师教育的排头兵，华南师范大学一直很重视科学教育。除了这两年连续承办"全国科学教育暑期学校"，据了解，学校多年来还做了一系列示范性、前瞻性的工作。学校 2004 年开始招收科学教育专业本科生，2020 年开始招收科学与技术教育专业硕士，不仅招生规模居全国前列，而且形成了具有中国特色的"大科学教育"理念。2023 年我去作报告时，王恩科同志跟我介绍，学校又在全国率先成立科学教育工作委员会，组建了华南师范大学粤港澳大湾区科技创新与科学教育研究中心等平台，开展国内外小学科学课程标准的比较研究等。这些都说明，学校在科学教育上是有远见卓识的，也真正想为推动中国的科学教育发展做一些实事。

最近又很高兴地看到，华南师范大学集聚了一批专家学者完成了"科学教育译丛"的翻译工作。这套译丛以美国的科学教育研究与实践为主，内容包括社会性科学议题教学、天赋科学教育、科学教育的表征能力框架、STEM 教育、跨学科学习、批判性思维、科学教育理论与实践策略等。这些都是国外科学教育领域密切关注的重要主题和前沿性成果，对国内科学教育的深入开展很有启发性和借鉴意义。从中可以看出，以美国为主的西方发达国家，对科学教育已经进行了长期的、广泛的、扎实而细致的专业研究与基础性工作。特别是，美国之所以在科技领域能够处于绝对领先地位，与它们在科学教育上的发展水平有着密不可分的关系。美国中学科学教育开始于 1821 年，是世界上最早在中学开设科学课程的国家之一。20 世纪 80 年代，美国启动"2061 计划"，开始实施课程改革，在数学、科学和技术教育方面提出了培养学生科学素养的新目标，要使科学素养成为公民的一种内在品质。随即，美国推出了一系列引领世界科学教育发展的标志性文件，包括《国家科学教育标准》《科学素养的基准》《面向全体美国人的科学》等。自 1993 年起，美国国家科学基金会每两年发布一次《科学与工程指标》，其中首当其冲关注的是美国的中小学科学教育。2013 年，美国国家科学技术委员会向国会提交了《联邦政府关于科学、技术、工程和数学（STEM）教育战略规划（2013—2018 年）》，这是时任美国总统奥巴马主导的一项 STEM 教育发展战略，意在加强 STEM 领域人才储备，保证美国在科技创新人才领域的优势地位。

近些年来，我国开始借鉴美国 STEM 教育的经验，开展了许多相关的实践和研究。但在学习这些具体经验的同时，我们更要认识到，正所谓"冰冻三尺，非一日之寒"，美国科学教育的发达有着多方面的深刻原因，我们要更多地学习它们的策略、理念与方法。科学教育在美国被置于国家战略的重要地位，并从教育目标、课程标准、战略部署、全民素养、监测评价等方面进行了系统性的谋划，基于国家科技发展形成了有特色的科学教育体系。从华南师范大学推出的这套"科学教育译丛"也可以看出，在美国有一批高等院校和科技工作者致力于科学教育的深入研究，形成了大量的面向基础教育的中小学科学教育应用性成果。

应该说，当前我国已经越来越意识到科学教育的重要性，从党的二十大报告中关于教育强国、科技强国、人才强国战略的提出，到教育部等十八部门加强新时代中小学科学教育的工作部署，都体现了党和国家对于科学教育空前的重视。对比世界先进国家，我们在科学教育的师资队伍、教育理念、课程标准、课程体系以及专业研究等方面都还存在着很多短板，因此也迫切需要更多的师范大学、科研院所、科学场馆、高科技企业以及相关的大学教授、科学家、工程师、科学教育研究者等关注、支持和参与到中小学科学教育中来，真正从源头入手做好拔尖创新人才的早期培养。除了虚心学习引进国外的既有教育研究成果，我们更需要一大批的大科学家、大学者、大专家能够不辞其小，躬下身去面向中小学老师和学生做一些科普性、基础性的教育工作，这项工作的价值丝毫不低于那些高精尖的科技研究。

同时更重要的是，正如我在"全国科学教育暑期学校"的报告中提出的，我们要加强中国科学教育的"顶层设计"，构建具有中国特色的科学教育体系。要认识到，无论是美国的 STEM 教育还是英国的 STS（科学、技术、社会）教育，都是基于各自的国家战略和科技发展需求而制定的，也都并非完美无缺，我们可以适当借鉴，但不能照搬照抄。从我们的国情、教情和文化基础来说，我个人认为，中国的科学教育应倡导的是 IMH 教育，即创新能力（Innovation）、使命感（sense of Mission）、人文精神（Humanity）。在科学教育中，我们要从这三方面做好中小学生的科学素质培养，三者缺一不可。

首先，科学素质的核心是创新能力的培养。具体来说，创新能力应包括开拓精神、尊重事实、执着追求、协作精神等内涵。同时，创新还意味着要学以致用，只有发明和发现还不够，要能够应用于实践，产生社会效益和经济效益。为此，老师要从小培养学生善于发现问题、善于设计解决方案的能力，引导他们利用学到的知识去解决实际问题，将书本所学和生活实践联系起来。

其次，科学教育必须注重使命感的培养。我们常说，科学没有国界，但科学家是有祖国的。在中国进行科学研究，开展科学教育，一定要有使命感。当前，部分西方国家在科学技术上到处卡我们的脖子，我们要进行科学创新，必须敢于担当，把国家和民族的发展放在心中。我们要注重培养学生对科学的好奇心和兴趣爱好，但更重要的是培养学生的使命感。

最后，科学素质的教育要倡导人文精神。这一点尤为重要。国家发展也好，大学教育也好，科技与人文一定是不可偏废的两翼。科技发展是为了让人的生活更美好，让人的发展更健全。没有人文精神做基础，只强调科技发展，不仅是片面的，也是危险的。我们既要注重科学教育，更要提倡德智体美劳全面发展；既要注重科学的发展，更要注重尊重人，学会宽容和公正，善于发现他人的优点和长处。

说到底，这些精神和素养也是青少年时代，母校教给我的令我受益一生的东西。2023 年是华南师范大学建校 90 周年，我也再次受邀回学校出席建校 90 周年发展大会。我在致词中讲到，华南师范大学附属中学培养了我，为我打下好的基础，给我提供的良好教育让我能够为国家作贡献，同时让我自豪的是，华南师范大学在科技强国、民族复兴的征程上也能够勇担使命，体现了大学应有的精神品格。

从这套"科学教育译丛"中，我再次看到一所高水平大学应有的使命担当与精神品格。我也很愿意和华南师范大学一起，为推动科学教育的发展，为培养更多具有创新能力、使命感和人文精神的高素养人才尽一份力。

是为序。

钟南山

2024 年 2 月

译 者 序

表征能力是国内外教育学、心理学等各学科领域关注的重要议题。知识的学习是个体主动进行意义建构的过程，个体基于已有的知识和经验，在心理层面对事物或事件进行多层次、多维度的表征，以完成心智模型的构建，不断优化自身对世界的理解。更进一步而言，个体需要对自己的心智模型（即内部表征）进行外部表征，以具象化的方式传达抽象的概念与知识，实现各主体之间学习或科研的互动与交流。表征能力不仅与学生的个人成长息息相关，更是科学发展与社会进步的背后推手，其重要性不言而喻。

本书旨在促使科学教育者、研究如何学习科学的科学家，以及相关的从业人员对表征能力的理论框架有所理解和思考，并试图搭建各学科之间的思想桥梁，共分为三部分。第一部分内容聚焦于表征能力的介绍，包括表征能力理论框架、表征流畅性、表征转换能力、视觉歧义等内容；第二部分内容关注表征能力的教学应用，既有对如何在教学中提升表征能力的探索，也有对如何通过表征教学培养学生系统思维和表征能力的研究；第三部分内容围绕"表征能力的评估"这一主题，对各类评估方法进行了理论与实践层面的研究。

本译文从翻译到出版，历时一年有余。鉴于其涉及学科领域的多样性，译者查阅了各学科的相关文献，并就其中的存疑之处咨询了学科领域内的相关学者，以尽力保证翻译内容的科学性和准确性。但由于能力有限，翻译过程中难免会有疏忽和犯错之处，若有讹误，恳请读者不吝指正，不胜感激！此外，特别感谢华南师范大学科学技术与社会研究院的范冬萍院长为本次翻译工作和译文出版提供的支持与帮助。同时，也要感谢刘益宇、廖成东、付强、许辰佳几位老师为本次翻译提供的指导与建议。本次翻译工作同样离不开林惠琴、李扬艺、蒲钰、王全一、朱星慈、戴会灵 6 位同学提供的帮助。最后，感谢科学出版社的各位编辑为译文提供的数轮精心审校，是大家的共同努力，促成了本译文的成稿与出版。

译　者

2023 年 12 月于广州

目　　录

第二部分　面向表征能力的教学

第一部分　表征能力的重要性

1　迈向表征能力的定义

克丽丝蒂·L. 丹尼尔（Kristy L. Daniel）　　卡丽·乔·巴克林（Carrie Jo Bucklin）

E. 奥斯汀·莱昂内（E. Austin Leone）　　詹·伊德马（Jenn Idema）

在当前的科学教育中，表征能力的统一理论框架还未达成共识。各式各样的表征能力理论在文献中被提及，这些理论对能力的含义和作用持有不同的观点。此外，语言差异可能会对思想融合与学科领域发展造成潜在阻碍，这高度取决于学科的种类。在科学领域，表征可被用于显示数据、组织复杂信息，以及促进对于科学现象的共有理解。为此，本章将表征能力定义为个体使用对现实的各种认知来为其对某物的理解进行意义构建，并以之交流的能力。尽管建立统一理论框架并不现实，但是我们需要致力于形成统一的研究共同体来推进研究工作，如此，表征能力才能获得更好的研究与诠释。本章将对表征能力的维度、表征模式，以及表征能力理论框架在科教研究与实践中的作用进行界定。

科学经常借助图形、表格、模型和模拟等视觉手段进行信息传递。这些信息传递方式要求接收对象具有理解视觉输入的能力，而这种理解能力是与科学思维方式相一致的。随着技术的不断普及，尤其是技术与教育领域的持续融合（笔记本电脑、平板电脑、智能手机、桌面显示器等），一个日益增长的趋势随之出现，即学生们将遇到更多关于科学的可视化，可视化也将成为学生们交流观点的重要方式。理解如何在科学学习中帮助学生使用可视化是至关重要的。就表征能力对于学生学习科学的作用进行研究和讨论，可以使我们更好地理解如何帮助学生在科学学习中利用好可视化。

本书旨在激发科学教育者、研究如何学习科学的科学家、相关从业人员等对表征能力理论框架进行思考。同时，本书也希望能够向读者展示出当前科学教育领域中关于表征能力的认知情况。我们致力于通过研究推进专业领域发展，并搭建各学科之间的思想桥梁。在接下来的章节中，各位作者提出了一些关于科学教育的新问题，以思忖和探究那些与"外部可视化"表征能力相关的观点。

1.1　背景与理论

表征是一种有用的工具，它通过组织复杂信息、显示数据，以及阐明复杂主题等方式，使得信息更容易被人们所理解。对于传达抽象科学概念而言，表征是至关重要的（Gilbert，2005），在面对海量数据或现象时，以文本形式来传递信息很可能会导致信息被误解。对学生如何使用和提升科学表征能力的忽视，会遏制他们自身领域内专业知识的增长。我们应该将注意力放在理解学生的信息交流上，即他们是如何学习使用科学表征来进行互动和交流的。

外部表征和内部表征是表征的两种主要类型。外部表征可理解为可通过视觉感知的模型；内部表征则是由大脑感知所产生的。外部表征和内部表征之间的区别有时会变得模糊，因为认知研究的最终落脚点是内部表征。学生对图像与语言表征的分类可以作为一项评估工具，以更好地呈现学生的内部表征或心智模型。同样地，在进行教学研究时，理解外部表征在内容领域中的性质和作用是至关重要的，因为外部表征本身便是在内容领域内进行推理的重要组成部分。当学习者为了提升专业知识水平及模型能力与表征能力，而使用表征来进行学习时，有两个框架可以用于体现和解释他们是如何使用可视化进行 STEM 学习的。

表征能力是个人通过外部可视化来对自己的现实感知进行认知，并就此认知进行交流的能力（Halverson and Friedrichsen，2013；Kozma and Russell，2005）。对学生表征能力水平的判断，无法离开表征流畅性这一概念。表征流畅性是表征能力的一个测量标准，意指在各表征形式内部和之间进行转译以理解概念的过程。相对于静态的表征能力，表征流畅性是指学生在表征形式内部和之间无缝转译的能力，可有效提升学习效率（更多细节信息可参考第 2 章）。

表征可以通过五种外部形式来表达：实体、语言、符号、视觉和手势（Gilbert，2005）。这些表征形式的流畅性在第 2 章有更深入的探讨。该章节认为，学习者对 STEM 各学科中概念的理解取决于其对这些概念进行表征的能力，以及随后在各表征形式之间和内部将其转译的能力。当学习者具有较高的表征能力时，他可以将外部表征转化为内部表征或心智影像，以提升自己在视觉工作、记忆工作，以及认知问题求解这些方面的表现（Gilbert，2005；Botzer and Reiner，2005；Clement et al.，2005）。在学生使用表征进行交流互动的基础上，可以将此能力作为他们对内容理解的结果、条件或发展阶段来进行审视。

表征能力描述的是学习者使用表征的能力，模型能力描述的是个人与表征进行互动的能力：或是将表征视为媒介来解释与阐明意义，或是将表征视为方法来检验过程和作出预测（Upmeier zu Belzen and Krüger，2010）。可以通过个人完成不同任务的效率情况来对其表征能力进行测量（更多细节请参阅第 11 章）。高水准表征能力和模型能力的培养非一日之功。对于许多主题而言，学生往往都拥有一定的先入之见，在课堂上，学生需要去理解应如何内化与解释外部可视化，以及如何与之互动，而先入之见会对学生们的理解造成影响（Meir et al.，2007）。受内容（Gilbert，2005）和任务难度的影响，学习者的表征能力水平并不是恒定不变的。因此，在学生描述科学内容时，对其使用和理解表征的情况进行审视是至关重要的。

视觉表征可视为一种用以形成概念性理解的方法（Zazkis and Liljedahl，2004），它在数学、地理和科学中发挥着至关重要的作用（Cuoco and Curcio，2001；Gilbert，2005）。我们知道，可视化可以提升文本知识的学习效率，促进问题的解决，让新旧知识之间的联系更容易被发现和理解（Cook，2006）。各类视觉表征均可帮助人们理解那些既有区别又有雷同之处的现象或实体。尽管视觉表征在强化学习方面的作用毋庸置疑（Cook，2006；Meyer，2001；Peterson，1994；Reiner and Gilbert，2008；Woleck，2001），但是学生对视觉表征的理解，以及应用视觉表征的能力，却往往会出现滞后的现象（Zbiek et al.，2007；Anderson and Leinhardt，2002；Ferk et al.，2003；Reiss and Tunnicliffe，2001；Tufte，2001）。在科学领域，美国国家研究委员会 ［National Research Council（NRC），1996］ 针对学习中需要使用表征的学生，提出了一系列目标。学生应该能够：

①通过视觉表征来描述和描绘关系；
②分析关系并解释一个实体中的变化是如何影响另一个实体的；
③系统地收集、组织和描述数据；
④描述和比较现象；
⑤构建、阅读和解释表征；
⑥用数据支持假设和论据；
⑦基于所呈现的数据来评价论点；
⑧用多元外部视觉表征来表征情境，并探索这些表征间的相互关系；
⑨分析表征以识别属性和关系。

建立在准确理解的基础之上，视觉表征可以为我们提供对现象的描述，这是其他方法无法做到的。但在某些情况下，视觉表征可能会产生误导，并由此额外地增加了解释的困难（Zbiek et al.，2007；Tufte，2001），尤其是当学生们使用表征对某一现象进行字面描述时（Anderson and Leinhardt，2002）。例如，学习解剖学的儿童有时会认为心脏的符号式指代物与现实解剖中的心脏实体是一样的

（Reiss and Tunnicliffe，2001）。然而，在开始全面理解学生如何使用表征和进行表征交互前，我们需要认识到，各科学内容领域对于表征的处理方式是各不相同的。也因此，本书的内容会涵盖多个科学领域中关于表征能力的方方面面。

1.2　达成共识的机会

在我们理解了不同内容领域内表征是如何被解释的之后，我们会进一步追问：我们能否就表征如何影响学习这一问题达成共识呢？

对思维的启示

研究表明，学生在如下方面存在着困难：①识别视觉表征的关键结构；②解释和使用视觉表征；③在不同的表征模式之间切换（例如，2D 和 3D 模型）；④将抽象表征与内容知识相联系；⑤知晓哪些是理解表征的合适方法（Ferk et al.，2003；Gabel，1999；Hinton and Nakhleh，1999；Johnstone，1993；Treagust et al.，2003）。有时，学生可能会通过其对视觉材料的理解，得出问题的正确答案，但这不意味着他们使用了适当的方法（Tabachneck et al.，1994；Trouche，2005）。专家可以对视觉表征中涉及的知识进行模式化组织，以告知行动和策略信息。对于新手学生而言，这些模式是他们遥不可及的，他们往往依赖于自己对方程和表征的那些粗浅的知识，来制定解决方案（Bransford et al.，1999；Larkin et al.，1980）。学生要成为可视化方面的专家，就必须学习如何正确地解释视觉材料，并在探究问题时将其作为推理工具（Cavallo，1996）。

可以用一个进化生物学领域中的范例，来说明拓展可视化相关专业知识所面临的困难。在此领域中，可通过绘制共同祖先的血统关系图来构建系统发育树，并在其中使用分枝和节点来表征物种之间的假定关系。虽然可以通过对系统发育树的口头说明来辅助理解，但如果不进行可视化处理，则很难在同等细节水平上对生物体之间的关系进行表征。例如，如果没有视觉材料或符号图像，单系类群模式（一个共同的祖先和所有的后代谱系，也被称为进化枝）和遗传算法（用于识别最优性的进化计算）是很难被理解的。这种使用系统发育方法来理解进化生物学的过程被称为树状思维（Baum and Smith，2013）。理解树状思维需要两个核心技能集：读树和建树（Halverson，2011）。

系统科学专家之所以被称为专家，是因为他们具有能够将系统发育树作为物种亲缘关系的表征来理解的能力，并且他们还能够将"树"作为推理工具来处理系统方面的问题。他们使用关于系统发育的表征，来解释和阐明各类物种谱系进化史中所涉及的模式。因此，理解系统发育树需要：①跨越已有的、关于物种的朴素观念；②基于"树"的分支模式对物种的关系进行解释。在处理系统发育树时，学生必须能够解释和识别其中的模式。否则，他们将不能准确地对其内涵进行解释，也无法对提出的假设进行检验。因此，帮助学习者去学习如何识别模式是至关重要的，尤其是在科学领域的可视化方面（Anderson and Leinhardt，2002；Tabachneck et al.，1994；Simon et al.，1989）。

在对系统发育的视觉表征进行解释时，人们往往依赖于模式的识别，而非概念性理解。从学生对推理过程的解释来看，他们似乎会对"树"有所曲解，一部分学生在模式识别时作出了不严谨的推理（例如，将物种间的邻近性视为亲缘关系）（Baum et al.，2005；Gendron，2000；Gregory，2008；Meisel，2010；Meir et al.，2007），另一部分学生则是将关于进化的那些基础性迷思概念融入了树状思维当中（Halverson et al.，2011；Gibson and Hoefnagels，2015；Walter et al.，2013）。这可能是因为学生在理解给定的问题时，没有接入"树"所提供的视觉信息。但不管怎么说，我们已经掌握了生物特征识别数据，结合这些数据，我们可以看到专家或新手是如何接入那些从树状图中收集到的视觉信息的。

研究者可以通过使用新兴技术收集与眼部运动相关的生物特征来识别数据，包括：①眼部运动模式的数据；②眼部运动与视觉刺激的交互数据。眼动追踪技术是对眼部运动模式进行测量与记录的过程，该技术已被应用于大量的学科当中（Duchowski，2002）。对于表征能力的研究者而言，该技术有助于识别出视觉是如何接入信息的。眼动追踪技术常见于阅读理解的相关研究中（Rayner，2009），在科学教育中，该技术的应用也呈现出增长之势。使用眼动追踪技术来收集生物特征识别数据，可以帮助进化生物学家了解学生是如何与系统发育树图进行视觉交互的（Novick et al.，2012）。本书的第 11 章对"在科学教育中使用表征时，将眼动追踪技术作为评估与理解视觉注意力的工具来使用"这一主题进行了探讨。该章不仅介绍了眼动追踪技术现有的使用情况，也为未来研究"如何将眼动追踪技术用于表征能力的评估"提供了深刻见解。

定性方法是评估学生表征能力水平的一个较为传统的方法。通过采访学生或使用开放式问卷收集数据，可以深入了解学生的表征能力水平。例如，定性方法可用于记录常见的树状思维迷思概念清单（Gregory，2008；Halverson et al.，2011）。然而，在课堂上或者对大批学生进行表征能力评估时，使用定性方法将是耗时费力的。在这些情况下，定量方法会显得更具效率。定量评估通常会设置一个数值（通常为比例）来表示能力提升情况或能力水平。在树状思维的案例中，一个与能力相关的易量化技能是旋转可视化。心理旋转是学生在各种源于空间能力的主题中取得成功的关键能力（Bodner and Guay，1997）。有证据表明，视觉思维和图像操纵能力与化学中的问题解决有所关联（Stieff and Raje，2010；Stieff，2007）。不幸的是，视觉空间思维（visual-spatial thinking）经常被科学教育者所忽视（Mathewson，1999）。尽管在科学与医学的诸多领域中，心理旋转的作用已被证实，但相关研究均处于起步阶段，这些研究包括：①博德纳（Bodner）和瓜伊（Guay）使用多选择量化工具（multiple choice quantitative instrument）对学生的旋转可视化水平进行量化测量（Bodner and Guay，1997）；②马鲁（Maroo）和霍尔沃森（Halverson）在生物学领域研究心理旋转是如何与可视化一起影响学习的（Maroo and Halverson，2011）。尽管系统发育树通常以二维形式呈现，但在对图表进行解释和比较时，需要将其置于三维空间中进行处理。因此，树状思维需要个人具备一定的心理旋转技能（Halverson，2010）。"树"的可旋转性可与化学中的分子模型相媲美。而在提升关于表征能力的专业知识时，我们会遇到一些挑战，这是心理旋转能力不足所导致的。表征能力评估的更多细节将会在本书的第三部分进行讨论。

1.3　对跨学科表征能力测量的呼吁

对跨领域表征能力的研究势在必行。信息可视化对于高层次的认知与交流过程至关重要（包括教育、决策和科学探究），在那些令人敬畏的领域中，已建有各自独立的可视化惯例（Roundtree，2013；Skupin，2011）。例如，在地理学中，对空间关系的可视化描述和分析往往是科学研究的重点，包括自然现象和人文现象。在生物学中，系统发育树和物种分布图被用于教授和交流物种王国内的阶层关系。在计算机科学中，代码块接近度和三维动画不仅可以提升界面的可学习性，还可以用于说明计算机程序子功能之间的相互关系。在化学中，原子模型使用接近度来对交互作用（单个元素之间）的可视化表征进行描述。尽管各领域之间存在明显的相似之处，但迄今为止，关于视觉认知和视觉传达的跨领域理论依然还未出现。应当如何在跨学科领域中融合出一套具有可理解性和可评估性的可视化基本原则，又应如何对该原则进行评估，是一个值得我们深入探索的问题，它可以促使视觉感知研究到视觉认知科学的转向，极大地改进自然科学、理论科学，以及应用科学中的视觉传达设计和视觉传达教育（Fabrikant and Skupin，2005；Rayl，2015）。

展望未来，对"视觉传达是如何影响英语学习者和视觉障碍学生进行学习的"这一主题进行研究是有所必要的。如果能够知晓可视化是如何影响学生进行学习的，我们便可以在课堂上为其提供一个更加全面和更为包容的学习环境。具体而言，如果知道了像英语学习者（ELL）和视觉障碍学生这类代表性不足的学生群体是如何进行可视化交互的，那么教育工作者便可能会洞悉应如何为这些学生提供学习机会。比如我们可以想象，为了给那些看不到视觉模型或具有其他认知学习能力的学生提供触觉辅助，我们可以使用 3D 打印来创造和改进一个手控模型。对这些学生而言，这些改变可能会促成其表征能力的提升。总之，无论内容领域具体为何，都有许多研究问题值得我们去深入探索，比如，如何在课堂上使用表征，或是，教育工作者应如何整合并创造出更具包容性的表征形式。

参 考 文 献

Anderson，K. C.，& Leinhardt，G.（2002）. Maps as representations：Expert novice comparison of projection understanding. *Cognition and Instruction*，*20*，283-321.

Baum，D. A.，& Smith，S. D.（2013）. *Tree thinking：An introduction to phylogenetic biology*. Greenwood Village：Roberts.

Baum，D. A.，Smith，S. D.，& Donovan，S. S. S.（2005）. The tree-thinking challenge. *Science*，*310*，979-980.

Bodner，G. M.，& Guay，R. B.（1997）. The Purdue visualizations of rotations test. *The Chemical Educator*，*2*，1-17.

Botzer，G.，& Reiner，M.（2005）. Imagery in physics learning-from physicists practice to naive Students Understanding. In *Visualization in science education*（pp. 147-168）. Netherlands：Springer.

Bransford，J. D.，Brown，A. L.，& Cocking，R. R.（1999）. *How people learn：Brain，mind experience，and school*. Washington，D.C.：National Academy Press.

Cavallo，A.（1996）. Meaningful learning, reasoning ability，and students understanding and problem solving of topics in genetics. *Journal of Research in Science Teaching*，*33*（6），625-656.

Clement，J.，Zietsman，A.，& Monaghan，J.（2005）. Imagery in science learning in students and experts. In *Visualization in science education*（pp. 169-184）. Netherlands：Springer.

Cook，M. P.（2006）. Visual representations in science education：The influence of prior knowledge and cognitive load theory on instructional design principles. *Science Education*，*90*，1073-1091.

Cuoco，A. A.，& Curcio，F. R.（Eds.）.（2001）. The roles of representation in school mathematics. National Council of Teachers.

Duchowski，A. T.（2002）. A breadth-first survey of eye-tracking applications. *Behavior Research Methods，Instruments，& Computers*，*34*（4），455-470.

Fabrikant, S. I., & Skupin, A. (2005). Cognitively plausible information visualization. In J. Dykes, A. M. MacEachren, & M.-J. Kraak (Eds.), *Exploring Geovisualization*. Amsterdam: Elsevier.

Ferk, V., Vrtacnik, M., Blejec, A., & Gril, A. (2003). Students understanding of molecular structure representations. *International Journal of Science Education*, 25, 1227-1245.

Gabel, D. (1999). Improving teaching and learning through chemistry education research: A look to the future. *Journal of Chemistry Education*, 76 (4), 548.

Gendron, R. P. (2000). The classification & evolution of caminalcules. *American Biology Teacher*, 62, 570-576.

Gibson, J. P., & Hoefnagels, M. H. (2015). Correlations between tree thinking and acceptance of evolution in introductory biology students. *Evolution: Education and Outreach*, 8, 15.

Gilbert, J. K. (2005). *Visualizations in science education* (Vol. Vol.1). Dordrecht: Springer.

Gregory, T. R. (2008). Understanding evolutionary trees. *Evolution: Education and Outreach*, 1, 121-137.

Halverson, K. L. (2010). Using pipe cleaners to bring the tree of life to life. *American Biology Teacher*, 74, 223-224. (Associated Lesson Plan. http://dl.dropbox.com/u/4304176/ConferencePapers/Pipe CleanerLessonPlan. doc).

Halverson, K. L. (2011). Improving tree-thinking one learnable skill at a time. *Education and Outreach Evolution: Austin*, 4 (1), 95-106.

Halverson, K. L., & Friedrichsen, P. (2013). Learning tree thinking: Developing a new Framework of Representational Competence. In D. F. Treagust & C.-Y. Tsui (Eds.), *Models and Modeling in Science Education, Multiple Representations in Biological Education* (Vol. 7, pp. 185-201). Dordrecht: Springer.

Halverson, K. L., Pires, C. J., & Abell, S. K. (2011). Exploring the complexity of tree thinking expertise in an undergraduate systematics course. *Science Education*, 95 (5), 794-823.

Hinton, M. E., & Nakhleh, M. B. (1999). Students microscopic, macroscopic, and symbolic representations of chemical reactions. *The Chemical Educator*, 4 (5), 158-167.

Johnstone, A. H. (1993). The development of chemistry teaching: A changing response to changing demand. *Journal of Chemistry Education*, 70 (9), 701.

Kozma, R. B., & Russell, J. (2005). Modelling students becoming chemists: Developing representational competence. In J. K. Gilbert (Ed.), *Visualization in science education* (pp. 121-145). Dordrecht, Netherlands: Springer.

Larkin, J., McDermott, J., Simon, D. P., & Simon, H. A. (1980). Expert and novice performance in solving physics problems. *Science*, 208, 1335-1342.

Maroo，J.，& Halverson，K. L.（2011）. Tree-Thinking：A branch of mental rotation. *Synergy：Different Entities Cooperating for a Final Outcome*，*2*（2），53-59.

Mathewson，J. H.（1999）. Visual-spatial thinking：An aspect of science overlooked by educators. *Science Education*，*83*，33-54.

Meir，E.，Perry，J.，Herron，J. C.，& Kingsolver，J.（2007）. College students' misconceptions about evolutionary trees. *American Biology Teacher*，*69*，71-76.

Meisel，R. P.（2010）. Teaching tree-thinking to undergraduate biology students. *Evolution：Education and Outreach*，*3*（4），621-628.

Meyer，M. R.（2001）. Representation in realistic mathematics education. In A. A. Cuoco （Ed.），*The roles of representation in school mathematics*（*2001 Yearbook*）（pp. 238-250）. Reston，VA：National Council of Teachers in Mathematics.

National Research Council.（1996）. *National science education standards*. Washington D.C.：National Academy Press.

Novick，L. R.，Stull，A. T.，& Catley，K. M.（2012）. Reading phylogenetic trees：The effects of tree orientation and text processing on comprehension. *BioScience*，*62*（8），757-764.

Peterson，M. P.（1994）. Cognitive issues in cartographic visualization. In A. M. MacEachren & D. R. F. Taylor（Eds.），*Visualization in Modern Cartography*（pp. 27-43）. Oxford：Pergamon.

Rayl，R.（2015）. Implications of Desnoyers' taxonomy for standardization of data visualization：A study of students' choice and knowledge. *Technical Communication*，*62*（3），193-208.

Rayner，K.（2009）. Eye movements and attention in reading，scene perception，and visual search. *The quarterly journal of experimental psychology*，*62*（8），1457-1506.

Reiner，M.，& Gilbert，J. K.（2008）. When an image turns into knowledge：The role of visualization in thought experimentation. In J. K. Gilbert，M. Reiner，& M. Nakhleh （Eds.），*Visualization：Theory and practice in science education*. Dordrecht，The Netherlands：Springer.

Reiss，M. J.，& Tunnicliffe，S. D.（2001）. Students understandings of their internal structure as revealed by drawings. In H. Behrendt，H. Dahncke，R. Duit，W. Graber，M. Komorek，A. Kross，& P. Reiska （Eds.），*Research in science education-Past，present，and future*（pp. 101-106）. Dordrecht，The Netherlands：Kluwer Academic Publishers.

Roundtree，A. K.（2013）. *Computer simulation，rhetoric，and the scientific imagination：How virtual evidence shapes science in the making and in the news*. Lanham，MD：Lexington Books.

Simon，H. A.，Larkin，J. H.，McDermott，J.，& Simon，D. P.（1989）. Expert and novice performance in solving physics problems. In H. A. Simon （Ed.），*Models of thought* （Vol. 2，pp. 243-256）. New Haven，CT：Yale University Press.

Skupin，A.（2011）. Mapping texta. *Glimpse Journal*，*7*，69-77.

Stieff，M.（2007）. Mental rotation and diagrammatic reasoning in science. *Learning and Instruction*，*17*，219-234.

Stieff，M.，& Raje，S.（2010）. Expert algorithmic and imagistic problem solving strategies in advanced chemistry. *Spatial Cognition & Computations*，*10*，53-81.

Tabachneck，H. J. M.，Leonardo，A. M.，& Simon，H. A.（1994）. How does an expert use a graph? A model of visual and verbal inferencing in economics. In *Proceedings of the 16th annual conference of the Cognitive Science Society*（Vol. 842，p. 847）.

Treagust，D.，Chittleborough，G.，& Mamiala，T.（2003）. The role of submicroscopic and symbolic representations in chemical explanations. *International Journal of Science Education*，*25*（11），1353-1368.

Trouche，L.（2005）. An instrumental approach to mathematics learning in symbolic calculator environments. In *The didactical challenge of symbolic calculators*（pp. 137-162）. US：Springer.

Tufte，E. R.（2001）. *The visual display of quantitative information*（2nd ed.）. Cheshire，CT：Graphics Press.

Upmeier zu Belzen，A.，& Krüger，D.（2010）. Model competence in biology class. *Journal of Teaching Methods on Natural Sciences*，*16*，41-57.

Walter，E. M.，Halverson，K. L.，& Boyce，C. J.（2013）. Investigating the relationship between college students acceptance of evolution and tree thinking understanding. *Evolution：Education and Outreach*，*6*，26.

Woleck，K. R.（2001）. Listen to their pictures：An investigation of children's mathematical drawings. In *The roles of representation in school mathematics*（pp. 215-227）. Reston：National Council of Teachers of Mathematics.

Zazkis，R.，& Liljedahl，P.（2004）. Understanding primes：The role of representations. *Journal for Research in Mathematics Education*，*35*，164-186.

Zbiek，R. M.，Heid，M. K.，Blume，G. W.，& Dick，T. P.（2007）. Research on technology in mathematics education：A perspective of constructs. In F. K. Lester（Ed.），*Second handbook of research on mathematics teaching and learning*（Vol. 2，pp. 1169-1207）. Charlotte，NC：Information Age Publishing.

2 表征流畅性：学生发展 STEM 素养的方法

塔玛拉·J. 穆尔（Tamara J. Moore）　　S. 塞尔坚·古泽（S. Selcen Guzey）
吉莉恩·H. 罗里格（Gillian H. Roehrig）　　理查德·A. 莱什（Richard A. Lesh）

2.1　STEM 与 STEM 整合

STEM 中的各个学科有所不同，但也存在内在联系。为了进行区别，我们可以从学术视角对这些学科进行审视。每个学科都会提出不同类型的问题，而它们回答问题的过程区别显著。科学家热衷于对自然界中发生的现象进行解释；数学家致力于扩展关于逻辑、结构和模式的人造与抽象世界；工程师通过不断完善人工世界来解决人类问题与满足人类需求。与科学、数学和工程这些 STEM 学科不同，技术不是一门学科，但对技术在 STEM 中的作用进行讨论是非常重要的。一般来说，技术有两种定义。其中一种更具包容性的观点将技术定义为"人类为满足其需求和欲望，改造周围环境的过程"（International Technology Education Association，2000）。工程、数学和科学在这些以满足人类需求为目标的改造中，发挥着不可或缺的作用。第二种定义将技术理解为人工技术制品，如计算机、药物、风力涡轮机等。美国国家工程院［National Academy of Engineering（NAE），2009］指出，技术：

> 包括技术制品的设计、制造、运行和维修所需的所有基础设施……创造与使用技术制品所需的知识和过程——工程知识与方法、工业知识和各种技术技能——各部分均在技术中具有同等重要的作用。

现实世界的问题往往需要技术来解决，而解决方案便是技术的创造或改造。根据本章的研究目的，我们认为，技术是 STEM 学科整合的最终产品，因此，本章将关注点放在科学、数学和工程三个学科上。

图 1 中的左图所表示的便是数学、科学和工程三个学科以及它们可能的重叠之处。在考虑这三个学科时，我们可以很轻易地理解左图，并认可其是对数学、科学和工程三个学科及它们之间的重叠之处的有效建模（请注意，我们并不是对

这些学科的规模进行推断，只是表明这些学科间是有所重叠的）。然而，在深入思索后，人们会开始质疑是否存在不涉及数学和科学的工程学科。对于那些不涉及数学或科学的工程而言，我们可以将其视为"修补"（tinkering）。在某些情况下，工程师会进行"修补"，但修补并不能算是工程学科。在这种对工程学科的严格审视下，我们可以认为，没有数学和科学，就不会有工程学科。因此，我们对图1左图进行了调整，以图1中的右图来表征这种新的认知。于是，当我们开始琢磨如何进行工程教学时，就应该开始将学科融合纳入考量了。深入的反思引出了一些关于工程/数学和工程/科学重叠的问题。在这些重叠区域中，是否确实有工程学科的存在呢？是的，工程与数学的重叠区域确实是存在的。工业工程师经常在工程中使用数学方法而非科学原理或概念来解决问题。例如，考虑航空公司飞机的路线、起飞时间等。飞机调度是工业工程领域的一个优化问题，其底层概念是数学的而非科学的。工程与科学的重叠区域是否存在尚无法确定。尽管仍未有实例来证明该重叠空间的存在，但对其存在与否，我们也不能轻易地予以否定。对于现实中的大部分工程学科而言，它们处于图1中的"最黑暗的灰色地带"，即三个学科的重叠之处。此外，还有许多要素存在于数学、科学和工程这三大学科当中，因此，图1所示的三学科模型是简陋且有残缺的，它仅仅是对这些学科的部分表征。举例来说，在关于科学和工程的学科实践中，我们必须考虑伦理学在其中的作用。而限于研究目的，本章对诸如伦理学在内的许多其他因素都作了忽略处理，仅聚焦于STEM学科的内容与学科间的交叉点。

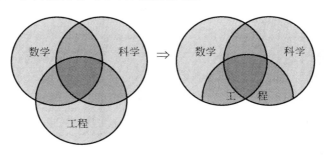

图1　STEM学科的模型以及它们的内容如何重叠

然而，图1中的模型回避了一个问题，即"如果没有数学和科学就没有工程，那么是什么让工程成为一门独立的学科呢？"工程实践的核心是一种思维方式，是为了有目的地解决问题，其特点是工程设计过程，是"工程行业的区别性标志"（Dym，1999）。根据ABET，即美国中等后工程课程认证委员会所述，工程设计是"一个决策过程（通常是迭代的），涉及基础科学、数学和工程科学的应用，通过探索更佳的能源转换以满足既定需求"（ABET，2017）。迪姆等（Dym et al.，2015，p.104）将工程设计定义为"一个系统的、智能的过程，设计师围绕设备、系统或工艺对概念进行创造、评估与详细阐明。这些设备、系统或工艺不仅需要匹配给定的约束，而且需要在形式和功能上达到客户目标或满足用户需求"。可以用一个极为简单的工程设计流程模型来表征问题解决的过程：询问、设想、规划、创造和改进（Museum of Science Boston，2009）。阿特曼等（Atman et al.，2007）在其研究"如何对工程设计专家和工程专业学生的设计过程进行比较"中，详细介绍了一个更为复杂的工程设计模型。这篇论文提出了设计的 5 个基本主题：①问题范围界定和信息收集；②项目立项；③考虑备选解决方案；④随时间分配设计活动（包括确定设计总时间和在设计活动间切换的频率）；⑤重新审视解决方案的质量。这些设计观点表明，与科学探究一样，工程设计是一个过程而非固定程序，在这个过程中，会根据在前一步骤中掌握的情况，来决定下一步应采取什么步骤。根据上述观点，可以看出科学和数学在工程中发挥着不可或缺的作用。ABET（2017，p.2）简要地申明了这一点，"工程科学源于数学和基础科学，但其更擅长于推进知识的创造性应用"。从另一个角度来看，也可以说那许多有用的数学和科学，同样源自数学、科学和工程的学科交叉部分。而且，在学科交叉时，各学科往往会发生根本性的变化。如果这个前提是正确的，那么，所谓的学科教育便是残缺的，并不具有完整的学科代表性，于是，我们有必要对这些学科进行有意义的整合。

科学教师和数学教师均面临着这样的挑战：应如何在教授学科内容时，为学生提供有意义的真实世界情境呢？（NGSS Lead States，2013；National Governors Association Center for Best Practices，and Council of Chief State School Officers，2010）在许多情况下，"学校科学与数学"和"真实世界的科学与数学"之间存在着严重的脱节。而工程正是为学习科学和数学提供真实世界情境的载体。在 K-12 框架中，对工程教育进行任何搜索，都会看到大量的工程外延项目和课程创新。高等教育机构和专业协会一直致力于将工程纳入大学预科课程，无论是将其作为一门单独的课程，还是融入现有的数学和科学课程。为此，他们提出了一些令人信服的理由和论据，包括（Koszalka et al.，2007；Hirsch et al.，2007）：

①工程为数学和科学的学习提供了真实情境；

②工程设计任务为问题解决能力的培养提供了情境；

③工程设计任务是复杂的，因此能够提升沟通技巧和促进团队合作；

④工程提供了一个有趣且动手实践的环境，这将改善学生对 STEM 职业的态度。

上述观点为将工程纳入 K-12 课程提供了有力论据，但一个更强力的论据，源于人类开始认识到世界所面临的问题正在不断变化，正如本章开头所讨论的那般。将工程整合至数学和科学课程当中是有意义的，这源于进入 21 世纪后问题本质的变化，以及应对这些问题需要 STEM 各学科的支持——这需要我们为学生们提供那些具有现实意义的真实世界情景，以吸引更多的学生参与至 STEM 中来。所谓兵马未动粮草先行，为了让学生们做好解决社会问题的准备，我们需要给予他们理解问题的机会，这可以通过将 STEM 学科中丰富、引人入胜和给人强大震撼的体验进行整合来实现。

2000 年，美国马萨诸塞州率先成为将工程纳入其 K-12 课程框架的州（Massachusetts Department of Education，2009）。包括明尼苏达州、俄勒冈州和得克萨斯州（Minnesota Department of Education，2009；Oregon Department of Education，2009；Texas Education Agency，2009）在内的其他州迅速跟进这一举措。值得注意的是，这 4 个州并没有创建独立的工程标准，而是将工程整合至它们的科学标准当中。此做法获得了美国国家工程院（NAE）和美国国家研究委员会（NRC）的认可，在它们的《K-12 工程教育标准》（NAE and NRC，2010）报告中，同样提出了这样的整合建议。虽然独立的工程课程是被允许的，但这些文件的目的在于对科学和工程进行整合。按照这一趋势，美国国家研究委员会遵循这些政策变化和建议，提出了 K-12 科学教育框架（NRC，2012），并强调作为教授科学的一种方式，工程实践应具有与科学探究同等层次的地位。为此，《下一代科学标准》（Next Generation Science Standards，NGSS）（NGSS Lead States，2013）采用了该框架并制定了一套全面的标准，以将工程整合至整个 K-12 框架的科学学习中（Moore et al.，2015）。截至 2015 年，已有 19 个州和哥伦比亚特区采用了 NGSS 的科学标准，11 个州大量使用 NGSS 来制定自己的科学教育标准，5 个州有明确的工程标准（Moore et al.，2015）。

正如本章指出的那般，现实世界的问题需要借助多学科的力量来进行解决，这一过程中，整合将自然而然地出现。但这种整合与 K-12 和中等后教育环境中科学、数学和工程的常用教学方式有所不同。就传统而言，教师和课程为学生拆解复杂的问题，并错误地认为：STEM 学科仅是不同的知识组块，学生需要对其进行应用，以解决人为设计的单一变量问题。应用题便是其中的一个典型范例，在数学和部分涉及现实世界的科学学科中，应用题被用于测试学生对已学方程式的应用能力。另一种常见的教学策略是关注学科的行为或过程，换句话说，就是在 STEM 中学习（即进行科学探究、工程设计），但解决的是单个领域内的问题（即问题解决或数学证明）。

例如，科学中的一些方法会要求学生遵循一系列的规定步骤来进行操作。在工程中，是通过对产品进行修补直至其达到可接受的程度，来教授如何进行过程设计的。在数学中，是通过启发式教学来教授如何进行问题解决的，如"画一幅画"或"倒过来算"。几乎在学习或问题解决的每个领域，研究人员都会就效率问题，对学习者或问题解决者之间的差异进行调查（例如，专家和新手之间），结果表明，效率最高的那批人不仅对事情的处理方式不同，而且可以从不同的角度来看待（或解释）事情。那些将注意力放在"学习"STEM 上的举措，不仅使每门学科丧失了情景的丰富性，甚至严重地扭曲了学科的内涵，以至于对学生的认知和兴趣造成了潜在的破坏。而对 STEM 进行学科整合，则意味着我们可以以一种更贴近现实的方式，让学生投入那些意义深远又生动有趣的问题探索之中。

STEM 的学科整合方向

STEM 教学中的有效实践包括：复杂问题的解决、基于问题的学习和合作学习。此外，如果 STEM 的课程体系及其中重要的实践动手机会，可以就学生与科学（或数学）内容之间存在的社会联系或文化联系进行识别的话，那么它们也是有效的。时至 21 世纪，学生需要具备哪些方面的知识与认知才能更好地学习 STEM呢？这是当前 STEM 教育越来越关注的一个问题，但 STEM 教学不应局限于此，而应有所超越。鉴于当前世界问题在本质上的不断变化，STEM 教学应将关注点放在 STEM 整合方面。为此，我们围绕 STEM 整合，提出了三个指导相关研究的原则：

①学生需要丰富且引人入胜的学习体验，以促进对 STEM 学科及其交叉领域内容的深入理解。

②大多数教师没有使用 STEM 情境学习学科内容的经历，他们也没有以这种方式进行过教学，因此如果要让 STEM 整合切实促进 STEM 学习，就必须开发出新的教学模式。

③课程不应仅仅停留在对传统教学方式混搭的认知层面，而应以一种有意义的方式，将 STEM 情境整合至学科内容的教学中。

鉴于此，我们将提出一个涵盖 STEM 学科边界和上述原则的研究框架。而为了深化 STEM 整合的上述原则，一系列的研究问题亟待我们解决，下文将对此进行概述。

2.2　STEM 整合中的学生学习

STEM 整合研究的首要问题是学生学习，这类研究应聚焦于对如下问题的回答：①学生对于数学、科学、工程与这些学科交叉领域中的重要概念或能力的"认知"（understanding），究竟意味着什么？②应如何提升这些"认知"？③什么样的经验有助于这样的提升？④当我们超越那些传统教科书和传统测试中所强调的知识，而将目光聚焦于更广泛、更深入、更高层次的认知时，我们又应如何对这些认知进行记录和评估？⑤当学生在有意义的情境中以问题解决的形式来进行学习时，他们可以培养出哪些新型认知和能力呢？在教学和课程开发的研究中，学生学习模型的开发是不可或缺的第一步（Clements，2007）。克莱门茨（Clements，2007）在其提出的课程研究框架中，呼吁应根据儿童在特定内容领域中的思维模式和学习模式，来对课程模块进行开发和修订。

2.3　基于 STEM 整合的教学

培养多学科复杂情境中的问题解决能力和建模能力，曾是学生学习的核心所在。而当前学生学习的关注点正在持续发生变化，这对新的教学方法提出了需求。为了促进创新型的教学实践，需要对基于 STEM 整合的教学有所了解。如前所述，对于大多数 STEM 学科的教师而言，他们既没有这种整合式的学习经历，也没有进行过这种整合式的教学。因此，我们迫切需要围绕"教师应如何学会以强有力的方式（powerful ways）进行教学"展开相关研究。此外，在知识（包括内容性知识和教学方面的知识）、信念和实践领域中，也出现了一些新的问题。若要推进 STEM 整合向前发展，包括上述问题在内的一系列问题都亟待我们去解决：①对于那些可以对 STEM 进行有效整合的教师而言，他们之所以取得成功，是因为具备了哪些内容性知识和教学方面的知识（包括教学知识和教学性内容知识）呢？②教师对 STEM 学科的基本信念是什么？为了在 STEM 整合中实现有效的教学实践，我们应如何最好地传递这些信念呢？③我们应如何培养其他教师的这些信念？④在 STEM 整合活动和 STEM 模块中，教师应如何帮助学生去拆解、外化和提炼他们所关注的 STEM 概念？

2.4　为 STEM 整合进行课程开发

对 STEM 概念和情境进行整合的课程必须是基于研究而开发的，并且研究结果应证明所开发的课程切实促进了学生的学习，如是，则学生的学习才有意义可言。在如今的教育研究中，我们经常把课程作为我们对学习的"解决方案"。但就 STEM 整合而言，我们需要真正地对课程设计本身进行研究。课程的开发应该是一个以用户为中心的设计过程，它不仅需要考虑学习者和实施者的需求，也应考虑更广阔的 STEM 用户群体的需求。基于此等考量，相关研究应解决以下几个问题：①哪些类型的活动和模块会吸引所有学生？对于有色人和学生、女学生、不同文化底蕴的学生又如何呢？②为帮助学生在 21 世纪取得成功，学生需要对哪些"大概念"进行学习？③在对 STEM 进行整合或进行模块化处理时，我们需要对哪些概念进行强调？④课程创新如何帮助学生学习 STEM 概念？⑤在对传统课程（即化学、微积分、物理等）进行 STEM 整合的活动中，教师的教和学生的学是如何产生差异的？

毫无疑问，在过去的几十年里，科学教育的研究一直聚焦在探究的意念（notions of inquiry）上。在美国，对教师课堂实践和课程进行评估的依据，是国家改革文件对于探究的定义（例如，American Association for the Advancement of Science，1993；NRC，1996，2012）。根据科学教育文献的国际评论（Abd-El-Khalick et al.，2004），可以明显看到，将探究置于科学教育的中心地位已经是一个全球现象。这些研究基于学生如何进行学习的意念和社会建构主义学习理论，对探究进行强调。大多数科学教育者都坚持认为，合理构建探究性实验室对于强化学生学习具有潜在的促进作用（Hofstein and Lunetta，1982，2004）。这种坚定的信念为大多数科学教育研究提供了指导。不幸的是，尽管许多研究建立在建构主义学习理论之上，但绝大多数实证研究都会忽视学生的概念发展过程，而将学生的学习成果纳入考量（通常通过标准化测试）（Von Aufschnaiter et al.，2008）。将探究与传统实践进行比较的研究尚无让人信服的结论（Burkam et al.，1997；Cohen and Hill，2000；Von Secker，2002）。就目前而言，各类研究方法都没有在理解的基础上，将概念发展过程纳入考量（diSessa，2002），同样，除标准化评估中最常强调的符号表征之外，这些研究方法也未将学生知识纳入考量。学生学习和概念发展的模型应能够对那些新兴的问题进行反映，这些新兴问题已在前文中有所描述，它们需要借助多学科的力量来加以解决；换言之，我们在对 STEM 进行整合时会设计一些可以反映现实世界问题的情境，而学生的学习模型就应在这种情境下进行开发。由于学生学习动态模型的缺失，对于解释特定教学策略是如何以及为什么可以促进学生在 STEM 中学习的，我们不应抱有期望。在下文中，我们将对 Lesh 转化模型（LTM）进行介绍。我们认为，通过 Lesh 转化模型，表征流畅性为我们提供了一个关于学生学习和概念发展的动态模型开发框架，此框架建立在对 STEM 进行整合的基础上，可以作为研究和教学的模型加以使用。

作为 STEM 整合框架的 Lesh 转化模型

Lesh 转化模型（图 2）最初用于表征对概念性数学知识的理解情况（Lesh and Doerr，2003）。它由 5 个节点组成，每个节点代表一个表征形式：①真实的、现实世界的或体验式情境表征；②符号表征；③语言表征；④图式表征；⑤操纵物表征（具体的手控模型）。LTM 强调，对概念的理解取决于学习者对这些概念进行表征的能力（使用上述 5 种表征形式），以及在这些表征形式之间和内部进行转化的能力（Cramer，2003）。

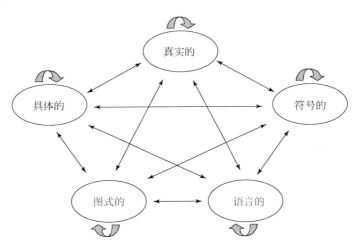

图 2　Lesh 转化模型

科学教育中存在与 LTM 类似的模型。例如，在化学教育中，有三重态表征对于概念性理解是至关重要的：宏观（可观察到的特性和过程）、亚微观或微粒（粒子的排列和运动）和符号（化学和数学的符号和方程式；Gabel，1998）。在物理教育中，可比模型对表征转换的重要性进行了强调，即在真实世界状态、受力图及描述情况的数学模型和符号之间进行表征转换（Anzai，1991）。上述三个模型存在共性，但 LTM 最具稳健性。因此，我们在此建议将 LTM 扩展为科学和工程概念，从而为 STEM 整合的相关研究提供一个合适的框架。在以下各节中，我们将展示该模型在映射学生的认知情况、对改革性授课的认知，以及 STEM 教育课程开发方面的效用。

2.5　Lesh 转化模型与学生学习

STEM 整合允许新认识形式的发展。打破 STEM 各学科的壁垒并非将每个单独的学科进行简单的融合。在将数学整合至科学实践当中时，如果我们仅仅是将数学作为一个工具或一种算法来加以应用，那么一个 STEM 弱整合便应运而生了。科学极其依赖于数学，传统的课堂实践和评估也往往对科学的这种数学表征形式异常关注。传统观点认为，如果学生在处理科学的某个特定概念时，可以搞定其中的数学问题，那么就可以认为他已经掌握了相关的基础性科学概念和原理。但事实上，学生有解决数学问题的能力并不一定意味着其理解基本概念，这一观点已在数个学者的研究中得以证实（Bodner，1991；Bunce and Gabel，2002；Nurrenbern and Pickering，1987）。在对 STEM 进行整合时，如果我们将 LTM 视为一种对认识程度进行诠释的方式，那么学生就有必要学会如何在概念（语言和图式）表征、符号表征以及其他表征之间进行转译，这也是 LTM 所强调的。如果学生在构建概念表征时，能够以一种整体的方式对 STEM 各学科进行整合，那么他们将学有所得。这反映了学生对"全局"的理解，而不是对孤立零散的知识进行东拼西凑。在接下来的段落中，我们将提供一些弱整合的范例，如果将 LTM 作为框架来帮助理解，那么这些弱整合是可以变为强整合的。

pH 是科学中的一个常见概念，它与数学密切相关。在数学中，pH 是一个对数函数（$pH = -\lg [H^+]$），用于表示物质的酸碱度。在数学课堂上，学生往往难以理解那些涉及对数函数的概念。数学教师倾向于将对数作为一个抽象概念来呈现，而没有将其与现实世界的具体应用联系起来。

这些教师往往聚焦于 pH 概念的符号表征和图形表征。对于那些在教 pH 时不使用"对数"这一数学术语的科学教师而言，这一情况更为严重。当学生需要用到 pH 的对数性质时，一个常见的解决手段是教学生使用科学计算器，让他们知晓哪些按钮可以帮助他们得到想要的答案，而不会考虑将 pH 在概念层面的含义教授给学生。由此，在数学和科学课堂上，学生会错过深入学习 pH 的机会。如果我们想对 pH 和对数进行 STEM 整合，那么，就需要学生对 pH 的概念及相应的对数概念进行有意义的多元表征。LTM 不仅可以作为指导表征多元度的指南，还可为表征转译能力的提升提供指导。

在科学与工程的实验室工作领域中，学生也会错过一些学习机会。LTM 中那些涉及实验室工作的操纵表征或手控表征，在科学课程中具有至高无上的地位；事实上，很少会有科学教师和政策制定者对"学生应当参与大量的实验室工作"这一信念进行质疑。实验室工作领域的研究主要聚焦于：①实验室工作在实施层面存在的障碍（时间、金钱、实验室设备和空间）；②关于"实验室应在多大程度上以学生为中心"的争论（开放式 vs. 引导式探究）；③关于"教授科学本质时，是采用间接的实验体验更好，还是给予直接的实验指导更佳"的争论。在回顾实验对科学教育的作用时，霍德森（Hodson，1988）指出，"学生在实验中的表现对他们的学习没有太多的帮助"。不幸的是，这种批评与从业人员将探究翻译成"手控"科学是相似的，在手控科学中，学生会参与至那些不涉及内容而只有过程的活动当中，或是参与至那些仅关注数据收集而忽视甚至无视数据分析与数据解释进展的实验室活动当中，这些正是 STEM 整合可以一展拳脚的地方。实验室活动常常忽视探究的最后 3 个基本特征：基于证据的解释、将解释与宽泛的科学知识联系起来，以及有效且合理地传达结论（NRC，2000）。同样，布罗菲等（Brophy et al.，2008）告诫，工程活动并不会因为产品已完成制造与评估而草草结束。如果要实现 STEM 的学习目标，那么学生必须对备选解决方案进行评估，并解释它们为何有效。有人可能会反驳说，在 K-12 课堂上，大多数实验室活动的目的均是"寓教于乐"——它们为学生带来的是"哇哦！"和对科学的兴奋感，而非直接帮助他们学习概念知识（Hodson，1988）。例如，当老师将镁带放在本生焰中，或是将气球浸入液氮中时（查理定律的传统演示），学生们会发出兴奋的嘁嘁声。尽管引人入胜且令人难忘，但在科学中，仅靠这些手控表征并不能强化学生对于化学反应的概念性理解。但通过给予超出 LTM 的操作性节点之外的表征和对应的表征转译以细致的关注，可以促进 STEM 教学中与数据相关的解释和论点的完善（Von Aufschnaiter et al.，2008），进而促使 STEM 整合取得进展，这些进展也会反过来促成学生更深入的内容认知。

让学生在那些需要跨学科来应对的现实问题情境中进行学习，是 STEM 整合的核心所在。将工程设置为这些问题的情境，是促使学生通过 STEM 整合进行学习的自然方式。工程需要使用科学和数学的概念，来解决现实世界中出现的结构不良问题和开放式问题（Sheppard et al.，2009）。现实世界的工程问题是复杂的，因此解决方案也是各式各样的，这是由变量的数量，以及变量之间那些需要通过分析和建模来识别的相互关系所决定的。一般而言，客户或最终用户，无论是真实的还是虚构的，都会使用解决方案或设计来达成某种目的。因此，学生所研究的问题是以客户或用户的需求和欲望为导向的。学生需要对"科学导向的问题"（scientifically-oriented questions）进行探究，这可以帮助他们理解自然现象（NRC，

2000），这也是当前关于探究的热点议题。然而，这些问题的真实性是存在争论的，主要集中在两方面。一个争论是，拟研究的问题应该由谁提出来，学生还是老师？另一个争论是，学生探究的这些问题类型，是根据关于问题解决顺序的假设而推论出来的，该假设认为，学生应该首先学习概念和问题解决过程，然后再用它们来解决"现实生活"中的问题。那么这一假设是否正确呢？但不管怎么样，学生们选择探究的问题充其量也只是属于伪现实世界和单变量的，概念是通过这一过程逐渐形成的，而非由可以缝合的单独实体拼凑而成。当且仅当 STEM 整合方法被采用时，工程才能为 STEM 学习提供真实情境。在教师进行课堂教学之前，他们理应先行接受教学实践的洗礼，这些教学实践应允许根据探究或工程设计的早期阶段产生的设计和数据来完善解释，并为此提供支架。通过使用 LTM 中的表征以及促成转译的方式，让学生在工程情境中构建真实世界的表征，可以催化相关科学概念和数学概念的发展与完善。学生对于 STEM 概念的认知和解释是一个不断发展的过程，教师对于推动此过程责无旁贷，因此，教师应发挥好促进交流与讨论的作用，让学生参与其中，并重视他们的想法。

2.6 Lesh 转化模型与课程教授

无论教授的是什么学科，教师们都需要在相关内容领域具备丰富的知识和深刻的理解，这是有效教学的重要前提。然而，正如舒尔曼（Shulman，1986，1987）所指出的那般，仅有对内容的了解是不够的，教师还需要知道如何将自己的内容呈现给不同年龄和背景的学生。STEM 整合提出了另一个与教师内容知识相关的议题，即知识必须打破学科边界。舒尔曼指出，教学性内容知识（pedagogical content knowledge，PCK）是内容知识的一种，是教师以更有意义的方式来呈现教学内容所必须具备的知识基础。PCK 的一个关键要素是在教学中使用不同的表征来帮助学生形成深刻的概念性知识。舒尔曼建议使用的表征包括"强类比、图示、范例、解释和演示——简而言之，即采取各类呈现和表述主题的方式，使他人更易理解"（Shulman，1986，p.9）。根据舒尔曼的说法，最有效的表征不仅只有一种，因此，教师需要"手头有一个真正的表征形式备选库"，并选用其中最强力的数个表征来帮助学生更好地理解概念（Shulman，1986，p.9）。LTM 清楚地表明了 STEM 教师需要使用的各种表征类型（操纵物、图片、现实情境、语言和符号）。然而，正如 LTM 所暗示的那般，"表征流畅性"（在各表征类型之间流畅转译的能力）是其中的关键要素（Lesh，1999）。仅仅拥有大量表征是不够的，教师还需要知道如何培养学生在表征之间进行转译的能力。例如，数学老师可以使用风力涡轮机中的齿轮来表征比率和比例的概念，或是表征数学中的其他"大概念"。在一个帮助风力工程师对风力涡轮机进行再设计的情境中，学生需要根据齿轮（包括由叶片驱动的齿轮和驱动发电机的齿轮）的大小对输出功率进行优化。这一与现实世界紧密联系的情境，可以帮助强化学生对于比率和比例的认知。此情境中的一个必要步骤，是帮助学生了解发电机、功率、电流和电压的基础知识。一般而言，这超出了数学教师应负的职责，因此，对教学的新认知必须得到发展。教师还可以为学生提供齿轮操作装置和一个可以运行的风力涡轮机（带有可互换齿轮）比例模型，让学生们对概念进行可视化，并为他们提供一个空间来进行手控传动比实验。学生围绕所提供的情境与拟解决问题进行调查、实验、询问和设计，此过程可以有效促进学生的表征能力。在一个关于传动比的问题范例中，学生需要对齿轮的传动比进行调查。学生会获得一个提示："工程师希望您的团队帮助他们根据主齿轮的转速来判断副齿轮的转速。工程师们希望能够在任意齿轮之间实现对转速的推断，因此请你为他们提供充分的信息，以帮助他们理解如何根据两个齿轮的尺寸来应用你的判断程序。"然后，教师可以鼓励学生通过图式表征（例如，图表）、符号表征（例如，方程式）和语言表征（例如，给工程师的一封信，解释如何将程序应用于任何两个齿轮）等方式，来表征他们的解决方案。LTM 认为，如果学生不仅会使用多元表征，还知道如何在表征之间建立联系，那么他们对概念的理解也会更加深入（Cramer，2003；Lesh et al.，1987）。

　　当学生参与了丰富的学习活动后，教师的工作便是帮助他们拆解知识、提炼概念、对概念去情境化。教师在主导讨论中的角色对于 LTM 的实施至关重要。LTM 建议教师以学生可以理解的方式对所有表征进行"总结"或检阅，同时，这种方式还应可以促进学生的表征转译能力。通过这些讨论，教师不仅可以在不同课堂活动之间建立起联系，也能够帮助学生在多元表征之间建立起联系。鲍尔（Ball，1993）指出，教师应学习如何判断是否有重要的想法产生，并做好按需引导对话的准备。教师在帮助学生完善论据方面具有重要作用，因为他们不仅需要指导学生去理解学习任务，还需要矫正学生的观点以匹配那些被 STEM 所接受的认知。不幸的是，教师们发现这项任务极其困难（Ball，1993；Leinhardt and Steele，2005；Schoenfeld，1998；Sherin，2002），而且，探究性课程常常被搁置，这源于教师在未经评估的情况下便接受了学生的观点（Furtak，2006）。斯坦等（Stein et al.，2008）对教师为了让讨论更具产出性而应采取的实践进行了描述，这些实践是在讨论过程中分享给学生的，包括精心选择和表征排序等内容，目的是帮助学生建立起概念性理解，将情境中的观点从活动中拆解出来，并帮助全班学生建立起学生回答与核心内容观点之间的联系。LTM 可以作为指南为不同学科的教师提供指导。此模型在帮助教师发展 PCK 方面具有很大的潜力。如果教师对内容表征有所理解，那么他将变得与内容专员（content specialist）有明显区别。各类研究表明，缺乏内容表征知识的教师是无法正确地呈现出内容的（Borko and Putnam，1996；Magnusson et al.，1994；Zembal-Saul et al.，2000）。教师可以使用此模型来制定课程计划或课程体系。5 种不同表征方式的使用，以及表征之间的转译，应该是每位教师关注的重点。此外，那些尝试将 STEM 学科整合至课程体系中的教师可以借助 LTM 来实现其目的。无论是单个学科中的表征，还是单学科内容领域中的表征转译，又或是跨 STEM 学科的表征转译，都可以通过多元表征模式的应用来实现。

2.7　Lesh 转化模型与课程开发

在广泛的推广下，使用基于标准开发的课程材料逐渐演变成为 STEM 教育中教学改革的一种机制，在综合性专业与这种机制协同发展的情况下，这一特点尤为明显（Powell and Anderson，2002；Post et al.，2008；Harwell et al.，2007）。基于标准的课程材料已经研发完毕，新课程材料以更概念化的方式涵盖教学主题，不再关注对"事实"的教学，而是将科学或数学中的"大概念"与主题联系起来进行教学。有证据表明（尽管在统计上并不显著），那些在基于标准的课程（由美国国家科学基金会资助开发的数学与科学课程）中学习的学生，其成绩往往更为优异（例如，Burkam et al.，1997；Cohen and Hill，2000；Von Secker，2002）。如前文所述，这些课程可以更好地促进学生学习，但评估的黄金标准——进行一个传统课程和基于改革课程的"赛马比赛"[①]，并在课程结束时进行标准化测试——并不能很好地解决这些课程的实施和有效性问题。至此，我们开始注意到了对 STEM 学科进行新课程整合的迫切需求，此外，我们还需要在此框架下开拓一个新方向，为学生学习新课程提供课程开发和研究方面的指导。LTM 已经成功地应用于指导数学课程的开发（Cramer，2003），这为面向 STEM 整合的课程开发提供了一个框架。LTM 可以与那些更强调不同表征的课程一起使用，以满足特定的内容学习目标，当然，所有涉及的表征都可以在课堂上被呈现。

重要的是，LTM 是一种建立在学生学习基础上的模型，是连接学生学习和课程开发的桥梁模型或框架。此外，LTM 还为教师提供了一个框架来识别课程和实践中的弱点，在缺少表征时也可以用其作为补充（Cramer，2003）。

---

① 即对照组实验。——译者

在 STEM 教育中，仅有少数现实而复杂的问题可以通过单一的研究来解决——甚至对于那些基于单一理论观点的研究而言，可解决的问题也不多。值得注意的是，在对数学教育（Lester，2007）和科学教育（Abell and Lederman，2007）进行调查与分析的两本研究手册中，许多 STEM 研究的领军学者认为，数学教育与科学教育研究与发展的最大缺点是"积累不足"。而造成积累不足的一个显著原因是"缺乏沟通"。也就是说，STEM 教育研究由许多子领域组成，但它们相互之间很少有交互、交流或是建立在彼此之上的协作。大类子领域包括：数学教育、化学教育、物理教育、生物教育和工程教育等；小类子领域包括：问题解决或教师发展、课程材料开发或特定类型概念开发等（例如，早期数概念、分数与比例推理、几何与测量、早期代数概念或早期微积分概念等）。就这些主题领域中那些最强力的、基本但深奥的概念而言，学生"理解"它们意味着什么呢？针对这一问题，STEM 教育的研究人员已经取得了重大的研究进展。但是，当我们注意到学生对于这许多概念的理解是在相互重叠的时间段内深化的，结论似乎又开始变得扑朔迷离了。不管怎么说，这些用于解释平行发展的理论，确实经常导致显著不匹配或不相容的情况。同样地，克莱门茨（Clements，2007）认为，课程开发与教育研究的彼此隔离是导致课程开发无法取得可靠改进的原因。克莱门茨（Clements，2007）主张建立一个课程研究框架，该框架可以兼并吸收那些关于儿童思维、儿童学习，以及教学方面的研究，并反过来为这些研究提供相关信息。LTM 提供了一个框架，该框架将 STEM 整合中那些涉及学生学习、课程教授和课程开发的各个模型串联起来。由于各种认知类型在本质上存在不同，建议利用基于设计的研究方法来进行 STEM 整合。

为了使学习具有可转移性，并适用于 21 世纪的工作环境需求，我们在课堂和研究中使用的问题类型应可以反映出现实世界问题的本质；我们需要将跨 STEM 学科的概念和思维整合至那些学生需要回答的问题当中。当前将问题分割成有限的单一学科来进行启发的做法，会导致 STEM 整合中弱模型的形成，这类模型将问题解决视为"不同学科的融合"来加以处理，而不是为了妥善处理现实世界的多学科问题，而进行真正的整合或再概念化。LTM 为学生需要拥有的 STEM 结构提供了一个框架，此框架也展示了 STEM 概念多元表征之间的表征流畅性。LTM 为研究学生 STEM 思维、STEM 整合的教学实践，以及 STEM 整合中的课程开发提供了一个自洽模型。

参 考 文 献

Abd-El-Khalick，F.，Boujaoude，S.，Duschl，R.，Lederman，N. G.，Mamlok-Naaman，R.，

Hofstein，A.，Niaz，M.，Treagust，D.，& Tuan，H.（2004）. Inquiry in science education：International perspectives. *Journal of Research in Science Teaching*，*32*，397-419.

Abell，S. K.，& Lederman，N. G.（Eds.）.（2007）. *Handbook of research on science teaching*. Mahwah，NJ：Lawrence Erlbaum Associates.

ABET.（2017）. General criterion 5. Curriculum. Retrieved from http://www.abet.org/accreditation/accreditation-criteria/criteria-for-accrediting-engineering-programs-2017-2018/#outcomes.

American Association for the Advancement of Science.（1993）. *Benchmarks for science literacy*. New York：Oxford University Press.

Anzai，Y.（1991）. Learning and use of representations for physics expertise. In K. A. Ericsson & J. Smith（Eds.），*Toward a general theory of expertise：Prospects and limits*（pp. 64-92）. Cambridge，MA：Cambridge University Press.

Atman，C. J.，Adams，R. S.，Cardella，M. E.，Turns，J.，Mosborg，S.，& Saleem，J.（2007）. Engineering design processes：A comparison of students and expert practitioners. *Journal of Engineering Education*，*96*（4），359-379.

Ball，D. L.（1993）. With an eye on the mathematical horizon：Dilemmas of teaching elementary school mathematics. *Elementary School Journal*，*94*（4），373-397.

Bodner，G. M.（1991）. I have found you an argument：The conceptual knowledge of beginning chemistry graduate students. *Journal of Chemical Education*，*68*，385-388.

Borko，H.，& Putnam，R. T.（1996）. Learning to teach. In D. C. Berliner & R. C. Calfee（Eds.），*Handbook of education psychology*（pp. 673-708）. New York：Macmillan.

Brophy，S.，Klein，S.，Portsmore，M.，& Rogers，C.（2008）. Advancing engineering education in P-12 classrooms. *Journal of Engineering Education*，*97*，369-387.

Bunce，D. M.，& Gabel，D.（2002）. Differential effects on the achievement of males and females of teaching the particulate nature of chemistry. *Journal of Research in Science Teaching*，*39*，911-927.

Burkam，D. T.，Lee，V. E.，& Smerdon，B. A.（1997）. Gender and science learning early in high school：Subject matter and laboratory experiences. *American Educational Research Journal*，*34*，297-331.

Clements，D. H.（2007）. Curriculum research：Toward a framework for "research-based curricula". *Journal for Research in Mathematics Education*，*38*，35-70.

Cohen，D.，& Hill，H.（2000）. Instructional policy and classroom performance：The mathematics reform in California. *Teachers College Record*，*102*，294-343.

Cramer，K.（2003）. Using a translation model for curriculum development and classroom instruction.

In R. Lesh & H. Doerr（Eds.），*Beyond constructivism: Models and modeling perspectives on mathematics problem solving, learning, and teaching*（pp. 449-463）. Mahwah, NJ: Lawrence Erlbaum Associates.

diSessa, A. A.（2002）. Why "conceptual ecology" is a good idea. In M. Limo'n & L. Mason（Eds.）, *Reconsidering conceptual change: Issues in theory and practice*（pp. 29-60）. Dordrecht: Kluwer.

Dym, C.（1999）. Learning engineering: Design, languages and experiences. *Journal of Engineering Education, 88*（2）, 145-148.

Dym, C., Agogino, A. M., Eris, O., Frey, D. D., & Leifer, L. J.（2005）. Engineering design thinking, teaching and learning. *Journal of Engineering Education, 94*（1）, 103-120.

Furtak, E. M.（2006）. The problem with answers: An exploration of guided scientific inquiry teaching. *Science Education, 90*, 453-467.

Gabel, D. L.（1998）. The complexity of chemistry and implications for teaching. In B. J. Fraser & K. G. Tobin（Eds.）, *International handbook of science education*（pp. 233-248）. Dordrecht: Kluwer Academic Publishers.

Harwell, M. R., Post, T. R., Maeda, Y., Davis, J. D., Cutler, A. L., Anderson, E., & Kahan, J. A.（2007）. Standards-based mathematics curricula and secondary students performance on standardized achievement tests. *Journal for Research in Mathematics Education, 38*（1）, 71-101.

Hirsch, L. S., Carpinelli, J. D., Kimmel, H., Rockland, R., & Bloom, J.（2007）. The differential effects of pre-engineering curricula on middle school students' attitudes to and knowledge of engineering careers. Published in the proceeding of the 2007 Frontiers in Education Conference, Milwaukee, WI.

Hodson, D.（1988）. Experiments in science and science teaching. *Educational Philosophy and Theory, 20*, 53-66.

Hofstein, A., & Lunetta, V. N.（1982）. The role of the laboratory in science teaching: Neglected aspects of research. *Review of Educational Research, 52*, 201-217.

Hofstein, A., & Lunetta, V. N.（2004）. The laboratory in science education: Foundations for the twenty-first century. *Science Education, 88*（1）, 28-54.

International Technology Education Association.（2000）. *Standards for technological literacy: Content for the study of technology*. Reston, VA: International Technology Association.

Koszalka, T., Wu, Y., & Davidson, B.（2007）. Instructional design issues in a cross-institutional collaboration within a distributed engineering educational environment. In T. Bastiaens & S. Carliner（Eds.）, *Proceedings of world conference on E-learning in corporate, government, healthcare, and higher education 2007*（pp. 1650-1657）. Chesapeake, VA: AACE.

Leinhardt，G.，& Steele，M. D.（2005）. Seeing the complexity of standing to the side：Instructional dialogues. *Cognition and Instruction*，23（1），87-163.

Lesh，R.（1999）. The development of representational abilities in middle school mathematics. In I. E. Sigel（Ed.），*Development of mental representation：Theories and applications*（pp. 323-350）. Mahwah，NJ：Lawrence Erlbaum Associates.

Lesh，R.，& Doerr，H.（2003）. Foundations of a models and modeling perspective on mathematics teaching，learning and problem solving. In R. Lesh & H. Doerr（Eds.），*Beyond constructivisim：A models and modeling perspectives on mathematics problem solving，learning and teaching*（pp. 3-33）. Mahwah，NJ：Lawrence Erlbaum Associates.

Lesh，R.，Post，T.，& Behr，M.（1987）. Representations and translations among representations in mathematics learning and problem solving. In C. Janvier（Ed.），*Problems of representations in the teaching and learning of mathematics*（pp. 33-40）. Hillsdale，NJ：Lawrence Erlbaum.

Lester，F. K.，Jr.（Ed.）.（2007）. *Second handbook of research on mathematics teaching and learning.* Charlotte，NC：Information Age Publishing.

Magnusson，S.，Borko，H.，& Krajcik，J.（1994）. Teaching complex subject matter in science：Insights from an analysis of pedagogical content knowledge. Paper presented at the 1994 Annual meeting of the National Association for Research in Science Teaching，Anaheim，CA.

Magnusson，S.，Krajcik，J.，& Borko，H.（1999）. Nature，sources and development of pedagogical content knowledge for science teaching. In J. Gess-Newsome & N. G. Lederman（Eds.），*Examining pedagogical content knowledge*（pp. 95-132）. Dordrecht：Kluwer Academic Publishers.

Massachusetts Department of Education.（2009）. *Current curriculum frameworks：Science and technology/engineering.* Retrieved January 2，2009 from http://www.doe.mass.edu/frameworks/current.html.

Minnesota Department of Education.（2009）. *Academic standards in science：Draft two complete.* Retrieved January 2，2009 from http://education.state.mn.us/MDE/Academic_Excellence/Academic_Standards/Science/index.html.

Moore，T. J.，Tank，K. M.，Glancy，A. W.，& Kersten，J. A.（2015）. NGSS and the landscape of engineering in K-12 state science standards. *Journal of Research in Science Teaching*，52（3），296-318. https://doi.org/10.1002/tea.21199.

Museum of Science Boston.（2009）. *Engineering is elementary engineering design process.* Retrieved April 15，2009 from http://www.mos.org/eie/engineering_design.php.

National Academy of Sciences，National Academy of Engineering，and Institute of Medicine of the National Academies.（2006）. *Rising above the gathering storm：Energizing and employing America for a brighter economic future*. Washington，D.C.: National Academies Press.

National Academy of Engineering. (2009). *What is technology?* Retrieved April 14，2009 from http://www.nae.edu/nae/techlithome.nsf/weblinks /KGRG-55A3ER.

National Academy of Engineering，& National Research Council. (2010). *Standards for K-12 engineering education?* Washington，D.C.: National Academies Press.

National Center on Education and the Economy. (2007). *The report of the new commission on the skills of the American workforce*. San Francisco，CA: Jossey-Bass.

National Governors Association Center for Best Practices，& Council of Chief State School Officers. (2010). *Common core state standards for English language arts and mathematics*. Washington，D.C.: Author.

National Research Council. (1996). *National science education standards*. Washington D.C.: National Academy Press.

National Research Council. (2000). *Inquiry and the national science education standards: A guide for teaching and learning*. Washington D.C.: National Academy Press.

National Research Council. (2012). *A framework for K-12 science education: Practices，crosscutting concepts，and core ideas*. Washington，D.C.: The National Academies Press.

NGSS Lead States. (2013). *Next generation science standards: For states，By states*. Washington，D.C.: National Academic Press. Retrieved from http://www.nextgenscience.org/.

Nurrenbern，S. C.，& Pickering，N. (1987). Concept learning versus problem solving: Is there a difference. *Journal of Chemical Education，64*（6），508-510.

Oregon Department of Education. (2009). *Oregon science K-HS content standards*. Retrieved April 27，2009 from http://www.ode.state.or.us/teachlearn/subjects/science/curriculum/2009febadopted-k-h-science-standards.pdf.

Post，T. R.，Harwell，M. R.，Davis，J. D.，Maeda，Y.，Cutler，A.，Anderson，E.，Kahan，J. A.，& Norman，K. W. (2008). Standards-based mathematics curricula and middle-grades students performance on standardized achievement tests. *Journal for Research in Mathematics Education，39*（2），184-212.

Powell，J.，& Anderson，R. D. (2002). Changing teachers' practice: Curriculum materials and science education reform in the USA. *Studies in Science Education，37*，107-135.

Schoenfeld，A. S. (1998). Toward a theory of teaching-in-context. *Issues in Education，4*（1），1-95.

Sherin，M. G. (2002). When teaching becomes learning. *Cognition and Instruction，20*（2），119-150.

Sheppard，S. D.，Macantangay，K.，Colby，A.，& Sullivan，W. M. (2009). *Educating engineers:*

Designing for the future of the field. San Francisco，CA：Jossey-Bass.

Shulman，L. S.（1986）. *Those who understand: Knowledge growth in teaching*（pp. 4-14）. February：Educational Researcher.

Shulman，L. S.（1987）. Knowledge and teaching：Foundations of the new reform. *Harvard Educational Reviews*，*57*，1-22.

Stein，M. K.，Engle，R. A.，Smith，M. S.，& Hughes，E. K.（2008）. Orchestrating productive mathematical discussions：Five practices for helping teachers move beyond show and tell. *Mathematical Thinking and Learning*，*10*，313-340.

Texas Education Agency.（2009）. *Curriculum: Texas Essential Knowledge and Skills: Science TEKS*. Retrieved January 2，2009 from http://www.tea.state.tx.us/teks/scienceTEKS.html.

Von Aufschnaiter，C.，Erduran，S.，Osborne，J.，& Simon，S.（2008）. Arguing to learn and learning to argue：Case studies of how students' argumentation relates to their scientific knowledge. *Journal of Research in Science Teaching*，*45*，101-131.

Von Secker，C.（2002）. Effects of inquiry-based teacher practices on science excellence and equity. *Journal of Educational Research*，*95*，151-160.

Zembal-Saul，Z.，Blumenfeld，P.，& Krajcik，J.（2000）. Influence of guided cycles of planning，teaching，and reflection on prospective elementary teachers science content representations. *Journal of Research in Science Teaching*，*37*（4），318-339.

3 相似信息与不同表征：设计可促进转换能力的学习环境

比利·埃拉姆（Billie Eilam）　施洛米特·奥弗（Shlomit Ofer）

在各种表征与模式间进行转换（TARM）是一种重要的元表征能力（diSessa，2004），它可以促使学习者和使用者对复杂信息进行管理，特别是对视觉表征数据的管理。然而，与其他视觉能力类似，很少能够在学校里看到那些可以促进学生TARM能力的实践。本章聚焦于独特的学习环境设计，旨在提升四年级女生的TARM能力。我们的设计环境为学习舞蹈的年轻学生提供了一个长期（超过整个学年）的体验——学生们对我们所提供的人类运动相关信息进行多变的表征与转换。我们不仅对此环境设计的基本考量因素与基本原理进行了讨论，也讨论了其独特组成部分在促进女生TARM能力中所起的作用。最后，我们对表征性范例进行了展示和讨论，这些范例选自女生们长达一年的转换实践。我们展示了一些设计范例，包括帮助女生们取得进步的环境设计，以及阻碍女生们取得进步的限制性环境设计。在本章的最后，我们就这些设计环境对教育的影响进行了讨论。

3.1　什么是转换？

韦氏在线词典为转换给出了多种形式的定义："改变成分或结构""改变外部形式或外观""改变字符或条件"；"转变"；"将（某物）变成另一个形式，这样可以用不同方式来使用它""变化至另一个系统、方法，等等"（Transform，2014）。这些定义足以满足我们在本章中使用转换概念的目的，在本章中，转换被赋予以下两层内涵：①对指代物的表征；②表征与模式的转换。我们使用首字母缩写TARM来指代"在各种表征与模式间进行转换"这一概念。

具体地说，在目前的研究中我们将"转换"视为：个人将信息源（information source）——对指代物的感知信息或由某种表征形式/模式所传达出的信息，转换（transform）或转变（convert）成信息目标（information target）——以另一种表征形式或模式而显化的信息。换言之，这种核心的转换能力使个人能够对信息进行传达，这些信息始于源指代物（source referent）或表征，经转换后以一种不同的目标表征（target representation）方式传递出来。在之后要构建新的目标表征时，原目标表征本身可作为新的源指代物，为进一步优化拟构建的新目标表征提供帮助。此类转换范例包括：①将关于市内距离的数据表（源）转换为一个该地理区域内标有距离信息的地图（目标）；②将以语言形式描述的市政部门结构（源）转换为分层次的流程示意图（目标）；③将不同季节植物高度的数字信息数据清单（源）转换为图表（目标）；④将两种液体（带有口头标识）之间的化学反应录像数据（源）转换为具体的化学符号公式（目标）。在当前对青年学生TARM能力（与人类运动相关）的研究中，范例可能包括：将现场或录播的人体真实动态运动（源）转换为静态图式表征（目标），或将关于"人类特定运动模式"的现场运动或图式表征（源）转换为语言概念的描述（目标），例如"手向前"。

表征转换能力已在不同的术语语境中有所讨论。例如，迪塞萨等（diSessa et al.，1991）研究了六年级学生对运动表征进行"转译"的情况，其中涉及不同类型的图形、位置、速度和加速度。他们报告说，"儿童水平提升了，他们在各种不同的表征形式间流畅地游走"。迪塞萨在2004年的研究中将对表征的"修订"（"modification" of representations）称为元表征能力。在我们的案例中，我们使用"转换"一词以广泛囊括所有可能的转换——将观察到的"指代物或表征形式/模式"（源）转换为目标表征（目标）。

不可否认的是，有价值的目标表征可能永远不会与指代物或表征（源）完全相同。如果完全相同是存在的，那么转换便失去了意义。实际上，无论是对指代物进行信息表征，还是对表征形式/模式进行转换，其过程中都会出现信息改变、减少或规范（specification）的情况（Bertin，2007）。由于不同的符号语言强调的是信息的不同方面，这可能会影响使用者对信息的感知（如语言文本、可触控的3D模型、2D视觉图像），进而导致信息的改变。此外，当遇到不同的模式和符号语言时，会触发不同的感知过程（如"注意的过程"）和信息处理（与存储）模式。

3.2　转换的功能可供性

TARM的认知操作可以为日常目标和教育目标的实现提供支持，如增强可达性，强调和补充源信息的次要部分、隐性部分和缺失部分，组织信息，约束解释。因此，其具有重要的功能可供性。

首先，TARM 通常会增加个人对某些信息的可达性。例如，一个游客拍摄了一个部落的现场舞蹈，通过将其转换为长期的数字文件，可以为以后的视听访问提供短暂的信息。同样，在教科书、报纸或小册子旁放置一个图解式机械图，可将复杂机器结构的语言描述转换为空间图示，以帮助读者从视觉层面获取信息。反之亦然，比如，当老师对在课堂黑板上绘制的复杂图表（视觉空间形式）进行言语解释（听觉文本形式）时，它会更易于理解。同样地，电视新闻播报员可以通过展示示意图来提升观众理解外太空照片中复杂大气现象的能力，由此实现同一模式下的表征转换。

其次，TARM 可能会在目标表征中以醒目的方式，对次要的、隐性的、缺失的源信息（即源指代物或表征）进行强调或补充。因此，通过对目标表征形式或模式进行选择，可以敲定细节、澄清模糊之处、补充信息或减少"噪声"（即不相关的信息），这对促进用户的信息处理和管理都是有所帮助的。例如，当试图对多年收集的大量数据清单进行表征转换时，构建图表可能是传达趋势或时间差距信息的最佳方法（即在同一视觉模式下的 TARM）。

再次，TARM 可能会导致信息的不同组织（different organization of the information）形成，从而展示出新的指代物特征。例如，对于一个描述特定主题的分层概念图而言，当对其涉及的同一概念以不同的分层顺序进行重新排列时（即在同一视觉模式下的 TARM），新的信息视角便会出现，同时关于该主题的新信息也被展示出来。同样，将一个复杂的书面文本转换为数个表格，用不同的类别（行）及其不同的值（列）来组织其信息细节，我们便可以在其中做一些比较，这是文本所不能提供的。

最后，TARM 可能有助于对消息源所传递出的不同类别信息进行解释约束（limit interpretations）（Ainsworth，2006），这在可能对同一信息作出不同解释的情况下尤为有用。例如，给游客的语言旅行指示可能是混乱的，而将其转换为标明具体地标的示意图则将有助于避免游客对路线的误解，因为这增加了用语言无法准确传达的空间信息（即不同表征形式和模式间的 TARM）。另一个例子是生物细胞系统的三维物理模型，构成生物细胞系统的不同层级往往令人难以理解。通过使用表征系统层级的示意图或表格（标识出每一层级中的固有成分），可以避免人们对该模型结构和功能的误解（即同一模式下不同表征形式之间的 TARM）。

3.3　转换的制约因素

TARM 具有许多功能可供性，但这些可供性可能会受到学生知识匮乏与学习环境特点的制约。在教育系统中，那些可以提升 TARM 知识与技能的学生体验和教师实践是匮乏的（Eilam，2012；Eilam and Gilbert，2014）。学生必须对表征的不同组成部分和维度有所认知，并掌握一些与其相关的知识。他们必须可以识别被表征的指代物，并意识到许多表征形式（如电影、示意图、地图、图表、图形）及其潜在模式（如运动、触觉、听觉、视觉）。学生还必须关注构成这些表征形式和模式的独特符号（如图标性的、抽象的、常规的、声音的），以及它们的符号语言和语法（如文本、图像、运动、语言）。最后，如果源指代物或表征相关领域的知识储备不足，那么学生就可能无法识别出源信息的缺失部分，或者无法对核心信息和次要信息进行区分。

　　学习者想凭借 TARM 的优势在学术上取得成果，就必须努力发展为 TARM 提供支持的各种先备技能。例如，个人必须能够比较各种潜在目标表征的优缺点，即在它们之间进行映射，以最大限度地对源信息进行有效表征。此能力将使学生能够选择出最适合于预期目的的表征形式和模式，并以此来提高信息可达性和提升信息管理水平。然而，这些映射能力对绝大多数学生而言是一种挑战（Kozma，2003；Seufert，2003）。

　　具体而言，某些基本技能的缺失可能会限制 TARM，而哪些基本技能如此重要，则取决于表征中涉及的不同维度，如空间和时间维度。使用空间维度需要某些特定的能力［例如，心理旋转、2D-3D 转换、鸟瞰视角-外部观察者视角-内部观察者视角（Tversky，2005）］，而对时间维度的使用会涉及与时间相关的能力和考量（例如，静态与动态表征、时间单位和分辨率、横断面与纵向数据）。源指代物/表征的内在复杂性是限制 TARM 能力提升的可能原因，如人眼无法感知的尺寸与尺度；可能造成高认知负荷的复杂结构与复杂系统；难以捕捉的抽象或短暂的源。从目前的案例来看，在促进人类运动的 TARM 能力发展时，特别难以处理的点有 3 个：①涉及人体与运动功能的必要概念领域知识；②需要通晓空间符号语言，并具备良好的心理旋转能力；③源信息的短暂性本质（转瞬即逝的身体运动）。

　　最后，表征形式/模式可以在不同的媒介上呈现（例如，纸张、电脑屏幕、电视机、录音机）。在我们的案例中，我们选择用纸和铅笔（Van Meter，2001），来表征转换活动和肌肉运动。

　　因此，与其他表征能力类似，要获取 TARM 能力，需要持续地参与到涉及不同表征的各类实践体验与丰富情景当中，而非单纯地依靠语言上的抽象讨论（diSessa and Sherin，2000）。每个人都有许多与表征相关的非正式日常经历，这为 TARM 直觉与能力的发展提供了丰富的基础。然而，有意识地应用和进一步提高 TARM 需要以夯实学生的 TARM 相关知识基础为导向，进行意图明确的、正式的、精心设计的、有组织的实践（例如，Azevedo，2000；Bamberger，2007）。有效的学习环境可以提供结构化机会，为有助于 TARM 知识构建的体验提供基础，因此，TARM 的发展必须扎根于有效的学习环境当中。

3.4　判断表征质量

在任何试图对转换能力进展情况进行追踪的研究中，对目标表征的质量作出判断是不可或缺的一步。根据迪塞萨（diSessa，2002）的研究，"权衡"（tradeoffs）总是存在于多种表征的选择中，不存在完美结果。因此，对目标表征质量的判断必须考虑各种因素，包括任务要求和表征的既定目标。在文献中，一些研究者已经研究了年轻学生对目标表征质量的判断，尽管部分研究与转换能力的提升并无关系（例如，diSessa，2004；Pluta et al.，2011）。有趣的是，迪塞萨（diSessa，2002）报告说，在 90% 的情况下，他的学生对自构表征的判断标准与研究人员的标准相似。他认为"正式标准"考虑了系统性、一致性、简单性、冗余性、惯例性及表征中各部位明晰的对位性（clear alignment）。在一项较早的研究中，迪塞萨等（diSessa et al.，1991）报告说，六年级学生在自构的运动表征中使用了正式标准，如涉及指代物表征信息的表征完整性、紧凑性、量化信息的精准性、简洁性、对非必要符号的经济使用性，以及可学习性——这些都是易于解释的。费斯哈费尔等（Verschaffel et al.，2010）通过小学生的表现证实了迪塞萨的标准，这些小学生选择了适当的表征来展示短暂的声音刺激。普卢塔等（Pluta et al.，2011）报告说，七年级学生制定了一系列认知性标准来判断科学物理三维模型的质量，标准分为 3 个层次：①主要标准，关注模型与指代物之间对应关系的准确性，正如科学所期望的那样；②次要标准，有助于实现认知上的科学目标；③模糊标准，反映出学生科学实践中的迷思概念。许多七年级学生认为模型的目的是提供信息和解释信息，他们也强调模型应具备清晰性，以帮助交流——模型应具有复杂性并保留适当数量的细节信息（Pluta et al.，2011）。

在目前的研究中，除了受到基于表征本身及其目标的标准影响外，我们独特的环境设计也会对学生判断表征质量造成极大的影响。在我们的研究任务中，我们要求四年级的学生通过对人类运动进行转译，构建出一个可被同伴破译的表征。因此，在这些年轻的表征构建者进行表征转换的过程中，他们主要将"破译者能否如期望那般，从身体运动中把握目标表征的含义"作为表征的质量判断标准。从此意义上来看，这些标准与普卢塔等（Pluta et al.，2011）的主要标准是近乎一致的。这并不意味着，在转译过程中，其他标准如系统性或精确性没有被考虑到，一些表征构建者在小组讨论中所做的评论记录便可证明这一点。然而，这些明确设定的"表征导向性标准"，主要是为了解决转译过程中出现的特定区域内的社交问题或交流问题，而不是将表征作为一个整体来评价。鉴于此，我们调整了迪塞萨（diSessa，2004）提出的术语"功能位"（functional niche）——一个对在其中产生的表征有某些要求的环境——来对学生判断表征质量的主要标准是如何被任务提出的各种功能要求所限制的进行描述。总而言之，这种独特的环境会将学生的标准限制在对表征交流性的判断上，而不会重点地去关注"正式"的表征质量。

接下来，本章会对我们采用的研究方法进行介绍，包括被试人员的选取、为促进 TARM 能力而设计的环境，以及设计背后的依据和考量。随后，我们将分享一些研究发现，通过几个关于学生转换产品的例子，来探讨"学习环境的方方面面是如何为转换产品提供支持或形成约束的"。

3.5　研　究　方　法

3.5.1　被试人员

我们选择对四年级女生（$N=16$，9—10 岁）进行 TARM 研究，她们的运动发展阶段（Gallahue and Ozmun，1998）、空间能力阶段（Hammill et al.，1993），以及在童年时期积累的非正式和正式的元表征知识和经验（Sherin，2000）将确保她们能够完成研究中的转换任务。我们对女生们的学校课程的研究和对以色列文化的了解为我们的假设提供了支持，即女生们以前有很多机会接触到表征，尽管大多数是无意的或不明确的。在获得家长的同意后，被试人员完全自愿参与本研究。在 16 位女生被试中，有 13 位完整地参与了研究，1 位退出研究，另外 2 位未能持续参与其中。

3.5.2　整体研究背景

在整个学年的课程中，被试接受了一个理论的体验课程，她们被要求使用 11 个越来越复杂的序列"源"来完成各种转换任务，在每个序列"源"中，教师都会通过直播或录播的形式作出短暂的人体动作。每个序列的转换需要每周 1—4 次录像课程，每次课程持续 60 分钟。课后，被试会在学校工作室中进行转换工作。在第一节课上，16 位被试分为 4 个小组，每个小组坐在工作室的一个单独角落。如表 1 所示，所有序列的干预措施都包括如下几个阶段：①对语言概念和人体运动进行教导的课程教学；②序列的运动演示，以及目标视觉图形表征的自构（仅限表征构建者）；③表征破译者对目标表征进行解码，通过演示人体动作将解码结果反馈给表征构建者；④如有必要，表征构建者将进一步完善目标表征。被试轮流出任表征构建者（每组 3 位被试）和表征破译者（每组 1 位被试）的角色。

表 1　各研究阶段中表征形式和模式间的转换活动

研究阶段 信息	来源	信息目标	表征形式	经过的转换 形态	案例
1. 理论教学和 体验教学	口头概念	物理运动	短暂性的语言→ 短暂性的运动	听觉的→运 动的	老师说"向前抬起腿"→ 女生向前抬起腿（运动的）
	身体运动	口头概念	短暂性的运动→ 短暂性的语言	运动的→文 字的	女生做抬腿动作→女生说 "腿向前"
	视觉	口头概念	视觉→语言	视觉的→语 言的	女生观看现场/视频演示抬 腿→女生说"腿向前"
2. 源序列的演 示和目标表征 的自构	视觉（观察到 的现场/视频 运动序列）	视觉-图形	短暂性的视觉→ 耐久性视觉-图形	运动的→视 觉-图形	开发人员查看教师现场/视 频演示腿向前抬起→开发 人员创建腿向前抬起的可 视化图形符号图
3. 破译和基于 演示的反馈[①]	视觉图表	运动（设定 现场动作 序列）	耐久性视觉-图形 →短暂性的运动	视觉-图形→ 运动的	表征破译者观察到同伴的 视觉-图形符号表征的腿 向前抬起→表征破译者身 体上执行解码的动作（例 如，错误地向前迈一步， 而不是抬起腿）
4. 自我生成表 征的完善（可 选）[②]	短暂性的运动 →视觉-图形	视觉-图形	短暂性的运动和 以往的耐久性视 觉-图形→改进后 的耐久性视觉-图 形	运动和视觉- 图形→视觉- 图形	表征构建者将她们以往的 视觉-图形符号表征与解 码的表征进行比较→表征 构建者改进符号表征，以 创建更清晰的腿向前抬起 的符号表征

注：耐久性视觉-图形是指在纸张上的视觉表征。第 3 阶段和第 4 阶段重复进行，直到表征构建者判断最终目标（表征破译者演示的动作序列）与最初源（教师演示的动作序列）完全相同。

①仅限表征破译者，涉及角色轮换。

②仅限表征构建者，每组女生轮流扮演此角色。

3.5.3　研究阶段

第 1 阶段：理论教学和体验（语言-概念和运动）教学。

对于所有被试而言，每个新颖的动作序列出现时，都会先经历一个多维的理论课程和体验课程。人类动作是身体、时间和空间等维度的统一，这对 TARM 提出了极大的挑战。由于人类动作的丰富性和复杂性，我们将人类动作这一主题选定为"源"以提供多样化的转换体验，如表 1 所示。该课程的概念框架是基于埃什科尔-瓦克曼（Eshkol-Wachman）动作符号的改编版本（Eshkol and Wachman，1958；Ofer，2009）和"运动素养"这一概念（Ofer，2001）。我们的课程框架包括 4 个多元素维度，它们可以帮助学习者对整个复杂的、连续的运动进行有意义的拆分，以获取运动的组成维度和离散元素。例如，这 4 个维度能够让被试选择中意的分辨率，将动作转换为关键的静态序列片段，并凸显每两个连续序列片段之间发生的动态变化（Tufte，1997）。

这 4 个多元素维度是：①身体相关方向维度，指的是身体作为整体的运动，包括向前、向后、向右、向左、向上和向下 6 个空间元素；②绝对空间方向维度，指的也是身体作为整体的运动，但方向由 8 个元素（数字 0—7）以方位圈的形式表示；③身体部位维度，指的是人体部位（例如，头、前臂、脚）的独立运动，涉及各部位关节结构的特征运动和上述方向的运动；④时间维度，指的是具有不同复杂程度的连续运动片段的排序。我们在教学中对时间维度的 3 个方面尤其进行了强调，因为它们可能会给被试带来特别的挑战：①将时间作为动态运动的一个抽象的、短暂的方面来进行表征，将其转换为具体的、静态的图形表征；②根据所选的分辨率，将源的连续性转换为不同片段；③识别在不同时间单位内相继发生的、被拆分为片段的连续运动，以及识别在同一时间单位内同时发生的数个运动。

在当前的研究中，我们应用这 4 个多元素维度来概念化人类运动、开发课程，以及分析被试的转换成果。为了增强对这些维度及其相应元素的掌握水平，我们在课程中逐步增加了维度和元素的复杂性，从身体作为整体运动单元的单维度，到匹配了时间单元的运动单元，最终到在时间单元内和跨时间单元同时发生的多维度多元素运动。我们的目标是，以独立于具体体验性设定的方式，将每个理论维度/元素进行高层次概念化（作为一个概念，而不是作为一个例子）（Ofer，2009）。为了实现这一目标，被试通过不同的语言-概念和运动训练模式来进行课程内容的学习，如语言定义的理论维度/元素；将语言指令转换为身体动作（例如，"向左跨步"）；在不同的运动模式中对每个概念进行重复训练（例如，向左跳 vs. 向左走 vs. 向左移动一只脚）。这种有限但不断积累的指导性理论/体验知识，为学习者在转换表征时创造了一个共享信息库，从而对表征构建者、表征破译者与研究者可能作出的解释进行约束。在这个阶段结束时，为了验证学习者对具有特定序列的新语言-概念和新运动内容的掌握情况，并防止被试在应用 TARM 时受到知识缺陷的干预，教师会在每个学习单元结束后对被试的维度/元素知识进行评估，如果有需要，教师会帮助她们缩小知识方面的差距。

第 2 阶段：源序列的演示和目标表征的自构（仅限表征构建者）。

在这个阶段，4 位被封闭视觉的表征破译者（每组 1 位）将离开工作室。接下来，4 组表征构建者观看了教师对新动作序列的无声现场运动演示，为避免表征构建者进行心理旋转，她们可以从正面和背面观看运动演示。将观察到的运动信息源转换为视觉-图形的目标表征，存在诸多困难，其中便包括需要在运动消失前迅速构建运动的心智模型。我们的设计为被试提供了源运动的正面和背面的视频剪辑，由此提升了她们克服此困难的能力，被试可以随时在笔记本电脑上反复观看这些视频剪辑。在现场观察或视频演示的同时，一些表征构建者会进行记录。在序列演示中不会出现语言描述或任何形式的图形表征。动态的现场/视频演示被定为源信息，因为它们有可能帮助学习者为诸如运动这般的短暂现象构建心智模型。现场/视频演示可以明确地展示出那些未被注意到的运动细节，因为这些运动细节是随着时间推移而逐步呈现的，这可促进被试的理解。此外，对人类各运动部位的同步协调变化进行表征，可以增强被试建立各运动关联性的能力，进而将运动作为一个整体进行表征（Zhang and Linn，2011）。同样地，用于表征同一过程中连续时序事件的短暂信息，可以让人在前一事件消逝的同时，清晰地看到当前事件；这可能会增加人们在连续过程中对观察到的不同事件的关注和重视。这样的转换在学校里并不常见（如 Bamberger，2007）；因此，我们选择了一个能提供这种体验的设计。

在每组的表征构建者观察了源运动序列的演示后，我们要求她们通过合作自构一个目标性表征——在纸张上以视觉符号图形进行表征，尽量少使用语言提示，还强调了需要将运动信息传达给其他人。整个过程都处于无领导小组工作环境，鲜有教师给予她们指导（Van Meter，2001）。我们为各小组提供了 A4 纸、铅笔和橡皮，并对小组讨论进行了录像。为了提供不同的模式转换体验（出现在本阶段和完善阶段；见表 1），我们选择了一个表征自构任务，要求被试更持久、更仔细、更深入地对现象进行观察，并为其所见赋予蕴意（Zhang and Linn，2011），因为自构表征与给定表征相比更能从概念层面吸引学生（Lehrer et al.，2000）。相较于给定的既有惯例性表征（例如，现成的图形或图表），自构表征更有利于激发被试去利用自身的资源（Sherin，2000）（例如，绘画能力、熟悉的符号、经过训练的语言概念课程）。

第 3 阶段：表征破译者对目标表征进行解码，通过演示人体动作将解码结果反馈给表征构建者。

之后，表征破译者们在未观看原始现场/视频的短暂运动源的情况下返回了工作室，每个表征破译者都收到本小组的符号图形表征——它们现在成了破译者的源表征。当表征破译者对此表征进行解释时，表征构建者并不在场，这就排除了任何暗示或交流存在的可能性。为了推进对表征破译者所思所虑的分析工作，在她们对视觉-图形源进行解释时，我们要求使用"有声思维法"（"think aloud"）破译，并对破译过程进行录像。表征破译者们在本研究的课程中所获得的知识、她们作为表征构建者所积累的经验（由于角色轮换机制的存在），以及她们关于符号语言的非正式和正式的先备知识和先备经验，共同构成了表征破译者解码的基础。解码后，表征构建者重新进入工作室，每个表征破译者在使用有声思维法的同时，将视觉-图形源表征重新转换为身体动作序列（目标）的演示，以供研究者核查。

第 4 阶段（可选）：表征构建者完善目标表征。

当表征构建者对表征破译者的现场运动反馈进行观察时，她们将把对表征破译者所作演示的认知，与她们自己根据教师的原始源运动序列所构建的心智模型进行比较——这些心智模型是在教师的现场/视频运动演示中构建的。如果表征构建者认为表征破译者的转换结果不充分，即最初的源动作序列和最终的目标动作序列是不一致的，那么研究将进入第 4 阶段。此时，为防止交流，表征破译者将再次离开工作室。接下来，表征构建者将在最初的自构视觉-图形表征中，寻找造成差异之因与导致信息误传之处，以此作为完善表征的基础。有时，表征构建者只会对表征进行微小改动，但在大多数情况下，她们将自构一个全新的表征。

第 3 阶段和第 4 阶段的循环。

最后两个阶段会循环出现，直至表征构建者认为表征破译者对完善后的视觉-图形表征所作的运动解释（转换）与教师最初的运动序列是相匹配的。

我们对所有的表征进行了收集、复印，并在每个阶段完成表征构建或表征完善后，将其返还给表征构建者，以避免遗失任何中间的表征成果。小组成员将她们的视觉-图形成果归入小组作品集，以便在需要时可以随时查阅。

3.6 环 境 特 征

学习环境的设计特征可以促进教育目标的实现。本研究案例的目标，是通过设计环境所提供的体验，来促进女生们的 TARM 能力。在设计当前的学习环境时，我们考虑了三个主要环境特征：教师角色、涉及合作的自构过程和环境持久性（environment's longevity）。

首先，为了让年轻女生在发展 TARM 能力的过程中保持尽可能多的自主性，我们要求教师在最小干预原则下，仅为她们提供必要的支持和指导，为此，教师们在这一年中，参加了一门培养学生进行自主选择的成长课程。应该注意的是，在第 1 阶段，教师既参与了课程教学，也参加了女生们知识获取情况的评估工作，但在第 2—4 阶段涉及实际 TARM 活动时，教师的作用变得极小。

其次，我们选择设立合作小组来帮助女生提升 TARM 能力。伙伴间的合作有着诸多优势，例如：①通过提出问题的替代解决方案和多种建设性的改进意见，来促进思考（Zhang et al.，2009）；②在努力实现小组目标的同时，通过分担责任来减少认知负荷（Pea，1993）；③在实践层面上，即使出现某被试缺席或动力不足的情况，也不会过多地影响小组的整体动力；④从经验视角来看，这使得被试可以在任务过程中，对其想法和考量进行说明（Chinn and Anderson，2000）。然而，由于成员在一起工作会有困难，以及成员中可能存在社会关系问题，合作可能会对小组工作造成负面影响，这尤其体现在自构任务的情况中。

最后，在当前的设计中，我们纳入了长期的 TARM 重复性体验。环境持久性的真正目的是对复杂性越来越强的多维度概念和多元素概念进行渐进式教学（Eilam and Ofer，2016）。

3.7　结　　果

3.7.1　学习环境设计的功能可供性与约束性

本章关注的重点，是如何通过设计，让这些女生可以从容地应对 TARM 所具有的挑战。目前的研究中出现了异常丰富的一系列定性资料。我们对视觉-图形转换成果及其附带的语言表述进行了介绍，即它们是如何揭示 TARM 认知操作的可供性和约束性的，以及当前学习环境的功能定位是什么，包括学习者的空间和时间能力以及她们的社交方面的情况。

3.7.2　提供更多的信息可达性

表征构建者在进行 TARM 的过程中会对表征信息进行管理，这种管理明确反映出了提高表征交流度（representations' communicativeness）的必要性，这与设计任务的要求是一致的。在关于表征破译者需要哪些预期能力来解释表征的谈话中，以及在纸上作画和书写信息表征的过程中，我们都可以观察到交流的可供性。往往可以在表征构建者的言辞中看到明确的口头表述，表征破译者的能力由此遭到了质疑：她们无法很好地对组内的视觉-图形表征进行解释，也无法将这些表征转换成运动形式（例如，"这太难了，她会感到困惑"）。这种口头交流说明，她们已经在不自觉中意识到：在进行目标表征时，需要把源表征中的信息向表征破译者开放。通过引入作为功能位组成部分的表征破译者这一角色，我们在任务中鼓励学生们进行那些与交流有关的考量，如预期那般，这些考量成了表征构建者判断表征适配性的核心标准。

在研究这些四年级表征构建者自构的符号表征语言时，我们发现女生们会大量地利用两个主要符号的特点，即常规符号和图标符号。这为增加信息可达性提供了可能。首先，被试几乎只使用熟悉的常规符号，如箭头、字母和数字，而不会创造陌生的新符号去表征多元的方向或时间维度（见图 1，用箭头表示身体相关的向前和向后运动的序数）。这种偏好可能是由于女生们希望通过共知的（在学校习得的）常规符号来提高交流效率。在某些情况下，女生们会创造并使用常规符号的变体，但对于常规符号的持续性依赖表明了保证信息可达性是她们的目标。

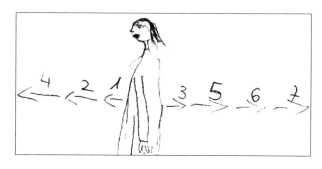

图 1   常规符号（序数，箭头）和一个图标符号（女性形象的轮廓），
被用来表征身体的前后重复运动

再者，这些年轻的被试经常选择图标符号（如人物形象或身体部位）来进行表征，或者将图标符号整合至其他表征形式当中。如图 1 中的女性侧面形象，就以身体为参照物来表示前进和后退的方向。之所以选择这一图标符号形象，是因为在 2D 的纸张世界中，对人体进行三维表征将面临空间困境的问题（Tufte，1990，p.12）。我们应该注意到，大多数关于自构的研究报告都显示，学生们最初倾向于使用图标符号进行表征（Azevedo，2000；diSessa et al.，1991；Parnafes，2012），有时会转向使用抽象表征。图标符号与现实（即指代物）相似，可以为表征破译者增加信息可达性，因为他们不必再为更加抽象的形式作出解释。我们的研究发现，每个小组在使用表征形式方面具有偏好一致性，其中有 1 个小组从一开始便更热衷于使用抽象表征。

3.7.3　通过强调或补充来提供信息的次要/隐性/缺省部分

对动作的语言描述可能是宽泛的（例如，"举起你的手"），而实际的现场运动演示或其图形表征则传递了高度精确、清晰具体的参数信息（例如，将右手举至头部水平，并保持手掌朝上和手指指向前方）。这种转换体验是由我们专门设计的各种剧情片段来提供的。例如，在训练部分（第 1 阶段），女生们必须将具有隐性时间维度的语言信息（源）转化为由具有清晰时间顺序的运动集组成的运动信息（目标），以此完成对隐性信息的表征（图 1）。

表征运动时序的序列编号清晰地展示了隐性的时间维度。另一个例子出现在图 2 中。通过在目标图像表征中增加图标符号，使模棱两可的信息得以补全（见下一节的补充评论）。

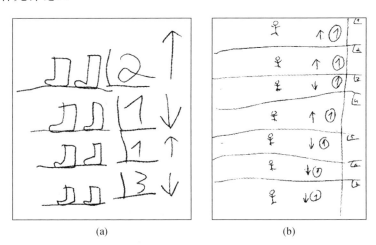

(a)　　　　　　　　　　　(b)

图 2　一个简洁的类公式信息组织

注：（a）对于表征破译者而言是难以理解的；（b）是一个经过改良的可理解的表征，更多的细节和冗余包含于其中。

3.7.4　承担组织信息的任务

我们的数据分析表明，表征构建者采用了两种主要的信息组织方式：在页面空间上进行组织，以及在整体表征中对符号进行组织。学习环境和任务要求并没有对这两种组织方式进行约束；因此，女生们可以通过选择页面的水平和垂直布局，以图表形式自由地就现场/视频演示的运动，表达出她们的所感所知；同样地，她们也可以以图表形式自由地对从上到下、从左到右或从右到左的动态时间过程

（时序表征）进行表征，以及对"将各种符号整合成单个整体表征"的模式进行表征。这一开放式设计为学习者提供了探索替代方案的机会，这一机会是她们在处理现成的表征及这些现成表征的内在准则时所难以获得的。然而，在大多数情况下，对于学生在纸张空间内对视觉-图形表征（目标）进行组织而言，会存在一些主导性的组织形式。如在纸上随时间对运动事件进行表征时，主导性的表征组织形式为从上到下或水平式布局。这类主导方式可能暗示了女生们的正确认知：尽管人类的运动序列在干预的过程中变得愈发复杂，但这些运动序列在本质上是相似的，因此其形式并没有彻底改变的必要。

关于第二个组织特征，即"在整体表征中对符号进行组织"，我们可以看到一个有趣的现象。也许是为了满足判断表征质量的正式标准，有一个小组试图创造一个简洁的"公式"来表征她们在同一运动序列中识别出的重复运动事件。然而，对于这种试图避免画出重复事件的尝试而言，尽管这可能会使表征变得更为连贯、简明和紧凑（diSessa，2002，2004），但此做法也限制了表征破译者将视觉图形表征（源）准确地转换为运动性表征（目标）的能力。在类公式表征的例子中［图 2（a）］，数字表征了事件的重复次数（即数字 2、1、1、3 表示前进两步、后退一步、前进一步和后退三步）。然而，表征破译者无法再现事件序列的事实，使得表征构建者不得不对表征再次进行优化［图 2（b）］——在各行中按时间顺序详述事件（用冗余序数 1—7 进行标记）。由此，提高交流效率的目的得以达成，但紧凑的公式也随之消亡。

关于第二个组织特征，在整体表征中对符号进行组织，一个有趣的现象出现了。本例说明了，对于 TARM 而言，干预设计具有两个重要方面：①自构任务的开放性，它鼓励对表征进行创造和优化；②优化任务的反馈驱动性，它促使女生们寻求一个表征破译者可以准确解释的视觉-图形转换过程。上述两个可供性有望增强女生们对 TARM 相关的认知。

3.7.5 承担约束解释的任务

任何符号语言都可能有含糊不清的一面，这取决于语言的具体特点。为降低信息的不确定性，有必要对可能的解释进行约束（Ainsworth，2006）。女生们的TARM 成果很好地反映了这类现象。在某些表征中，表征构建者使用希伯来语单词的首字母来构建描述运动指令的缩写（例如，ZYL 代表 *zroa-yemina-lemaala*，右臂向上，如图 3 所示）。在她们对此表征形式的讨论中，一位女生指出，在希伯来语中，向上（*lemaala*）和向下（*lemata*）都以相同的字母 Lamed 开头，因此两者的缩写是一样的，这可能会产生混淆。为了对表征破译者的释义进行约束，同时将视觉-图形表征转换为运动表征，该小组决定增加一个手臂指向上或指向下的图标式图像［图3（a）和图3（b）］。

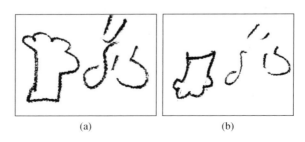

(a)　　　　　　　　　　　(b)

图3　在相同的字母图像（缩写为ZYL）中加入了一个图标式图像，以约
束表征破译者的释义

注：其中（a）为 *zroa-yemina-lemaala*，右臂向上；（b）为 *zroa-yemina-lemata*，右臂向下。

接下来，我们将就影响这些女生表征性实践的其他维度，即空间、时间及社交三个维度来探讨我们为 TARM 提供可供性或是约束 TARM 的方式。我们所设计的每一个维度，都为这些女生提供了 TARM 的可供性，也进行了必要的约束。一方面，它们为女生们练习对各种时间能力、空间能力和社交能力的正念使用提供了机会，这些能力是日常生活中所用不到的。另一方面，它也对女生们使用那些具有挑战性的高难度能力提出了要求，这些能力是没有经过训练的，因此任务会显得极其困难，其中涉及的各种与表征有关的问题都亟待女生们去解决。下文将举例进行说明。

3.8　空间能力的应用

对空间运动视觉-图形表征进行自构离不开空间能力。特别地，它需要观点采择（perspective taking）和心理旋转，以及将三维图像转换为二维图像，或将二维转换为三维。

这些挑战可以通过比较两个不同小组对教师所演示的同一运动序列的图形表征来进行说明：右臂向右，头向左，左小腿向后退。从图4（a）和图4（b）中可以看出，第一组表征构建者未在其图标式人体图像上画出人脸，因此需要标注"右"或"左"的希伯来语标签（*yemin*，右），这使表征破译者不需要再对图像进行心理旋转，从而有利于其对身体状态的准确解读。

(a)第一组   (b)第四组

图4 同一空间信息序列的两组不同表征

注：（a）说明了第一组表征有使用语言标签，这表明在用图形表征方向方面存在困难；（b）第四组表征缺乏心理旋转，这导致了错误的手（左手）向错误的方向移动。底部图像显示了两种不同的解决方案，在二维上表征小腿向后的三维运动。

不同的是，第四组在其图像表征中画了脸部，由此身体侧面也被确定。然而，任务要求表征构建者们尽量少地使用语言提示，因此，尽管表征构建者为解决问题自构了优良的图像表征，但该表征也反映出表征构建者并没有能够很好地对源演示中观察到的方向进行心理旋转［图4（b）顶部图像］，这导致了左右臂的混淆，使其指向了错误的方向。女生们可以从前后两个视角来观看教师的现场演示和此动作的视频片段（其他所有动作都如此），这使得她们认识到，对正在移动的人体对称部位进行表征是极具挑战的。

此外，在这两组表征中，底部图像为学生的二维和三维认知提供了依据。当她们被要求对所观察到的小腿向后的现场/视频运动进行表征时，两个小组中的表征构建者再次使用了两种不同的解决方案。从第一组的对话中，可以看到她们为无法表征3D形式的向后运动而感到困扰："我说啊，我们应该怎么画小腿呢？""我不知道，她能理解吗？"她们最终将腿画在侧面［图4（a）底部图像］，此解决方案涉及解剖学中关节结构及其对运动约束的先备知识。正如在第1阶段的运动教学中所做的练习，她们认为："她会理解的，因为这条腿唯一可能的运动方向是向后。"第四组把移动的腿画得更短，让我们感知到小腿在图像中"消失"了。或许在表征构建者看来，这种情况普遍地出现在日常生活中，因此可能很容易破译。

3.9 时序认知的应用

在应对解决时间表征问题所涉及的挑战时，被试们表现出了令人印象深刻的能力。这些能力包括涉及对连续运动及其分割片段进行 TARM 的能力，其中，片段的分割需要根据所选分辨率、事件时序、时间同步性来实现。如图 5 所示，关于片段分割，某小组根据运动的时序，将一个动态全身运动转换为四个静态序列片段，每个片段表征了向前或向后的一个步骤。

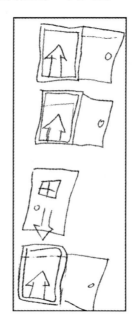

图 5 现场/视频中连续的全身运动序列被转换为四个离散的传统图示
表征片段：向前走，向前走，向后走，向前走

箭头表征了方向（即向上的箭头表示向前，向下的箭头表示向后），门是冗余信息，用打开（向前）和关闭（向后）的概念来表征方向。虽然这些冗余信息与表征质量标准中紧凑性和简明性的原则背道而驰，但它们确实对不同的时间单位概念进行了强调。

在将短暂的抽象运动源转换为静态图形表征目标时，女生们表现出了对时序重要性的认知。为了确保表征破译者准确破译连续动作的时序，表征构建者通过添加序号以表明她们选择了自上而下的水平布局，如阅读希伯来语时那样，此水平布局的方向为自右向左（图6）。

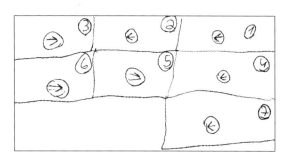

图6 序号被添加以表示时间顺序

注：顺序为从右到左，这是希伯来语中的表述习惯。

随着干预的推进，运动序列变得更加复杂，表征构建者开始需要在单位时间内，对同时发生的多个运动维度/元素进行表征。图7（a）和图7（b）展示了两个小组的案例，两个案例均采用视觉图标来处理时序问题。通常而言，各小组采用平行列（行）的表格形式来表征同时发生的运动事件，如表征第6个运动序列片段的垂直表格［图7（a）］或表征第9个运动序列片段的水平表格［图7（b）］。在图7（a）中，左栏用箭头表示身体的相对方向（向前、向后），右栏表示绝对空间方向（方位圈数字）。结合来看，每一行表征的是整个身体在空间某方向上向前或向后移动。在图7（b）中，教师演示的现场/视频运动序列更为复杂，不仅包括了各种处于运动状态中的身体部位，还包括了身体方向与绝对空间方向。

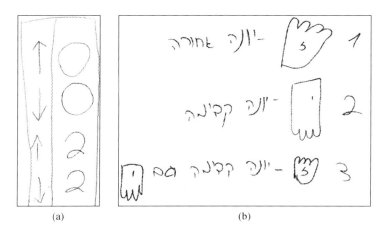

(a)   (b)

图7 表格形式的表征，涉及多维度/元素的同步运动片段

因此，该组女生们用序号（右）来表示片段的时间顺序，但这是没有必要的，因为自上而下的表格形式已广为人知。表征构建者使用手臂和手的图标在绝对空间中的指向来指定身体部位，或许是为了确保方向被准确识别，表征构建者还使用了冗余的希伯来语首字母来指定身体部位（Zayin 代表 *zroa*——指第 1 行和第 3 行的手臂；Yud 代表 *yad*——指第 2 行和第 3 行的手）。她们还提供了语言线索，以说明哪只手臂/手应该被移动，又应朝哪个身体相对方向进行移动。对于事件同时发生的情况（例如，第 3 行，同时涉及手臂和手的运动），单词 *vegam*——意指"同时"，被用来表示同时发生的运动（参见第 3 行最左边的单词）。

对社交的考量

正如在其他研究中发现的那样（diSessa，2004），借助视频对女生们的 TARM 发展过程进行描述，可以看到，在对每个现场/视频源运动序列进行观察之后，表征构建者在几乎没有讨论或思考的情况下，自发地构建了表征。女生们很少会对她们选择表征的理由进行说明，也很少会说明为什么她们偏爱于使用特定的符号或表征形式。这意味着，我们的合作设计并没有充分发挥其潜能。对符号或形式的讨论十分罕见，其涉及的也往往是社交而非表征方面的议题，而社交方面的议题会对 TARM 过程形成约束。例如，一个独特的社交现象是：女生们表示，她们希望当前任务能够为她们带来娱乐，并建议通过对表征破译者隐藏信息来提升任务的挑战难度和趣味性。有时，女生们甚至会避免再次使用已用过的有效符号和修饰性数字，以掩盖其表征内容，或者她们会为了让表征破译者解码不变得"过于简单"而省略某个符号。此外，成员需要在合作过程中相互妥协，以满足组内对共同成果的需要。事实上，各组都强调每个成员应对 TARM 过程作出贡献，因此，一些高质量的表征也会被社交性约定扼杀："你不能一直在作图，该轮到我了……"因此，在这种复杂的约定下，虽然团结合作仍是一个有效的支持机制，但从某些方面来看，按照干预路线对 TARM 进行系统性培养时，社交议题会对此产生约束。

3.10　总　　结

作为"功能位"存在的环境设计为发展四年级女生的转换能力提供了独特的机会。它为学生提供了多样化的转换体验（作为元表征能力的一个组成部分），可应对各类表征形式和模式：不仅包括"信息-语言-概念的"、运动的、视觉-图形的、短暂的、持久的，等等；也包括各种空间的、运动的、符号的，以及表征能力。那些自发的实践，并非被试面对陌生表征语言时所作出的挣扎，而是她们在不断积累表征经验后自然而然作出的。本章展示了环境设计中的具体组成部分是如何支持或约束学生的 TARM 发展的。同时，本章还特别强调了：①教师在最少指导原则下进行教学的作用；②学生的合作安排；③在纵向的反馈循环设计中，不断地自构和优化越来越复杂的表征。此外，将表征破译者作为各组表征成果的评估者和现场运动反馈的实施者引至本研究中，我们得到了几个关于 TARM 的重要结论：①它将判断表征的焦点从正式的质量方面（即"好的表征"应是紧凑的、简约的和简单的）转移到"有限但重要的"交流方面（例如，"好的表征"应具有充分的细节，足以让表征破译者作出解释，即便这些表征是简陋的，且含有冗余信息），这不仅影响了女生们对符号的选择和组织，也影响了她们对有效转换进行概念化。②它允许表征构建者识别出视觉-图形表征中那些导致误解或者表征不准确的地方，从而推动表征的修订工作。同时，也让女生们认识到，可以用替代方法对特定内容进行表征。③它使表征构建者能够基于共有的、大家都熟悉的知识，来使用适用于同伴的符号和表征，而不是使用那些被成年人或专家推荐的符号和表征。④评判标准不仅促进了表征质量的提高，也让人们更多地去关注表征的特征。女生们对交流性标准的严重依赖，显示出她们可能错过了由自构体验提供的，对质量标准和表征特征进行思考的机会。这可能是本设计的一个局限性，它应该在未来的类似学习环境中被加以思忖和考量。此外，合作的设定导致出现了一些干扰过程，这些干扰过程与女生们对于娱乐和平等参与的迫切需求有关。

女生们的表征成果无疑表明了她们的 TARM 能力正沿着干预的时间线不断提高，因为她们面对的是越来越复杂的运动序列。学生们在进入被干预状态前已拥有了丰富的表征资源，尽管这些资源禀赋是模糊的、非正式的（Sherin，2000）。因此，我们无法精准判断出，当前正式的、系统的、易于理解的课程体验，对于促进 TARM 知识的发展贡献了多少力量。此外，通过这些转换和表征产品，女生们展示出了她们对于人类运动的理解，这表明她们在发展 TARM 能力的同时，对所表征领域的概念性理解也有所增强。相比之下，在整个干预过程中，对抽象时空的认知始终是一个挑战，它需要学生们具备高阶思维能力。这一点，在那些从未达到正式表征标准的错误图形解决方案与简单表征组织中，得到了证实。可以考虑在未来的干预设计中引入支架（由教师或其他知识分子，并匹配计算机或纸张，为学生提供支持，使他们能够有意义地参与到任务当中，并让他们在参与任务的过程中，掌握那些没有帮助就无法掌握的技能和知识；Belland，2014）。

总而言之，本章所介绍的学习环境可以作为其他规划性干预的模型，帮助年轻学习者在 TARM 能力和领域知识方面全面发展。这种环境是根据具体内容和表征目标来进行设计的,目的是实现对具有不同复杂性水平的任务,以及各类 TARM 技能的控制(例如,对静态现象进行表征无需进行时间维度的考量)。我们断言,当前环境的可供性将持续存在于被试、背景环境、情景及任务当中。我们鼓励教师将 TARM 任务直接整合至他们的课堂当中。我们期望未来的研究可以通过使用或修订本设计,来实现某些特殊的目标。

参 考 文 献

Ainsworth, S. E.(2006). DeFT: A conceptual framework for considering learning with multiple representations. *Learning and Instruction*, *16*, 183-198.

Azevedo, F. S.(2000). Designing representations of terrain: A study in meta-representational competence. *Journal of Mathematical Behavior*, *19*, 443-480.

Bamberger, J.(2007). Restructuring conceptual intuitions through invented notations: From path-making to map-making. In E. Teubal, J. Dockrell, & L. Tolchinsky(Eds.), *Notational knowledge*(pp. 81-112). Rotterdam: Sense.

Belland, B. R.(2014). Scaffolding: Definition, current debates, and future directions. In J. M. Spector (Ed.), *Handbook of research on educational communications and technology*.(Chap. 39) (pp. 505-518). New York: Springer.

Bertin, J.(2007). *Semiology of graphics: Diagrams, networks, maps.*(*original 1983, translated by berg, W.*). Madison, WI: University of Wisconsin Press.

Chinn, C. A., & Anderson, R. C.(2000). The structure of discussions that promote reasoning. *Teachers College Record*, *100*, 315-368.

diSessa, A. A.(2002). Students criteria for rep adequacy. In K. Gravemeijer, R. Lehrer, B. van Oer, & L. Verschaffel(Eds.), *Symbolizing, modeling and tool use in mathematics education*(pp. 105-129). Dordrecht, Netherlands: Kluwer.

diSessa, A. A.(2004). Meta representation: Native competence and targets for instruction. *Cognition and Instruction*, *22*, 293-331.

diSessa, A. A., & Sherin, B. L.(2000). Meta representation: An introduction. *Journal of Mathematical Behavior*, *19*, 385-398.

diSessa, A. A., Hammer, D., Sherin, B., & Kolpakowski, T.(1991). Inventing graphing: Meta-representational expertise in children. *Journal of Mathematical Behavior*, *10*, 117-160.

Eilam, B.(2012). *Teaching, learning, and visual literacy: The dual role of visual representation in the teaching profession*. New York: Cambridge University Press.

Eilam，B.，& Gilbert，J.（2014）. The significance of visual representations in the teaching of science. In B. Eilam，& J. Gilbert（Eds.），*Science teachers use of visual representations，Series of Models and modeling in science education：Springer*.（pp. 3-28）. Switzerland：Springer.

Eilam，B.，& Ofer，S.（2016）. Meta-representational competence：Self-generating representations of human movement. *Manuscript in advance preparation.*

Eshkol，N.，& Wachman，A.（1958）. *Movement notation.* London：Weidenfeld and Nicholson.

Gallahue，D.，& Ozmun，J.（1998）. *Understanding motor development：Infants，children adolescents，adults*（5th ed.）. New York：McGraw Hill.

Hammill，D.，Pearson，N. A.，& Voress，J. K.（1993）. *Developmental test of visual perception-Second edition （DTVP2）*. Austin，TX：Pro-Ed.

Kozma，R.（2003）. The material features of multiple representations and their cognitive and social affordances for science understanding. *Learning and Instruction，13，*205-226.

Lehrer，R.，Schauble，L.，Carpenter，S.，& Penner，D.（2000）. The interrelated development of inscriptions and conceptual understanding. In P. Cobb，E. Yackel，& McClain（Eds.），*Symbolizing and communicating in mathematics classroom：Perspective on discourse，tools，and instructional design*（pp. 325-360）. Mawah，NJ：Laurence Erlbaum associates，Inc.

Ofer，S.（2001）. Movement literacy*：Development of the concept and its implications for curriculum*（Unpublished masters' thesis）. University of Haifa，Israel（Hebrew with English abstract）.

Ofer，S.（2009）. *Development of symbolic language to represent movement among fourth graders*（Unpublished doctoral dissertation）. University of Haifa，Israel（Hebrew with English abstract）.

Parnafes，O.（2012）. Developing explanations and developing understanding：Students explain the phases of the moon using visual representations. *Cognition and Instruction，30，*359-403.

Pea，R. D.（1993）. Practices of distributed intelligence and designs for education. In G. Salomon （Ed.），*Distributed cognitions：Psychological and educational considerations*（pp. 47-87）. New York：Cambridge University Press.

Pluta，W. A.，Chinn，C. A.，& Duncan，R. G.（2011）. Learners epistemic criteria for good scientific models. *Journal of Research in Science Teaching，48，*486-511.

Seufert，T.（2003）. Supporting coherence formation in learning from multiple representations. *Learning and Instruction，13，*227-237.

Sherin，B.（2000）. How students invent representations of motion. *Journal of Mathematic Behavior，19，*399-441.

Transform.（2014）. In *Merriam-Webster's* online dictionary. Retrieved from http://www. merriamwebster. com/dictionary/transform.

Tufte，E. R.（1990）. *Envisioning information.* Cheshire，CT：Graphics Press.

Tufte，E. R.（1997）. *Visual explanations.* Cheshire，CT：Graphics Press.

Tversky，B.（2005）. Functional significance of visuospatial representations. In P. Shah & A. Miyake（Eds.），*The Cambridge handbook of visuospatial thinking*（pp. 1-34）. Cambridge：Cambridge University Press.

Van Meter，P.（2001）. Drawing construction as a strategy for learning from text. *Journal of Educational Psychology*，*93*，129-140.

Verschaffel，L.，Reybrouck，M.，Jans，C.，& Van Dooren，W.（2010）. Children's criteria for representational adequacy in the perception of simple sonic stimuli. *Cognition and Instruction*，*28*，475-502.

Zhang，Z. H.，& Linn，M.（2011）. Can generating representations enhance learning with dynamic visualization? *Journal of Research in Science Teaching*，*48*，1177-1198.

Zhang，J.，Scardamalia，M.，Reeve，R.，& Messina，R.（2009）. Designs for collective cognitive responsibility in knowledge-building communities. *Journal of the Learning Sciences*，*18*，7-44.

4 求同存异：学生通过科学争论
议定视觉歧义

卡米利亚·马图克（Camillia Matuk）

4.1 引　　言

4.1.1 科学争论的目标

争论是一个过程，人们通过争论就一个共同的解释达成共识（Sandoval and Millwood，2005）。争论也是科学实践的核心（Driver et al.，2000），科学家们对诸如数据解释、实验设计基本原理及理论观点推理等问题进行争论（Latour and Woolgar，2013）。他们以在观点与证据之间建立联系的论述来进行解释，以明辨观察所得结果的因（NRC，1996）。因此，能够熟练地使用证据对于成功地参与到争论当中是极其重要的。

个人可以通过两种争论方式来达成共识（Fischer et al.，2002）。一种是将不同的观点进行整合，以形成一个完整的解释。另一种是对不同的观点进行取舍。争论双方通过在意义建构、观点表达与解释说服的关联性活动之间来回切换的方式进行争论，以达成对解释的共识（Berland and Reiser，2009）。然而，当争论双方为说服彼此所做的努力付之东流时，无法达成共识便成为第三种可能性。导致争论无法达成共识的原因很多。比如，双方对彼此的论据有所误解；对所议主题存在误解；难以清晰描述证据与观点之间的联系（McNeill and Krajcik，2007；McNeill et al.，2006）；当然，也有可能是他们已经认可了对方观点的内在逻辑，但不愿意接受对方的观点；又或者，争论双方可能对支撑对方论点的证据持有不同意见。本章认为，上述提及的最后一个原因，与具有歧义的视觉证据密切相关。

本章对科学争论过程中图示的歧义所带来的影响，以及处理这种歧义所需的必要技巧进行了探讨。首先提供了两个科学争论中与歧义性图示有关的例子：一个是挑战者号航天飞机遇难的案例，另一个是全球气候变化的案例。在一个关于全球气候变化的技术强化探究课程单元中，我们回顾了两名中学生对图示含义产生分歧的事件，通过此案例，对歧义性的构成要素进行了阐明：①学生的先备知识与预期结论；②学生的论述。对此案例分析发现，教学对歧义性存在的认可，以及使争论在教学中合规化，可为学习争论提供机会。

4.1.2　数据、证据和解释：争论的对象

对于数据和证据之间的关系，以及两者在争论中的作用，学界存在着多种不同的观点。有些人认为，数据可以指明一个理论是否正确（Mulkay，1979），这种观点认为数据具有固定的、内在的含义。其他人则认为理论永远不会令人信服地被证实或证伪（Duhem and Quine，引自 Grunbaum，1960）。在后一种观点中，数据通过议定的解释转化为证据，以支持或反驳理论（Amann and Knorr Cetina，1988）。因此，不可将数据从对理论的争论中剥离出来（Collins，1998）。有时，同样的数据可能被用来作为支持不同观点的证据，此情形将在下文关于全球气候变化公众辩论的案例中深入讨论。在这种情况下，如果双方通过争论仍然无法达成共识，那么该证据就可能被描述为是具有歧义性的。

4.1.3　什么导致视觉歧义？

具有歧义性的信息是指意思不清的信息，无论是语言还是视觉上的，也无论其是否是有意为之的（Empson，1932）。例如，有些信息被设计为具有多个含义，因此是有歧义性的（图 1）。另外，一些信息会随着时间的推移被赋予新的内涵，因此也是有歧义性的。如万字符曾被广泛认为是东方的吉祥符号，但现在则常被视为德国纳粹党的象征。另外，一些本来就有多种理解方式的信息，也是具有歧义性的。如英文句子"Place the bell on the bike in the garage."可能是指把自行车上的铃放进车库里，也可能是说，要把铃放在车库里的自行车上。

有观点认为，视觉信息特别容易产生歧义。例如，巴尔特（Barthes，1977）认为图像是多义性的，因为其隐含了多种可能的蕴意。人们在对图像进行审视时，会潜意识地对所关注的蕴意进行选择，图像的结构与情景，以及观看者的个人属性——如先备知识和期望——都会对这一选择产生影响（Shah et al.，2005）。从这个意义来说，与其说图像具有固有蕴意，不如说它们是被观看者赋予蕴意的场所（Edwards and Winkler，1997）。在进行争论时，争论双方通过互动共同为图像构建蕴意。

图 1　"形如脸状的风景，1 号"

注：作者是文策斯劳斯·荷拉尔（Wenceslaus Hollar，1607—1677 年），扫描版。来源为多伦多大学的文策斯劳斯·荷拉尔数字收藏资料。

4.1.4　图形中的歧义性

图形是科学中常被作为证据来使用的一种视觉材料，无论是在传统的印刷媒体中（Kaput，1987；Lewandowsky and Spence，1989；Mayer，1993；Zacks et al.，2002）还是在基于技术的科学学习环境中（Nachmias and Linn，1987；Quintana et al.，1999；Reiser et al.，2001；Scardamalia et al.，1994）。图形被广泛使用的一个原因是人类具有空间信息处理能力（Kosslyn，1989），能够借助图像对定量模式进行清晰描述（MacDonald-Ross，1977；Tversky，2002；Winn，1987）。然而，对于观看者而言，图形与其他类型的视觉材料一样，可能是具有歧义性的，先前研究中大量的例子对图形是如何被学生们曲解的进行了阐述。正如沙和霍夫纳（Shah and Hoeffner，2002）所评论的那样，对图形的解释不仅取决于图形的视觉特征，也取决于观看者对图形符号使用惯例的了解情况，以及图形内容与观看者对该内容的先备知识与期望的匹配情况。

4.1.5　歧义的种类

歧义的产生有许多原因。富特雷尔（Futrelle，2000）认为，词汇性歧义的产生是由于背景信息不足，难以判断此信息要表达的是诸多含义中的哪一种；结构性歧义的产生是由于信息架构所传达出的信息含义不仅仅只有一种。通常，我们可以根据歧义的来源对其进行种类区分。如埃普勒等（Eppler et al.，2008）所述，视觉材料是歧义的一个来源，如设计者对图标、符号和隐喻的选择（即图标性歧义、符号性歧义和指示性歧义）。人们在对视觉材料进行解释时，可通过不同的专业与文化背景来制造歧义（即背景性歧义。参阅 Gaver et al.，2003；d'Ulizia et al.，2008）。解释者之间的协作互动也会产生歧义，如当每个人在对同一视觉材料进行阅读，不自觉地关注材料的不同部分时会产生焦点性歧义，或当每个人对同一视觉材料的目标作出不同假设时，会产生范围性歧义。

4.2 挑战者号航天飞机灾难和全球变暖停滞

之前的研究将歧义性视为意义建构的挑战来进行讨论（例如，Nemirovsky and Noble，1997），认为歧义性是合作者间失败的产物（d'Ulizia et al.，2008；Avola et al.，2007），甚至是灾难性事件的原因（Tufte，1997）。例如，关于挑战者号航天飞机灾难的争论曾集中在一种可能性上，即认为一个有歧义的图表致使美国国家航空航天局（NASA）在错误的信息下作出了发射航天飞机的决定。为此，航天飞机飞行了不到两分钟就解体了，并导致了 7 名机组成员的死亡。正如塔夫特（Tufte，1997）所说，如果工程师能更清楚地说明冷却温度与航天飞机固体火箭助推器接头的 O 形密封圈损坏程度之间的危险关系，NASA 就会决定取消这次发射（图2）。然而，罗比森等（Robison et al.，2002）解释说，塔夫特为证明其论点所制作的图片（图3）本身就是有缺陷的，因为该图中所标示的数据是工程师们无法获得的。此外，该图展示的数据也是错误的，它没有对 O 形圈和环境空气温度进行区分。虽然塔夫特的图对其论点提供了很好的支撑，但该论点与是否作出了发射航天飞机的知情决策并不存在相关性。

另一个歧义性表征的案例是关于是否存在明显的全球间歇性变暖的辩论：自1998 年以来，地球表面温度上升的趋势出现停滞。支持和反对停滞说法的双方都指向了同一数据来支撑他们截然不同的论述（例如，Carter，2006；Karl et al.，2015）。实际上，上升或下降趋势的显化具有高度的起始日期（在图中，该日期以横轴表示）敏感性。也就是说，从 1996 年开始，气温增加了 0.14℃，而从 1997 年开始，气温每 10 年只增加 0.07℃（Stocker et al.，2013）。图中涉及的数据规模与数据变化情况（图4），使得精心挑选数据来支撑对立观点变得非常容易（Easterling and Wehner，2009）。对气候变化怀疑论者而言，这些数据被精心挑选过的图表已经成为证实他们信念的强力证据，可被用于说服其他人，以否认气候变化的事实。总

(a)安装接头中O形圈损坏的历史

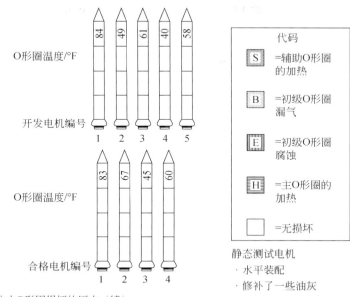

图2　安装接头中O形圈损坏的历史

注：摘自总统委员会的报告。1986年2月26日会议关于挑战者号航天飞机事故的部分，第五卷，第
895-896页。（http://history.nasa.gov/rogersrep/genindex.htm）

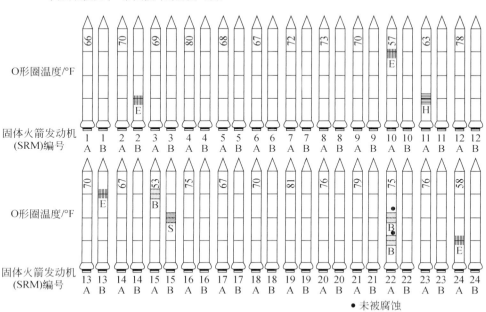

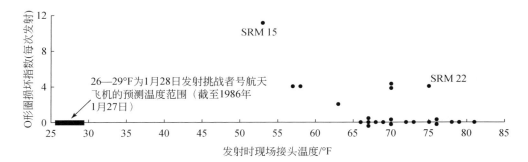

图 3　塔夫特的图显示了温度与挑战者号航天飞机上 O 形圈损坏之间的关系

资料来源：Courtesy of Graphics Press，LLC。

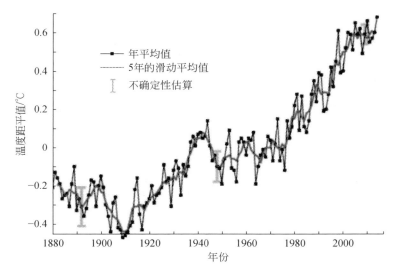

图 4　1880—2014 年全球平均地表温度

资料来源：美国国家航空航天局戈达德太空研究所。

的来说，人们的预期、温度图的歧义性、科学家间的弱沟通，以及媒体在平衡科学报道方面的失败，共同导致了在关于气候科学公共争论中出现的无益反论述（Mooney，2013）。

　　对于视觉表征的解释而言，此类例子说明了影响因素之间的相互作用是如何引发歧义的。观看者在相关领域中的专业知识、对情景和图表目标的理解，以及对信息期望等方面的差异，都会影响他们对图表的解释，以及影响到他们如何将图表作为证据来说服他人接受该解释。

歧义的使用

文献中提及歧义往往会涉及其负面后果。如上面的研究所示，被试预期与知识的不匹配，以及描述模糊的信息，均会导致解释出现偏差。这可能会导致灾难性后果，或者至少，会让被试在无法处理对证据的不同解释时产生挫败感。

然而，歧义也可以成为充实和促进合作的一种资源。通过允许多种观点并存，歧义将有助于促进组织中不同个体的合作，在不利条件下保证组织的灵活性，从而确保更强的稳定性（Eisenberg，1984）。对于研究设计者而言，歧义可以促使对新想法的讨论，并鼓励设计者们对他人观点进行考量（Eppler and Sukowski，2000；Eppler et al.，2008）。正如此处要讨论的，歧义甚至可以在合作学习情境下促成高效的学习行为。也就是说，为说服对方接受自己的解释，争论双方将致力于清晰阐述自己的观点。这样做可以帮助他们发现知识方面的差距，并提升他们批判与自我批判的能力。

之前的研究对学生（Friel et al.，2001）和资深科学家（Amann and Knorr Cetina，1988）在解读图形方面所需要的技巧进行了探索。一些研究考察了在对图形进行解释时，语言性歧义是如何造成误解的（Bowen et al.，1999）。然而，科学教育的研究倾向于选择具有唯一准确含义的图形来进行图形解释方面的探究。事实上，学习中需要进行解释的图形，通常是被设计为具有唯一准确含义的，尤其是在中学阶段。因此，学生很少有机会遇到视觉歧义问题，研究人员也很少有机会能够了解哪些技巧可用来处理歧义导致的误解，并从中受益。

本章进行了案例分析，案例涉及两名学生对同一图表的不同解释，同时，对这两名学生通过争论达成共识的结果进行了分析。通过仔细考察在使用歧义性视觉证据的情境下，学生对图表的修辞性使用，本章对意义构建、观点表达和说服对方三个方面的新兴技巧（Berland and Reiser，2009）进行了介绍。

4.3 案例背景："全球气候变化"课程单元

下文介绍了一个关于数据的案例，该数据收集于一个为期 5 天的"全球气候变化"（Global Climate Change，GCC）课程单元，该课程单元由 WISE（Web-based Inquiry Science Environment，wise.berkeley.edu）开发，并在电教室中进行教学。研究发现，初中和高中学生对全球气候变化的想法简单且狭隘（Shepardson et al.，2009）。学生们仅仅具有关于地球气候系统的初级心理模型，因此无法就气候变化产生的原因，以及气候变化造成的影响中所涉及的复杂性问题与其潜在解决方案进行阐明。而 WISE 设计"全球气候变化"课程单元就是为了让中学生们知道全球气候变化是一个涉及多原因的复杂过程（Rye et al.，1997）。

根据知识整合框架（Linn et al.，2004），该课程单元的活动首先促使学生形成对全球气候变化的初步认知，以增加他们的观点储备，并鼓励他们制定标准以对不同观点进行区分与归类，然后引导他们对各观点间的关联性进行凝练，以形成对该主题的规范性理解。在学生们试图了解太阳辐射是如何与地球表面及大气发生相互作用，以及人类活动对温室气体的影响时（Svihla and Linn，2012），内置提示会引导学生对图示进行核查，并对 NetLogo 模拟进行探究（ccl.northwestern.edu/netlogo）。

仅有一名教师参与了"全球气候变化"课程单元的授课工作，55 名中学生参与了学习。学生们在老师的指导下，自发地完成了课程单元的学习任务。下文所述案例聚焦于两个互为搭档的学生塔德（Tad）和基诺（Kino），之所以选择他们，是因为他们言之凿凿地反对对方对图示所作出的解释。虽然这种情况在其他同学中并不常见，但塔德和基诺无疑为我们提供了很好的案例，说明学生在围绕具有歧义性的视觉材料进行科学争论时，有可能产生丰富且有益的论述。下文对塔德和基诺两者间的对话进行了深入的描述和分析（Schoenfeld et al.，1991），指出并说明了塔德和基诺就冲突观点为说服彼此所采取的一些独特的修辞手法。本章对塔德和基诺在争论中使用图示作为证据所展示出来的技巧进行了探究，并论述了两人在尝试说服对方并最终失败的过程中，那些处理视觉证据歧义性的新兴技巧是如何逐渐清晰的。

4.4 "全球气候是如何变化的？"

在"全球气候变化"课程单元开始时，学生便被告知，地球在历史上存在着多个冰川期，而冰雪融化和极地海平面上升是全球气温正在上升的证据（图 5）。随后，该单元展示了一张全球温度随时间变化的示意图（图 6）。该课程单元的设计者根据公开的温度数据绘制了这张示意图，图中 x 轴表示从地球诞生至今的时间线，并标注了 5 个冰川期。温度曲线出现在地球上第一个生命诞生之时，并持续波动至今。在所考察的案例中，塔德和基诺对以下三个问题进行了讨论，其中前两个问题要求他们在多选题中选择一个答案。

当全球温度上升时，冰川融化。这意味着冰被转化为水。将更多的水注入海洋中意味着海平面上升。

孟加拉虎正处于险境，因为轻微的变化便可导致它们的丛林被海水淹没。

图 5 GCC 课程单元中早期的一个信息屏

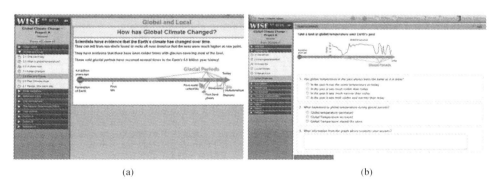

(a)   (b)

图 6 GCC 课程单元中的两个连续屏，展示了塔德和基诺争议的图形

让我们来看看地球过去的全球温度。

1. 过去的全球温度是否大致与今天一样？

- 过去的温度与今天相同
- 过去比今天冷得多
- 过去比今天热得多
- 过去既有比今天更冷的时候，也有比今天更热的时候

2. 在冰川期，全球温度发生了什么变化？

- 全球温度下降
- 全球温度上升
- 全球温度保持不变

3. 图中的哪些信息为你的答案提供了支持？

下面是塔德和基诺对第一个问题的讨论片段。其中，塔德对第 4 个选项表示赞同，"过去既有比今天更冷的时候，也有比今天更热的时候"。同时，基诺认为"过去比今天冷得多"。本章对塔德和基诺的每一个解释理由进行了详细说明，并对他们试图让自己的观点被对方认可的过程进行了描述。

4.5　对同一示意图的两种不同解释

在整个课程单元中，基诺坚持认为全球气温正在上升。尽管不能说其全球气候在持续变暖的信念是不正确的，但就某种程度而言，基诺对其观点的坚持是把该观点简化表述为"全球变暖使气候变暖"。基诺在每次活动结束时，都会说出这句话，似乎是为了让自己和塔德确信这是示意图所表达出的观点（图 7）。

(a)　　　　　　　　　　　　　　　(b)

图 7　基诺（右）向塔德（左）表示"全球变暖使气候变暖"

此后，这一观点成为基诺对该图的解释框架。基诺没有像塔德那样意识到全球温度曲线随时间的推移而变化，他只关注图中那些坐实了全球温度上升趋势的

部分。对他来说，最显著的证据不是温度曲线的起伏，而是绿色 x 轴上的那些蓝条，它们被用来表示地球历史上存在的冰川期。该系列中的每一段蓝条都比上一个要短，这意味着随着时间的推移，冰川期正在变短。基诺认为这是一种趋势，这与本课程单元之前提出的证据是一致的，即极地冰盖正在融化，并导致海平面上升。

这种观点不一定是错误的，而是对地球历史上较小规模的温度变化进行了归纳。这个图示活动的设计者打算让学生注意到，尽管就总体而言，温度随着时间的推移呈现出普遍上升趋势，但在地球的历史进程中，温度也确实是波动的。其他标识，如表示冰川期的蓝条，只是为了在历史情景中再现这种波动。但是，当基诺寻求证据来证实他的观点时，这些标记在他与塔德的讨论中便成为歧义产生的源头。

在下面的摘录中，基诺介绍了他认为过去地球比今天更冷的理由，并指出逐渐变短的蓝条便是证据。

K（基诺）：那么，过去，它比今天更冷吗？是的！就比如说，这个地方比这个地方更冷吗（一只手指着靠近时间线起点的最长冰川期，另一只手指着靠近现在的最短的冰川期）？不，只是看起来像，注意它们的差距，极其巨大。

T（塔德）：但是这个问题说的是"过去"。"过去"的全球温度与今天相比，是否基本一致呢？

K：不，过去更冷，比今天更冷。

T：好吧，看这个，今天，那是大约 10 年前（用光标指向 x 轴右端的曲线），而我们现在在这里（光标指向沿曲线最靠近 x 轴右边的一个高点）……

K：（打断）所以你是说这里（指向 x 轴的左端）不比这里（指向 x 轴的右端）更冷？

T：并没有更冷，它只是更长（即最早的冰川期比后来的冰川期长）。但这与我们没有关系。

K：是的，更长。

T：是更长，但我们与冰川期的缩短没有任何关系。什么关系都没有。文明就在那里（指向 x 轴的最末端，在标志着最近一次冰川期的最后一段蓝条之后）。

K：是的（以不耐烦的语气说）！

基诺因未能使塔德相信蓝条之间的相关性而感到气愤。他指出，蓝条在长度上的差异证明了地球正在经历一个较短的寒冷期。塔德则对此提出了两个反驳观点：他首先声明早期的冰川期比后期的长并不意味着它们更冷。其次，他指出，文明是在冰川期结束后才开始的，这意味着，鉴于人类活动在全球变暖中的作用，不应以文明出现之前的温度数据作为证据，来给基诺所谓的升温模式提供解释。

基诺不认可塔德的这两个反驳观点，在他和塔德把注意力重新集中到内置提示时，两人都重申了他们彼此对立的解释。

　　T：那么，气候是更暖了，还是——过去，我说的是过去，其温度是否与今天差不多？

　　K：（喃喃自语）

　　T：是否差不多？

　　K：（喃喃自语）

　　T：既有更冷的时候也有更暖的时候？

　　K：我觉得是更冷了。

　　T：我认为是更暖了。

　　塔德的下一个尝试是引导基诺以其同样的方式来进行推理（图8）。尽管塔德的提问方式确实让基诺说出了塔德的结论，即过去的全球温度在不同的时间点上，有比现在暖的，也有比现在冷的，但基诺还是持续地对此观点进行抵制。

图 8　塔德（左）正向基诺（右）解释他使用温度作为证据的推理过程

　　T：回答我的问题，好吗？

　　K：嗯。

　　T：是或不是。过去比今天更暖吗？

　　K：是的。

　　T：过去比今天更冷吗？

　　K：什么？

　　T：过去比今天更冷吗？

　　K：是的。

　　T：这就是你的答案。

　　K：难道过去比今天更冷？

　　T：你自己说的。

K：过去会比今天更冷？

T：是否也比今天热呢？

K：是的，所以气候更暖了，越来越暖了。

4.6　推　断　证　据

像上次一样，基诺仍然未能让塔德接受其对蓝条的解释，于是他开始尝试让塔德相信，即便是温度曲线也是支持他的观点的。基诺还在此证据的基础上，进一步解释了对温度曲线的外推是如何解释地球温度正在上升的。

K：所以，如果过去是暖的，呃，比方说，嗯，一百万年前（指着曲线上的高点），气候会暖得多，热得多，就像两千万年——就像这里是超级暖和的（用光标指着曲线上的另一个高点，就在第一个冰川期之后）。所以我认为这里会更热（把光标移到曲线的最末端）。

T：但是你之所以这么说，是因为你认为我们现在就在这里（指向虚点上方的一个空间，基诺之前已经将曲线外推到这里）。他们在问我们的是这个问题（指向整个图形）。

K：伙计，你没有使用这部分（用手指指向绿色的 x 轴）。

T：有的，我有在用。

K：不，你没有。如果你有使用它（指着 x 轴上标记冰川期的每一段蓝条），那么每隔一段时间，比如，嗯，比如说每隔 100 年，蓝条就会变得更小（图 9）。

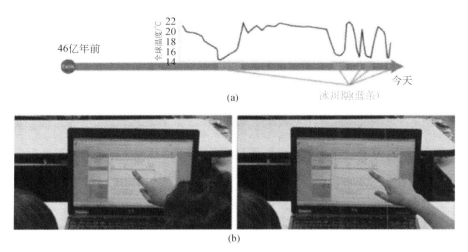

图 9　（a）争论的图形；（b）基诺正指向 x 轴上的蓝条

塔德的回应是提醒基诺，他们的理由不应该基于推论，而应基于既有的可见证据。对此，基诺指出，塔德自己也没有使用可见的证据，因为他忽略了 x 轴上的蓝条。

4.7　解读设计者的思想

在数次都未能说服塔德相信其证据的有效性之后，基诺接下来提出，他的观点很可能是设计者所预设的。他推测，通过对活动设计的分析，有可能猜出设计者们打算使用的是哪种证据。

K：听着，听着。如果这个东西如此重要（指向图 4 温度曲线的底部），他们（即课程单元的设计者）会把它放在这里［手指移动至前一个屏幕（图 4 顶部）］，并给出一些信息。那是唯一重要的东西（即 x 轴）。这就是为什么他们只是，为什么只是把它放在了这里。

至此，基诺开始意识到，他们的任务是一个设计好的活动。他认为，他们所见到的问题和视觉材料的每个元素，都是某些人故意定下的结果。正如他向塔德解释的那样，作为学生，他们的目标是猜测出这些意图，并作出相应的反应。

4.8　通过妥协达成共识

鉴于课堂时间所剩无几，可以很明显地看到这两名学生在迫切地推进对此问题的讨论。塔德认为按时完成这个课程单元的内容，比在这个问题上达成共识更重要，最终，他把注意力从基诺身上转移到了笔记本电脑上。

T：我要开始要写了。

K：好的，写"你"自己就行了。

T：（输入"我们得出了……"）

K：（把手伸向键盘，点击退格键，删除塔德打出的内容）老兄，写"我"。你这样做是错误的。我不在乎。

T：（敦促基诺平静下来）

K：按你的方式做就行。我不关心我们是否做对了。

尽管基诺接受了只有求同存异才可能达成共识的事实，但他仍然有一种强烈的感受：他的观点与论据是真实有效的。为了折中妥协达成共识，基诺同意了将塔德的答案作为他们的正式答案进行提交，基诺安慰自己：这是塔德的答案，而不是他们的共同想法。

　　值得注意的是，基诺希望不被误解的愿望（要求塔德打出"我"而不是"我们"）比提交他认为正确的答案的愿望更加强烈。当塔德试图进一步说服基诺时，基诺不耐烦地催促塔德只要写上他自己的答案就好了，这样他们才能推进到下一个问题。

　　K：伙计，我们还在讨论这个问题。就这么办吧。

　　T：你能冷静一下吗？冷静下来，说人话好吗？

　　K：（突然站起来，走开了）

　　基诺肉眼可见的激动，但很快地，他回到了座位上，坐回了塔德身边。或许是为了缓和当前的氛围，塔德提出让基诺来作答下一个问题，毕竟上一个问题是他来作答的。塔德似乎准备接受这样一个事实：尽管他们的意见不一致，但他们的想法可能都是正确的。

　　T：我们对这个问题正在达成共识。"图中的哪些信息为你的答案提供了支持？""你的答案"，如果我们写上你的答案，你能说下你用了什么信息来支持你的答案吗？和我在这个问题上用的信息一样吗（指的是上一个问题）？

　　K：不是，我用的是这个（指向绿色 x 轴）。

　　T：我也用了这个。我们在这里用了同样的东西。"图中的哪些信息为你的答案提供了支持？"

　　K：那个东西（指向绿色 x 轴）。我不知道该怎么称呼那个东西。不是这个图（用一只手的手掌盖住了温度曲线）。我不需要这个图。是这个东西（指着他手掌下面可见的绿色 x 轴）（图 10）。

图 10　基诺盖住了温度曲线，并指向 x 轴，向塔德言明示意图的这一部分是支撑其论断的证据

T：但这才是重点啊，你没有发现吗？

K：什么？

T：你应该用这个图的。那呢，在那呢。

K：我用了这个图。但是支持我答案的东西是这个。注意是支持，而不是使用。我用了这个（指向整个图），但是这个（指向绿色 x 轴）才是支持我答案的东西。

T：（打字）"我们用冰川期的线来支持我们的答案，我们用了上页的时间线。"这样写还不错吧？

K：（同意）

在这最后一段摘录中，可以非常明显地看到，基诺在选择证据时是有选择性的。正如他所描述的那样，他频繁地提及图示，但却选择把重点放在 x 轴上，以作为支持其观点的证据。鉴于已经答应将此问题的作答交给基诺，塔德没有进行反驳，写上了基诺的答案并进行了提交。

4.9　结论和启示

塔德和基诺的讨论阐明了观看者的期望与视觉材料的结构，是如何产生视觉歧义与科学证据的。图中的每一个元素都可以作为支持不同解释的证据，并且每一个元素都会根据观看者的期望而或多或少地变得突出和重要。

有一点是很早就明晰了的，那就是塔德和基诺之间的分歧是被埃普勒等（Eppler et al.，2008）称为焦点性歧义的结果。每个人的解释都基于图示的不同部分。他们的分歧也可以被视为范围性歧义的结果，即观看者对同一视觉材料作出不同的目的假设（Eppler et al.，2008）。基诺强烈期望该图能证实地球温度在上升，并且他认为这是课程单元设计者希望学生作出的反应，这也决定了他将关注点放在图的某一部分上。这些期望使得基诺不愿承认温度曲线与塔德的解释存在任何相关性。同样地，塔德对问题的字面理解使他无法看到基诺论点的有效性，这使得他忽略了冰川期长度也是解释图示的一种思路这一事实。

此案例说明了视觉歧义是如何在争论双方的争论性互动中产生的。如果塔德和基诺是各自独立工作的，他们不会去质疑自己的解释，也不会意识到示意图存在不同潜在含义的可能性。焦点性歧义和范围性歧义具有积极的一面，它们可促使争论双方意识到，视觉材料可能存在着新的解释和使用方式。但负面意义在于，它们会导致困惑与误解（Eppler et al.，2008）。

使用视觉歧义证据的说服技巧

尽管塔德和基诺为无法解决该图示的歧义性问题而感到沮丧，但最终，他们试图达成共识的争论过程激发了高效的学习行为，在一些研究（Nussbaum，2008）中，这些被激发的学习行为可引发概念化学习。具体来说，图示的歧义鼓励这两名学生阐明观点与证据之间的关联性，这是科学争论中的一项重要技巧（Berland and Reiser，2009）。他们还展示了理解图示的一般性技巧，包括图形特征认知能力、关系解释能力，以及在学科情景下理解图示特征并解释关系的能力（Shah and Hoeffner，2002）。在塔德和基诺试图说服对方的过程中，他们以一种被认为对于视觉歧义的议定而言非常特别的方式，对上述能力及一些其他技巧进行了补充。下文对这些技巧进行了概述。

4.10　以明确的视觉参照物对观点和证据进行补充

解决焦点性歧义的方法之一是明晰所指为何物，其中的一个简单方法是"指向"（Eppler et al.，2008）。塔德和基诺用手势来说明他们将图中的哪一部分作为证据以支撑他们互相争论的观点，但他们无法就"图中哪一部分才是与问题最相关的"达成共识。因此，他们通过指向图中的特定位置，并讲述这些位置与观点之间的联系，来阐述他们论点背后的推理。这样做涉及将图示进行模块化切割（例如，区分温度曲线和 x 轴）的能力，分析性地思考这些要素之间关联性的意义所在（例如，从小规模变化与总体趋势的对比视角对气温进行设想）的能力，以及作出有说服力比较（例如，温度曲线的最高点和最低点，或 x 轴上最长和最短的条形图）的能力。

4.11　对证据的再解释，以加强论点

塔德和基诺的说服策略均以失败告终，这促使他们开始寻求其他方法来说服对方。首先是定性比较。塔德告诉基诺，代表温度的曲线上既有比现在高的点也有比现在低的点；基诺则告诉塔德过去的蓝条比现在更长。当这些说服策略不能让对方信服时，基诺将视觉材料进行数字化处理，然后再进行比较，并指出冰川期每一百年就会缩短。基诺在数据的定性和定量描述之间的切换，展现了他的图示再解释能力，这为他支持自己的原有观点提供了一种新颖的、更具说服力的方法。

4.12　作出推断以强调所观察到模式的重要性

由于无法通过参考现有证据来说服塔德，基诺对证据进行了外推。他预测在所示时间轴之后温度会变得更高，似乎是以此来强调可观察趋势的重要性。基诺的这种推断能力，需要对图示所支持的某种推理知识有一定的了解，这是一种核心的制图技巧（Glazer，2011），也是帮助与人沟通，说服他人接受模式内涵的技巧。

4.13　通过数据和情景间的联系进行推理

在了解到基诺关于全球气温上升的说法是建立在冰川期缩短的基础上后，塔德重新将他们的讨论集中在数据所处的情境中。他指出，文明是在冰川期之后才开始的，因此，人类对全球变暖所起的作用，与远在冰川期的温度数据是不相关的。这就要求我们不仅得具备透视数据本质的能力，而且能够在学科情景中对其进行解释。

4.14　理解视觉材料的多重目的

从基诺在最后尝试对塔德进行说服来看，他已经意识到该示意图的设计目的不仅仅只有一个。也就是说，他意识到示意图不仅是一种科学性的表征，也是一种学习环境的表征。从课程单元之前屏幕所显示和未显示的内容来看，基诺猜测该课程单元的设计者希望他们作为学生会作出某种预期反应。鉴于此，设计者所预期的反应很可能是全球气温比过去更冷。基诺对设计者的认知，不仅成为支持其对示意图作出解释的另一个证据源，也成为说服塔德的一种手段。

作出可发挥视觉歧义作用的设计

支持学生有意义地参与科学实践意味着不仅要顾及他们的调查产物——科学解释，还要关注其建构过程（Berland and Reiser，2009；Lehrer and Schauble，2006；Sandoval and Millwood，2005）。本章阐明了，在面对视觉性的歧义信息时，如果学生有机会在按自己的节奏进行的调查研究中主导讨论过程，他们应该如何展示复杂的争论技巧。

塔德和基诺在争论过程中使用了许多技巧，但却缺少了换位思考的能力。如果学生们真正地去考虑对方的观点，他们可能会看到两个论点都是有效的。然而，塔德和基诺没有成功地说服彼此的事实，更多地反映了课程设计的局限性，而非两人处理歧义的能力。该课程单元是许多其他基于课堂的课程之典型集成代表，聚焦于捕获学生的共识性观点。尽管它促使学生对推理过程进行解释，但除了让学生最终达成一致以外，它没有提供任何其他的可能选择。由于课程单元内没有提供记录异议的空间，也没有区分他们各自答案的选项，塔德和基诺决定轮流回答每个问题。也就是塔德选择了他对全球气温变化的解释来作为第一个问题的答案，基诺则就第三个问题指定了所选择的证据。对于没有目睹他们之前讨论的研究人员或教师来说，这种观点与证据之间的不匹配，会使得答案变得前后不一致，并掩盖了这是一个经过争论而产生的妥协性答案，其中的争论过程丰富多彩，仅仅是双方的观点未能达成一致。

科学争论长期存在的例子并不罕见（例如，如何测量量子级粒子，是什么导致了恐龙的灭绝，平行宇宙是否存在），相互竞争的理论可以共存几十年。在专业科学领域，视觉表征的歧义性是很常见的，科学的教学设计可以将其内化，这样当学生遇到它时就不会感到沮丧和挫败。通过对这些学生的讨论进行分析，本章提出了几个关于以具有歧义性的表征来设计学习环境的议题。例如，在上述课程单元中，示意图的呈现是否可以做得更清晰一些？例如，对问题的描述是否可以做得更好，或者是，可否将示意图更好地情景化，以帮助学生避免因歧义而产生挫败感呢？另外，课程单元是否能够认可歧义性解释并使之合规，以此为学生提供可清晰记录他们个人想法的空间呢？

暂且先忽略此课程单元是如何取得进步的，单就课程模式而言，比之传统的、由教师主导的教学模式，该课程单元中采用的学生节奏模式在为争论提供支持方面更具优势。以全班为对象进行教学的"教师启动-学生回应-教师评量"（initiate-respond-evaluate，IRE）模式存在一个缺点（Mehan，1979），即学生会失去练习公开辩护和说服他人的宝贵机会（Berland and Reiser，2009）。当教师被迫在很短的时间内讲授完大量的内容材料时，他们往往会采用立即给出"正确"答案的方式来调和学生们相互矛盾的观点。在这种以教师为主导的讨论中，学生很难通过争论的方式来进行拓展性学习（Radinsky et al.，2010）。因为没有被提示去调和各种相互竞争的观点，学生们很难充分地打磨和完善他们的观点以识别其中的优劣势，所以错过了分歧中的宝贵学习机会（Bell and Linn，2000；de Vries et al.，2002；Scardamalia and Bereiter，1994）。如果没有分歧，学生可能会错过阐明证据和观点之间联系的机会，导致学习停留在浅层次事实记忆的层面，与深度学习失之交臂（Chi et al.，1994；Coleman，1998；Wells and Arauz，2006），并且无法对探讨中的概念形成共识（Chin and Osborne，2010）。

相比之下，基于计算机的教学为学生提供了许多建立共识的机会，这在教师主导的课堂讨论中是不可能实现的。学生可以在技术的指导下，按照自己的节奏进行探究活动，参与到扩展性对话中，并挑战彼此的想法，寻求新的方法来阐述证据和观点之间的联系。歧义性可以刺激这一争论过程，并提供"学生成为彼此学习资源"的情景（Dillenbourg et al.，1995）。

鸣谢　这项研究得到了美国国家科学基金会的支持，拨款号为 0918743。这项研究成果的初步版本已在 2011 年计算机支持的协作学习会议（CSCL）上发表。

基金信息　Matuk，C. F.，Sato，E.，& Linn，M. C.（2011）．*Agreeing to disagree: Challenges with ambiguity in visual evidence*. Proceedings of the 9th International conference on computer supported collaborative learning CSCL2011: Connecting computer supported collaborative learning to policy and practice，（Vol. 2, pp. 994-995）. Hong Kong: The University of Hong Kong.

参 考 文 献

Amann，K.，& Knorr Cetina，K.（1988）．The fixation of（visual）evidence. *Human Studies*，*11*（2），133-169.

Avola，D.，Caschera，M.C.，Ferri，F.，Grifoni，P.（2007）．Ambiguities in sketch-based interfaces，Proceedings of the 40th Hawaii International Conference on System Science（HICSS'07），Hawaii.

Barthes，R.（1977）．Rhetoric of the image. In S. Heath（Ed.），*Image，Music，Text*. New York: Hill and Wang.

Bell，P.，& Linn，M. C.（2000）．Scientific arguments as learning artifacts: Designing for learning from the web with KIE. *International Journal of Science Education*，*22*，797-817.

Berland，L. K.，& Reiser，B. J.（2009）．Making sense of argumentation and explanation. *Science Education*，*93*（1），26-55.

Bowen，G. M.，Roth，W. M.，& McGinn，M. K.（1999）．Interpretations of graphs by university biology students and practicing scientists: Toward a social practice view of scientific representation practices. *Journal of Research in Science Teaching*，*36*（9），1020-1043.

Carter，B.（2006，April 9）．There IS a problem with global warming... it stopped in 1998. *The Telegraph Newspaper*.

Chi，M. T. H.，Leeuw，N. D.，Chiu，M. H.，& Lavancher，C.（1994）．Eliciting self-explanations improves understanding. *Cognitive Science*，*18*（3），439-477.

Chin，C.，& Osborne，J.（2010）. Students' questions and discursive interaction：Their impact on argumentation during collaborative group discussions in science. *Journal of Research in Science Teaching*，*47*（7），883-908.

Coleman，E. B.（1998）. Using explanatory knowledge during collaborative problem solving in science. *Journal of the Learning Sciences*，*7*（3&4），387-427.

Collins，H. M.（1998）. The meaning of data：Open and closed evidential cultures in the search for gravitational waves. *American Journal of Sociology*，*104*（2），293-338.

de Vries，E.，Lund，K.，& Michael，B.（2002）. Computer-mediated epistemic dialogue：Explanation and argumentation as vehicles for understanding scientific notions. *Journal of the Learning Sciences*，*11*（1），63-103.

Dillenbourg，P.，Baker，M.，Blaye，A.，& O'Malley，C.（1995）. The evolution of research on collaborative learning. In P. Reimann & H. Spada（Eds.），*Learning in humans and machines：Towards an interdisciplinary learning science*（pp. 189-211）. Oxford：Elsevier.

Driver，R.，Newton，P.，& Osborne，J.（2000）. Establishing the norms of scientific argumentation in classrooms. *Science Education*，*84*（3），287-312.

d'Ulizia，A.，Grifoni，P.，& Rafanelli，M.（2008）. Visual notation interpretation and ambiguities. In F. Ferri（Ed.），*Visual languages for interactive computing：Definitions and formalizations*. *Information Science Reference*. Hershey：IGI GLobal.

Easterling，D. R.，& Wehner，M. F.（2009）. Is the climate warming or cooling? *Geophysical Research Letters*，*36*，L08706. https://doi.org/10.1029/2009GL037810.

Edwards，J. L.，& Winkler，C. K.（1997）. Representative form and the visual ideograph：The Iwo Jima image in editorial cartoons. *Quarterly Journal of Speech*，*83*（3），289-310.

Eisenberg，E. M.（1984）. Ambiguity as strategy in organizational communication. *Communication Monographs*，*51*（3），227-242.

Empson，W.（1932）. *Seven types of ambiguity*. Cambridge：Cambridge University Press.

Eppler，M. J.，Mengis，J.，& Bresciani，S.（2008，July）. Seven types of visual ambiguity：On the merits and risks of multiple interpretations of collaborative visualizations. In *Information Visualisation*，*2008. IV'08. 12th International Conference*（pp. 391-396）. IEEE.

Eppler，M. J.，& Sukowski，O.（2000）. Managing team knowledge：Core processes，tools and enabling factors. *European Management Journal*，*18*（3），334-342.

Fischer，F.，Bruhn，J.，Gräsel，C.，& Mandl，H.（2002）. Fostering collaborative knowledge construction with visualization tools. *Learning and Instruction*，*12*（2），213-232.

Friel, S. N., Curcio, F. R., & Bright, G. W. (2001). Making sense of graphs: Critical factors influencing comprehension and instructional implications. *Journal for Research in Mathematics Education*, *32*, 124-158.

Futrelle, R.P. (2000). Ambiguity in visual language theory and its role in diagram parsing, IEEE Symposium on Visual Language, 172-175, Tokio IEEE Computer Society.

Gaver, W. W., Beaver, J., & Benford, S. (2003). Ambiguity as a resource for design, proceedings of the conference of human factors in computing system, 5-10 April 2003, Fort Lauderdale, FL. New York ACM Press.

Glazer, N. (2011). Challenges with graph interpretation: A review of the literature. *Studies in Science Education*, *47* (2), 183-210. https://doi.org/10.1080/03057267.2011.605307.

Grunbaum, A. (1960). The Duhemian argument. *Philosophy of Science*, *27* (1), 75-87.

Kaput, J. J. (1987). Representation and mathematics. In C. Janvier (Ed.), *Problems of representation in mathematics learning and problem solving* (pp. 19-26). Hillsdale: Erlbaum.

Karl, T. R., Arguez, A., Huang, B., Lawrimore, J. H., McMahon, J. R., Menne, M. J., et al. (2015). Possible artifacts of data biases in the recent global surface warming hiatus. *Science*, *348* (6242), 1469-1472.

Kosslyn, S. M. (1989). Understanding charts and graphs. *Applied Cognitive Psychology*, *3* (3), 185-225.

Latour, B., & Woolgar, S. (2013). *Laboratory life: The construction of scientific facts*. Princeton: Princeton University Press.

Lehrer, R., & Schauble, L. (2006). *Cultivating model-based reasoning in science education*. New York: Cambridge University Press.

Lewandowsky, S., & Spence, I. (1989). The perception of statistical graphs. *Sociological Methods & Research*, *18* (2-3), 200-242. Chicago.

Linn, M. C., Eylon, B.-. S., & Davis, E. A. (2004). The knowledge integration perspective on learning. In M. C. Linn, E. A. Davis, & P. Bell (Eds.), *Internet environments for science education* (pp. 29-46). Mahwah: Erlbaum.

Mayer, R. E. (1993). Comprehension of graphics in texts: An overview. *Learning and Instruction*, *3*, 239-245.

McNeill, K. L., & Krajcik, J. (2007). Middle school students' use of appropriate and inappropriate evidence in writing scientific explanations. In M. C. Lovett & P. Shah (Eds.), *Thinking with data: The proceedings of the 33rd Carnegie symposium on cognition* (pp. 233-265). Mahwah: Erlbaum.

McNeill, K. L., Lizotte, D. J., Krajcik, J., & Marx, R. W. (2006). Supporting students' construction of scientific explanations by fading scaffolds in instructional materials. *Journal of the Learning Sciences*, *15*（2）, 153-191.

Mehan，H.（1979）. What time is it，Denise? Asking known information questions in classroom discourse. *Theory Into Practice*, *18*（4）, 285-294.

Mooney，C.（2013，7 October）. Who created the global warming "pause"? Mother Jones. Retrieved 27 July 2015 from http://www.motherjones.com/environment/2013/09/global-warming-pause-ipcc.

Mulkay，M.（1979）. *Science and the sociology of knowledge*. London：George Allen and Unwin.

Nachmias，R.，& Linn，M. C.（1987）. Evaluations of science laboratory data：The role of computer-presented information. *Journal of Research in Science Teaching*, *24*, 491-505.

National Research Council.（1996）. *National Science Education Standards*. Washington，D.C.：The National Academies Press.

Nemirovsky，R.，& Noble，T.（1997）. On mathematical visualization and the place where we live. *Educational Studies in Mathematics*, *33*（2）, 99-131.

Nussbaum，E. M.（2008）. Collaborative discourse，argumentation，and learning：Preface and literature review. *Contemporary Educational Psychology*, *33*（3）, 345-359.

Quintana，C.，Eng，J.，Carra，A.，Wu，H.，& Soloway，E.（1999）. *Symphony：A case study in extending learner-centered design through process space analysis，paper presented at CHI 99：Conference on human factors in computing systems，may 19-21，1999*. Pennsylvania：Pittsburgh.

Radinsky，J.，Oliva，S.，& Alamar，K.（2010）. Camila，the earth，and the sun：Constructing an idea as shared intellectual property. *Journal of Research in Science Teaching*, *47*（6）, 619-642. https://doi.org/10.1002/tea.20354.

Reiser，B. J.，Tabak，I.，Sandoval，W. A.，Smith，B.，Steinmuller，F.，& Leone，T. J.（2001）. BGuILE：Stategic and conceptual scaffolds for scientific inquiry in biology classrooms. In S. M. Carver & D. Klahr（Eds.）, *Cognition and instruction：Twenty five years of progress*. Mahvah：Erlbaum.

Robison，W.，Boisjoly，R.，& Hoeker，D.（2002）. Representation and misrepresentation：Tufte and the Morton Thiokol engineers on the challenger. *Science and Engineering Ethics*, *8*（1）, 59-81.

Rye，J. A.，Rubba，P. A.，& Wiesenmayer，R. L.（1997）. An investigation of middle school students' alternative conceptions of global warming. *International Journal of Science Education*, *19*（5）, 527-551.

Sandoval，W. A.，& Millwood，K. A.（2005）. The quality of students' use of evidence in written scientific explanations. *Cognition and Instruction*, *23*（1）, 23-55.

Scardamalia，M.，& Bereiter，C.（1994）. Computer support for knowledge-building communities.

Journal of the Learning Sciences，*3*，265-283.

Scardamalia，N.，Bereiter，C.，& Lamon，M.（1994）. The CSILE Project：Trying to bring the classroom into the world. In K. McGilly（Ed.），*Classroom Lessons：Integrating Cognitive Theory and Classroom Practice*. Cambridge，MA：MIT Press.

Schoenfeld，A. H.，Smith，J. P.，& Arcavi，A.（1991）. Learning：The microgenetic analysis of one student's evolving understanding of a complex subject matter domain. In R. Glaser（Ed.），*Advances in instructional psychology*（pp. 55-175）. Hillsdale：Erlbaum.

Shah，P.，Freedman，E. G.，& Vekiri，I.（2005）. The comprehension of quantitative information in graphical displays. In P. Shah & A. Miyake（Eds.），*The Cambridge handbook of visuospatial thinking*（pp. 426-476）. New York：Cambridge University Press.

Shah，P.，& Hoeffner，J.（2002）. Review of graph comprehension research：Implications for instruction. *Educational Psychology Review*，*14*（1），47-69.

Shepardson，D. P.，Niyogi，D.，Choi，S.，& Charusombat，U.（2009）. Seventh grade students' conceptions of global warming and climate change. *Environmental Education Research*，*15*（5），549-570.

Stocker，T. F.，Qin，D.，Plattner，G. K.，Alexander，L. V.，Allen，S. K.，Bindoff，N. L.，et al.（2013）. Technical summary. In *Climate Change 2013：The Physical Science Basis. Contribution of Working Group I to the Fifth Assessment Report of the Intergovernmental Panel on Climate Change*（pp. 33-115）. Cambridge University Press.

Svihla，V.，& Linn，M. C.（2012）. A design-based approach to fostering understanding of global climate change. *International Journal of Science Education*，*34*（5），651-676.

Tufte，E.（1997）. *Visual explanations：Images and quantities，evidence and narrative*. Cheshire（CT）：Graphics Press.

Tversky，B.（2002）. Some ways that graphics communicate. In N. Allen（Ed.），*Working with words and images：New steps in an old dance*. Westport：Ablex Publishing Corporation.

Wells，G.，& Mejía-Arauz，R.（2006）. Toward dialogue in the classroom. *The Journal of the Learning Sciences*，*15*（3），379-428.

Winn，W. D.（1987）. Charts，graphs and diagrams in educational materials. In D. M. Willows & H. A. Houghton（Eds.），*The psychology of illustration*（Vol. 1，pp. 152-198）. New York：Springer.

Zacks，J.，Levy，E.，Tversky，B.，& Schiano，D.（2002）. *Graphs in print. In Diagrammatic representation and reasoning*（pp. 187-206）. London：Springer.

5 学习表现视角下小学科学教育中的表征能力

劳拉·赞戈里（Laura Zangori）

在基础教学中，为了使课程和教学能突出科学素养，需要给予学生机会去了解科学领域和实践是如何相互关联的（American Association for the Advancement of Science，1993；NRC，2012）。然而，在小学课堂中，科学领域的知识是以离散的形式呈现的，侧重于对知识的切割、分类与观察，这些知识并没有参与到学生对科学知识进行构建的实践中（例如建模和科学解释）（Metz，2006，2008）。如此情况下，小学生将科学视为离散的片段，认为科学成果依靠这些"工作"的片段而产生。小学生们可以通过对证据的使用去理解科学片段是如何工作以及为什么工作的，但这会让他们无法认识到科学的真正含义。这导致他们在未来的高层次课程学习中，拥有的只是支离破碎的知识，而非坚实的基础（Duschl et al.，2007）。

基于前文对学生意义建构能力的假设，我们对小学科学的学习环境进行了设计。然而，这些假设是基于早期学习者可以独立地做些什么而提出的，并没有考虑到当他们在学习的过程中获得课程、指导和同伴的支持后，他们能够做什么。正如杜施尔等（Duschl et al.，2007）指出："儿童在特定年龄段的能力是成长、经验和指导之间复杂的相互作用结果。"在小学科学学习环境的相关研究中，我们发现，当早期学习者在科学学习环境中获得空间、机会和支持时，他们的认知性理解就会得到强化，进而参与到意义建构的实践当中（Lehrer and Schauble，2010；Manz，2012；Metz，2008；Ryu and Sandoval，2012；Zangori and Forbes，2014，2016）。

一个关键的意义建构实践是科学建模，在这个过程中，学生可以构建自己设计的模型，并以此作为解释工具。他们的意义建构建立在他们能够利用模型的解释力来解释事件"什么—怎样—为什么"之间的关系，即发生了什么事件（观察或调查）、事件是怎样发生的、为什么发生（科学解释）。这是他们基于模型的解释（Forbes et al.，2015；Schwarz et al.，2009；Zangori and Forbes，2016）。通过收集证据和识别因果机制，他们那些关于学科特定内容的知识得以增长，于是他们开始对模型进行评估和修订，以完善其在意义建构中的应用（Clement，2000；Forbes et al.，2015；Gilbert，2004；Halloun，2007；Louca and Zacharia，2012；Schwarz et al.，2009）。

　　本章意图通过开发和使用关于学习表现（Krajcik et al.，2007）的理论建构，来探讨学生在理解他们的模型对植物生命周期的解释力时，可能采取的学习路径。因为学生会在课程和教学的支持下建立起对学科特定内容的概念性理解和推理，所以可以通过其学习表现对教学地图进行识别。在本质上，学习表现是以年级和课程为中心、以实践为基础、以证据为依据的学习进程。通过这种方式，学习被置于特定学科的认知实践中，以探究小学生是如何参与到建模当中，并以此进行科学推理的，如图1所示。此外，学习表现可用来开发/修订个别年级段的课程和教学。本章将考察：①小学生是如何参与到建模的认知实践当中的；②小学生们会将哪些概念性理解纳入他们的建模经验当中；③如何将这两个建构结合起来以建立学习表现；④如何利用这些信息为课程与教学提供参考。

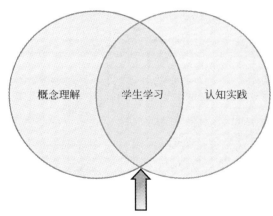

学习表现衡量学生在重叠范围内的学习情况

图1　学习表现衡量学生在认知实践中的特定学科内容

5.1　建模的认知实践

　　就科学现象而言，进行基于模型的解释建构是科学学习环境中的一项基本活动（Gilbert et al.，2000）。表达模型是个人内化与接纳科学现象，并进行概念性理解和推理的物理表现形式（Halloun，2007；Louca and Zacharia，2012）。随着新理解的发现、评估和修正，表达模型中的知识和推理在个人和社会层面不断受到挑战（Nersessian，2002）。因此，建模作品是个人和社会对科学现象的概念性理解和推理的历史记录（Halloun，2007；Nersessian，2002）。

在科学学习环境中，这种对模型的持续评估和修订被视为建模的迭代属性。学生通过构建或开发初始模型，以响应科学现象的问题或难题。他们使用自构的模型作为意义建构的工具，用来理解该科学现象是如何以及为何会如此发生。在完成那些为他们提供新理解的活动之后，他们会对模型进行评估。最后，他们对模型进行修订，以反映和阐释他们的新理解（Clement，2000；Halloun，2007；Schwarz et al.，2009）。学生的认知和概念知识会在每一次建模中不断地形成与完善，因此学生会将模型作为推理工具，并对模型是否支持他们对"为什么现象会如此表现"的理解进行评估（Gilbert et al.，2000，p. 196）。

将建模付诸实践

如图 2 所示，本章通过开发、使用、评估和修订模型来对建模的认知方面进行操作（Clement，2000；Louca and Zacharia，2012；Schwarz et al.，2009）。随着学生对模型的开发、评估和修订，模型的解释力得到释放，成为一种意义建构的工具。为了了解科学现象发生的方式和原因，学生将使用他们的模型将观察与理论联系起来。此为模型参与的关键模式，即学生通过对表征的使用，来输出基于模型的解释（Schwarz et al.，2009）。

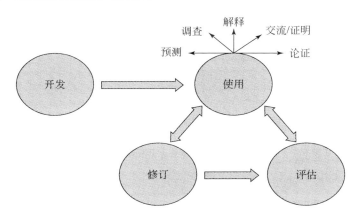

图 2　基于模型解释的建模实践模型

学生会针对一个问题或难题开发他们的初始模型。这个初始模型是反映学生先备知识的概念窗口，以及关于现象是如何及为何表现的推理。该模型可用于预测现象的行为方式和发生原因。随着通过调查或观察获得新知识，学生将对初始模型的表达解释力进行评估。根据评估结果，他们可能需要对模型进行修订，这取决于调查与观察所形成的新理解与想法（Duschl et al.，2007）。在课堂上，每个教学步骤都支持学生将他们的思维和推理呈现出来。学习是在学生与模型之间的对话关系中产生的，因为学生会根据他们的新知识不断地评估和修订模型（Louca and Zacharia，2012）。

建模理论认为，通过建模实践参与科学解释是科学推理和学习的本质（Gilbert，2004；Halloun，2007；Louca and Zacharia，2012）。构造的模型是概念性知识和科学推理的物理表达。预测是建立在先备知识或既有知识基础上的模型，调查是人为条件下使用的模型，结果是数据模型，科学解释则是从数据模型中延伸的新模型，并以新知识为基础（Halloun，2007）。通过重新审视和检查模型的建构，基于模型的学习不断迭代，以充分解决个人和社会层面的问题（Gilbert，2004）。随着新的机制被理解和接受，对科学现象的概念性理解会被修正（Nersessian，2002）。在此框架中，建模理论的认知实践等同于学习理论，而建模作品是不同时期个人和社会概念性理解的历史记录（Halloun，2007；Nersessian，2002）。

直接根据模型作出科学解释往往是不够直观的，还需要我们具备一定的科学推理能力。而科学推理能力离不开科学领域知识和科学实践知识（Nersessian，2002）。如果这两类知识都有所缺失，那么科学建模就会被简化为插图、演示或总结，于是学生将无法对"过程是如何发生以及为什么发生的"进行阐释。在小学课堂上，此类情况会经常发生，我们也很难看到培养和促进学生的科学推理和科学建模出现在小学课堂上（Lehrer and Schauble，2010；Schwarz et al.，2009）。例如，水循环和植物生长的过程图在小学科学学习环境中是很丰富的，但这些图表却是用来确定"学生应通过图标式插图，'了解'该过程的哪些内容"的。这些模型在课堂上经常被用作记忆的工具。水循环被简化为帮助学生识别凝结、蒸发和降水等现象，而没有将正在发生的事情与发生的方式和原因联系起来。植物的生长周期被削减至以突发的离散形式出现；生命周期图从一粒种子开始，下一张图是一个新芽，最后一张就已经是一株完全成熟的植物。这些图表并没有为学生提供推理植物成长和发育的时空边界的机会。如果课程与教学中没有提供学生开发、使用、评估和修订他们根据自己的知识所构建的模型的机会，那么，小学生就无法为基于模型的推理打下基础。

虽然很少有研究会涉及早期学习者的建模实践，但经验表明，当小学生首次被要求开发二维或三维模型以确定一个科学现象是如何及为何发生时，他们会尝试重现这一现象，而不是确定它是如何及为什么会发生（Lehrer and Schauble，2010；Schwarz et al.，2009）。通过在课程和教学中持续提供的建模和支持的机会，学生开始逐渐认识到，他们对其所见进行模仿，并不能让他们理解该过程的运作方式和发生原因。此后他们便开始修订模型，以建立起他们自己的理解（Lehrer and Schauble，2010；Manz，2012）。此外，随着学生对建模实践的认知理解不断增长，他们对科学现象的概念性理解也将随之增长，反之亦然（Manz，2012；Ryu and Sandoval，2012）。

5.2　学习表现和学习进程

学习表现位于学习进程的结构中，但它们不是同一个结构。学习进程是一种宏观层面的尝试，旨在绘制出能够跨越广泛时间跨度的内容和实践的概念发展图，而学习表现提供了一种微观层面的关注，即在单个年级范围内将单个大概念与单个科学实践进行结合（Duncan et al.，2009；Krajcik et al.，2007）。例如，学习表现可能包括三年级学生在一个课程单元中，构建和使用模型来对植物生长和发育（即大概念）进行科学推理（即科学实践）的能力。这种学习表现最终可能会成为学生对生态系统进行推理的学习进程中的一个锚点。

然而，学习进程衡量的是学生在多个年级段的时间快照，即学生知道什么，以及他们如何利用其知识进行推理。不同之处在于，学习表现不是指学生知道什么，而是指学生获取知识的路径。这些路径可以用来确定该年级的课程和教学，并确定学生需要在哪些方面进行知识强化，又或是应将这些知识应用于哪些方面来支持他们对新知识的理解。学习表现是学生潜在的概念框架发展图，因为他们对特定概念的理解和实践在课程中不断增长（Alonzo and Steedle，2009；Duschl et al.，2007）。学生的概念性理解取决于他们的先备信念、知识和现有的概念框架，因此，他们在学习表现中所经历的路径也有所不同（Duschl et al.，2007）。然而，试图建立相同路径并不是我们的目标。相反，总体目标是根据经验研究学生在构建概念框架的过程中最可能遇到的路径，以便学生能够随着时间的推移，逐渐建立起一种更为成熟的概念性理解（Shin et al.，2010）。

以内容为中心的学习进程，显示了学生是如何使用基于模型的推理，来理解跨越广泛时间跨度的不同科学概念的。这项工作发现，仅有少量学生能够基于模型进行推理。从四年级（Mohan et al.，2009）、五年级（Duncan et al.，2009；Gunckel et al.，2012）和七年级（Stevens et al.，2010）开始，再到高中和大学（Stevens et al.，2010），我们已在此学习进程中对"学生是否及如何使用基于模型的推理来理解不同的科学概念"进行了审视。结果显示，在小学、初中或高中，模型和建模并没有被当成是用于意义建构的工具。尽管内容知识在不断增加，但不同年级的建模参与度并无明显区别。上述学习进程表明，我们需要通过课程和教学的指导，来支持学生在建模实践中积累他们的知识。

上述学习进程的研究结果并不令人惊讶。在每个年级，教师都在努力理解模型和建模的目的和效用（Justi and Gilbert，2002；Oh P S and Oh S J，2011）。当标准课程包括模型时，学生也很少有机会通过收集有关模型的信息或利用模型，来形成自己的理解（Duschl et al.，2007；Gilbert，2004）。课程和教学中通常不涉及建模的性质和目的，也不会要求学生对模型的解释力进行检验（Louca and Zacharia，2012；Schwarz et al.，2009）。此外，在每个年级中，学习环境往往决定了学生只能够做些什么（Duschl et al.，2007；Gilbert，2004；Louca and Zacharia，2012；Manz，2012）。所有这些有助于学生学习的事务，学习进程都没有涉及，学习进程告诉我们的是学生目前应处于什么位置。学习表现的目的是：①确定学生在教学开始时所处的位置；②确定他们在教学结束时到达的位置；③课程和教学如何支持学生通往学习进程的上层锚点。

5.3　建立学习表现

本章将使用以结构为中心的设计（construct centered design，CCD）（Shin et al.，2010），来提升学生的学习表现（例如，Forbes et al.，2015；Zangori and Forbes，2016）。CCD 提供了一个经过实证检验的框架，该框架将学习表现的发展置于科学内容和科学实践之中。在该框架中，首先要选择并定义结构（"大"概念），然后确定适当的内容和实践标准，并对其进行拆分，以确定目标解释（Krajcik et al.，2007）。嵌入在科学实践中的目标解释被用来设计一个假定的学习表现，即学生为达到目标解释可能采取的学习路径。接下来，我们将在课堂上布置一个任务，来检查学生通过科学实践对结构的学习情况。然后，学生关于结构的想法被用作学习表现的基础；作为回应，学习表现会随着经验数据的获取，以迭代循环的方式不断被修正与完善。最后，由第三方对学习表现和所有相关材料进行审查。学习表现的发展有四个操作步骤。

5.3.1　第1步：选择和定义结构

为了证明概念性理解如何在建模实践中得以发展，研究使用了植物生长和发育的大概念。根据《下一代科学标准》（NGSS Lead States，2013），三至五年级的小学生应该可以开发出关于生物生命周期的模型。对于植物生命来说，此模型包括了种子、成株、种子生产、种子传播、成株死亡和幼苗生长。这些标准及《科学素养地图集》（American Association for the Advancement of Science，2007）中的标准已被识别和拆分（表1）。

表 1　对于相关标准的解读

标准核心理念	标准参考	科学实践	科学素养	解读
LS1.B： 生物体的生长和发育	3-LS1-1	开发和使用模型	生态系统、物质流动	使用模型来理解和推理植物经历可预测的生命周期，包括出生（种子发芽）、发育和死亡。通过结果实和种子传播，后代生长，生命周期恢复到起始状态，因此物种存活但个体植物可能死亡

5.3.2　第 2 步：通过提升假定的学习表现来声明观点

根据拆分出的标准，定义学生参与建模实践以建立对植物生命周期理解的目标，从而初步提出一个假定的学习表现框架。这种对学习表现的初步尝试是提升学习表现的一个标准组成部分，因为它提供了一个起点，可以通过认知实践来检验学生对这个大概念的理解。此处假定的学习表现提升是建立在文献基础上的，包括：小学生参与科学推理（Duschl et al.，2007；Metz，2008；Manz，2012）、小学生学习（Duschl et al.，2007；Lehrer and Schauble，2010；NGSS Lead States，2013）、建模（Gilbert，2004；Clement，2000；Schwarz et al.，2009），以及对植物生长和发育的概念性理解（Manz，2012；Metz，2008；NGSS Lead States，2013；Zangori and Forbes，2014）。假设框架见表2。

表 2　三年级学生基于模型解释植物概念的学习表现框架

建模功能	植物生命周期
开发	开发模型以了解植物在包括出生（种子发芽）、发育和死亡在内的生命周期中如何及为何以可预测的方式生长和变化
使用	使用模型来推理植物在包括出生（种子发芽）、发育和死亡在内的生命周期中如何及为何以可预测的方式生长和变化
评估	评估模型在多大程度上支持理解和推理植物在包括出生（种子发芽）、发育和死亡在内的生命周期中如何及为何以可预测的方式生长和变化
修订	修订模型以更好地支持理解和推理植物在包括出生（种子发芽）、发育和死亡在内的生命周期中如何及为何以可预测的方式生长和变化

5.3.3　第 3 步：指定任务与确定证据

由于学习表现是对知识使用情况的衡量，用于确定学生如何通过认知活动建立和使用学科特定概念的知识（Krajcik et al.，2007），任务要求学生参与建模实践以了解植物的生命周期。我们为学生的课程选择了一套广泛使用的课程材料《生命的结构》（*Structure of Life*，SOL）（Full Option Science Systems，2009）。然而，这个课程单元没有明确地为学生参与建模和科学解释实践提供机会（Full Option Science Systems，2009；Metz，2006）。为了使这些实践更加明确，我们在课程中对每一项实践进行了强调，强调内容还包括这些实践将如何帮助学生理解植物生命周期。此外，在课程单元中还嵌入了三个基于模型的补充性解释课程（supplemental model-based explanation lessons，SML）。SML 由课堂教师在 SOL 课程制定过程中的三个时间节点开展：在向学生介绍调查 1 中的课程理念后、调查 1 完成后，以及调查 2 完成后立即执行。SML 以小学课堂建模实践研究为基础（Forbes et al.，2015；Lehrer and Schauble，2010；Schwarz et al.，2009），它们位于 SOL 课程单元内，并与全选择科学系统（Full Option Science Systems，FOSS）课程结构保持一致。

为了支持教师使用 SML，研究中的所有教师都在数据收集之前的夏天参加了一个关于建模的专业发展研讨会。教师之间经常相互讨论专业发展中的建模经验，在整个研究过程中，作者与每位教师进行了一对一的交流，以支持他们对辅助性课程和基于模型的教学进行实践。教师们至少提前两个月获得了 SML 材料，即便他们之前都有过类似课程的经验（例如，Forbes et al.，2015），但是在每次使用 SML 之前，每位教师都还是会对 SML 材料进行审查。这些课程提供了有关科学建模实践（开发、使用、评估和修订）的背景信息，以及创建二维图解过程模型的具体说明。

在每次 SML 开始时，教师都会组织全班进行讨论，以激发学生对于什么可能是模型的想法。在学生开始进行建模任务之前，教师还会给予他们一些提示，以促进学生对建模的讨论。这些提示首先是通过要求学生考虑包括以下的这些例子来激发学生对模型的想法：

- 观察一只鸟在喂鸟器中的行为；
- 画一条食物链；
- 去大峡谷实地考察；
- 用牙签做一座桥并测试它能承受多少重量；
- 做一个实验来研究生长发育。

在学生思考完每个例子后，教师会要求学生解释他们的想法，以明确学生如何确定某物是否是模型。整个课堂讨论中的提示还包括："这些例子中哪些是模型？为什么？什么是模型？模型长什么样？你认为科学家如何使用模型？"学生的想法被列在智能板或其他课堂设备上，这样所有的学生都可以看到他们的想法，教师因此能够更好地引导全班进行讨论。在每次讨论结束时，教师都会保存学生们在讨论中提出的想法，为后续的重新讨论提供保障。因此，学生可以就他们在该单元中的想法是否有变化及如何变化进行探讨。讨论结束时，教师会强调：

- 模型能够简化自然界中非常复杂的事物，这样我们才能够理解和研究它们。
- 科学家们通过开发、使用、评估和修订模型来解释和预测自然现象。
- 人们可以用图片、文字、数学方程和计算机程序创建模型。
- 我们可以在课堂上使用模型来帮助我们理解种子的生长。
- 我们可以使用我们的模型来分享想法，并使这些想法变得更好。我们可以从别人那里得到新的或不同的想法，并且当人们询问我们的模型时，我们可以思考自己的想法。

在每次 SML 结束时，学生都会收到一个完成建模任务的资料袋，其中包括使用铅笔来构建一个二维图解过程模型，用来回答"种子是如何生长的"这一问题。当他们画出自己的模型后，会写下对一系列反思性问题的回答，这些问题旨在从认识论层面引导学生对他们的模型以及他们基于模型的解释进行思忖：①根据你的模型，种子发生了什么变化？②你认为为什么种子会发生这种变化？③你看到了什么，是什么让你认为种子会发生这种变化？④你会如何使用你的模型来向其他人解释种子是如何生长的？此外，在第二个模型和第三个模型之前，学生被要求回看他们之前的模型，并作出评估——此模型是如何显示种子变化情况的，并写下他们认为应如何调整模型以更好地展示种子的来源。

5.3.4 第 4 步：学习表现的实证基础

为了在这些三年级学生建立对植物生命周期的理解的建模实践中，识别出他们的学习路径，我们根据他们对模型和写作的讨论，为他们的学习表现提供实证性依据。在每次建模任务完成后，我们都会立即对学生进行访谈，并通过他们的讨论，在每个建模实践中确定了三个可测量的水平维度。水平维度确定具有实证性基础，我们在对学生讨论和理论学习表现之间进行反复迭代的基础上，对学习表现水平维度进行微调，以识别学生通过参与建模实践来学习植物生命周期的方式。然后将学习表现提交至第三方进行审查。最终的学习表现如表 3 所示。

表 3　三年级学生在学习植物生命周期的建模实践中的学习表现

建模功能	植物生命周期
开发/修订	第 1 级：开发/修订植物的文字（具体）插图模型
	第 2 级：开发/修订模型以复制植物生命周期模型，包括出生（种子发芽）、发育和死亡
	第 3 级：开发/修订模型以理解植物生命周期的抽象概念，包括出生（种子发芽）、发育和死亡
使用	第 1 级：使用模型展示植物
	第 2 级：使用模型展示自己对植物生命周期模型的了解
	第 3 级：使用模型来推理植物在包括出生（种子发芽）、发育和死亡在内的生命周期中如何及为何以可预测的方式生长和变化
评估	第 1 级：评估模型以具体说明植物
	第 2 级：评估模型复制植物生命周期模型的能力
	第 3 级：评估模型在多大程度上支持理解和推理植物在包括出生（种子发芽）、发育和死亡在内的生命周期中如何及为何以可预测的方式生长和变化

我们通过跟踪两名学生，黛西（Daisy）和戴利亚（Dahlia），来了解学生是如何理解建模的，她们阐述在三个建模迭代中的学习表现水平。

5.4　黛　　西

在研究开始时，黛西对建模功能中"开发/修订"的理解表现为第 1 级理解水平。她的第一个模型是一株单一的植物。此水平的模型包括了阳光、雨水和一些似乎是种子的痕迹，但她在谈论其模型时，并没有就这部分内容进行讨论。黛西的讨论只关于她画了一幅画来展示植物，而没有提及她是出于何种目的来绘制这幅画的。在她关于模型的讨论中，没有提及她画上的任何其他元素。总的来说，在此水平上，她只是在展示一张植物的图片（图 3）。

图 3　黛西的模型在植物生命周期模型开发/修订中的得分为第 1 级理解水平

　　在讨论过程中，黛西仅用其模型来展示植物。例如，当被要求使用其模型来解释种子如何生长时，她表示她的模型显示"根长出来了，然后长出了植物"。尽管黛西的模型还包括了对植物生长很重要的阳光和雨水，但她并没有使用这些元素来解释它们与她所画的植物之间所存在的联系，也没有解释植物是如何及为何需要水和阳光的。

　　在黛西绘制她的第二个模型之前，她回到她的第一个模型，以评估它对于种子来源的显示程度。当被问及她是如何评估她的第一个模型时，她专注于她对植物的具体说明，这属于第 1 级理解水平。她表示，她的第一个模型没有展示植物足够多的"细节"，而在她的第二个模型中，她会"添加更多细节"，这样植物看起来会"更逼真"。然而，更重要的是要注意到，虽然她的第一个模型的评估水平是第 1 级，侧重于具体细节，但是她的第二个模型（图 4）显示她的想法已经出现了转变：从具体插图转移到了植物生长的复制性模型上。伴随着这种转变，黛西开始使用她的模型来"展示她所知道的"并复制种子的生长过程。她在接受采访时谈到她的第二个模型："……它（植物）里面有种子，像种荚一样，它（植物）生长，它们会掉下来……这取决于风有多大，它们（种子）走多远。"她在复制种子传播的过程，以及种子如何最终在不同的地点传播，就像我们在 SOL 课程中所做的那样。模型上的箭头指向植物，表明随风传播的每粒种子都与一株成年植物有关，但她没有说明这部分的过程是如何发生的。她的模型试图复制课程中呈现的过程。她的第二个模型处于开发/修订的第 2 级，虽然此模型确实显示了种子的传播过程，但她并没有将种子传播与植物生长和变化的方式及原因联系起来，仅表明了种子、风和成年植物（成株）之间存在联系。

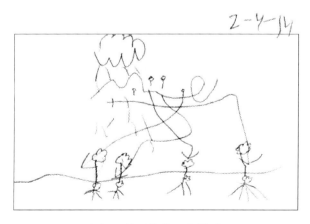

图 4　黛西的第二个模型

至研究结束时，黛西已对她的第三个模型（图 5）进行了讨论，从讨论内容来看，该模型涉及的所有方面均属于第 2 级水平，包括开发/修订、使用、评估等。她使用了模型中所有涉及的元素，来说明"（植物）得到阳光和雨水才能长出叶子"，因此植物能够从种子长到成年。她的最终模型是对植物生长的复制，是以线条进行分隔的突发式离散表征。虽然该模型包括雨水和阳光等抽象概念，但她没有考虑这些东西如何或为什么可以解释植物在五个面板上的变化，如阳光用来制造食物或雨水被根部吸收以帮助植物生长。该模型还画有一条从最后一个面板移动到第一个面板的线，用以表明植物的生命可能具有周期性，但她没有对相关的联系进行讨论，也没有告知最初的种子来自何方，即便她的第二个模型显示出了种子的传播。当被问到"种子从哪里来"时，她说它们"来自人类或者它们自己飞过来的"。虽然黛西能够将第二个模型和第三个模型之间的一些知识联系起来，但这种联系并没有出现在她的模型上，她绘制的仅仅是一个图标式的植物生命周期复制品。

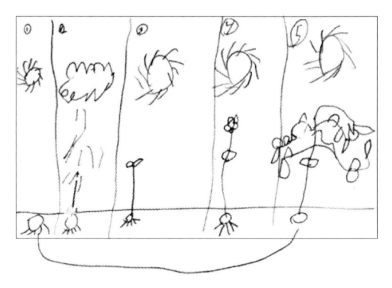

图 5　黛西的最终模型

在使用最后一个模型时，黛西的表现同样属于第 2 级水平。她表示，各种元素的出现是因为她认为这些元素对她的模型很重要，但她只是使用这些元素来展示她所知道的，而不能预测或解释这些元素是如何及为什么支持植物的生命周期。例如，当被问及水是否是植物生命周期的必要组成部分时，黛西回答说她知道植物需要水和阳光，但却不知道这些东西有多么重要或为何如此重要。当她在讨论她的绘画中的这些元素时，她指出她的画中包括阳光和雨水，是因为她认为她应该这样画，而不是去推理它们对植物生长有多么的必要。

最后，黛西对她的第二个模型的评估标准是它对于种子生长的复制程度有多好（第 2 级），并确保她添加了更能代表种子生长的元素。

我：那么你的……模型之间有什么变化吗？

黛西：这个（第一个模型）没有任何花蕾和种荚。

我：为什么在你的第二个模型中展示了花蕾和种荚？

黛西：因为我在课堂上学到了大部分内容。

她还将她的评估重点放在复制她在课堂上学到的东西上，而不是评估她的模型如何帮助她形成对植物生命周期的理解。

总之，黛西的开发/修订、使用和评估模型的学习路径从第 1 级水平开始，她画了一株带有非生物元素（阳光和水）的单一植物，但没有考虑这些元素如何或为什么应该出现在她的模型上。黛西的第二个模型也包括一个非生物过程，但达到了第 2 级水平，并考虑了种子传播所必需的条件。黛西的最终模型也是第 2 级模型，展示了完整的植物生命周期，确定了水和阳光参与了这个过程，并在模型中标有编号，以表明植物生长需要具备时间。然而，虽然她的最终模型是一个完整的生命周期，但她并没有开发、评估和/或修订模型来帮助她理解这些事情。她的模型只是复制她在课堂上所知道和看到的东西，而不是让模型成为她用来建立自己知识过程的一种工具。尽管她的最终模型包括了为模型提供解释力的非生物过程，但黛西添加这些元素（雨水和阳光），是因为她认为应该这样做而不是为了帮助她理解植物生命周期过程。

5.5　戴　利　亚

戴利亚的第一个模型中的所有建模特征都处于第 2 级水平（图 6）。最初，戴利亚在讨论中指出，她建构模型的本质和目的是能够准确地呈现出植物生命周期的图标符号，并显示其生长阶段。正如戴利亚在讨论她的初始模型时所说的那样："所以首先它是一粒种子，然后它开始长出一个小茎，然后是茎和叶，然后长成一株植物。"正如戴利亚的模型（图 6）所示，她将时间分割为从一粒种子生长到一朵发育成熟的花。在对她的访谈中，戴利亚指出，她选择包含在模型中的所有信息都是她所知道的关于植物生长的信息。她把此模型作为一种手段来展示她对于种子生长的图标式认识，而不是将此模型作为解释性工具来理解这些事情是如何或为什么发生的。

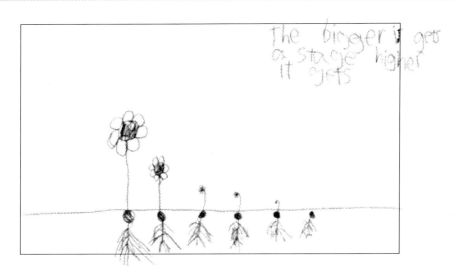

图 6　戴利亚的第一个模型

戴利亚不仅在模型中利用了所涉及的细节，也通过这些细节展示了她所知道的关于植物生命周期的信息。例如：

　　　　我：和我谈谈你的模型。

　　　　戴利亚：我把……细节放在里面。

　　　　我：为什么在其中添加更多细节很重要?

　　　　戴利亚：因为这有助于我记住它。

在戴利亚关于她的第一个模型的整个讨论过程中，她不断地指出，添加细节是很重要的，这样即使她忘记了植物生命周期是如何发生的，她仍然可以使用她的模型。她说，如果她或其他人想了解种子是如何生长的，那么他们可以查看她的详细插图或阅读她在图片上的描述，以了解植物的生命周期。

戴利亚对她第一个模型的评估集中在她在第一个模型中不知道但在第二个模型中已经知道的信息上（图 7）。她的评估标准也支持了她的想法，即复制植物生命周期的图标式图像，而不是对植物生命周期进行表征。例如：

　　　　我：你如何评估你的模型?

　　　　戴利亚：我喜欢它。

　　　　我：你为什么喜欢它?

　　　　戴利亚：因为它（我的模型）很详细。

戴利亚对她的第一个模型的评估是正向的，因为它几乎完整地复制了植物的生命周期。她将模型作为记忆装置的想法渗透在她第一个模型的所有建模特征中，包括她对第一个模型的评估，以及她对植物生长的图标式模型，而图标式模型也是学生们经常用作记忆装置的模型。

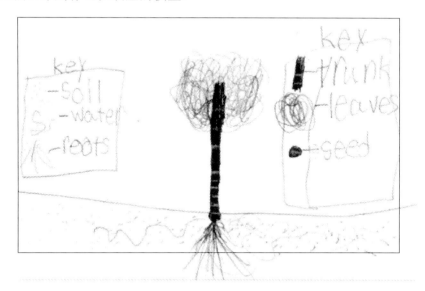

图 7　戴利亚的第二个模型

然而，当戴利亚完成她的第二个模型时，她对模型的想法发生了转变。她将重点放在了表征形式的开发，而不再是复制。从她第二个模型中的元素，以及她对第二个模型的讨论情况中，均可看出这一转变（图 7）。戴利亚将植物生长所需的抽象的非生物过程纳入了模型，如地下水，并考虑到了为什么纳入这些过程对于植物生命周期是必要的。例如，当被问及地下水时，她说：

就像根部生长，然后它（根）进入土壤，将它（树）固定下来，然后就像雨水一样落下。它可能不会准确地落在种子上，它可能会到处都是，然后根会得到它……这样从地下流出的水就能让种子得以生长。

她并不是要展示非生物过程，而是想要利用这些过程来理解这些非生物过程是如何影响植物生长的。虽然她的第二个模型没有显示从种子到成株的生长过程，但她考虑了种子生长的必要条件，并利用她的模型阐明了种子和植物是如何获取水分的。

当戴利亚讨论她的最终模型时，她提到了她是如何试图传达出植物在生命周期中发生的各种事件，就像在自然界中所发生的那样。她将她的模型描述为植物生命周期的表征，而非图标式复制品。戴利亚的最终模型（图 8），与她第一个模型中对植物生长的表征一样，属于图标式模型，但在最终模型中，她增加了雨水和阳光。当戴利亚谈及其最终模型时，她意识到在她画这个模型的时候，她是希望这个模型能够帮助她"理解如果它永远是一粒种子，那么下一个周期就不会出现"。这一陈述表明，戴利亚认为她的模型与物理世界是密切关联的（有不同种类的植物）（图 8），可以作为一种概括，来支持她关于植物生长的想法（所有植物都有一个周期）。

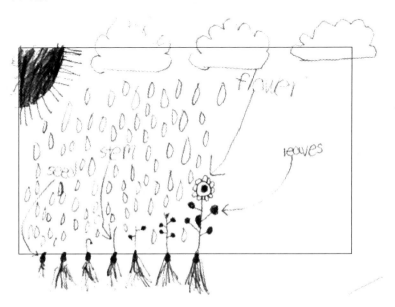

图 8　戴利亚的最终模型

此外，她不再谈论她开发和修订模型的目的，而是转为探讨模型中那些可以观察到和不可观察到的元素：

我：和我谈谈你的模型。

戴利亚：嗯……我应该从哪里开始呢？好吧，首先种植种子，然后种皮脱落，这样根就可以生长，然后根吸收水分，这样胚胎就可以生长，然后根吸收更多的水分，这样胚胎就可以长出来，然后它得到更多的水，这样叶子就可以长出来，也可以长出次生茎。然后它不断地得到水和阳光，突然间花和芽长出来，叶子长得足够大，它们可以开始自己制造食物，花和叶子开始得到更多的食物、水和阳光。

当戴利亚讨论她的模型时，她囊括了那些对她来说已经变得可见的不可观察事物（胚胎、水和阳光）。戴利亚还表示，她正在将她的模型作为一个意义建构工具，来理解植物的生命周期。在随后关于模型修订的讨论中，戴利亚还阐述了植物生命周期是如何发生的，以及为什么会发生："它只是继续进行，植物周期就像芽和种子脱落，重新种植，然后生长。"这表明她正在使用自己的表征方式，来为植物生命周期提出科学解释，她认为这个周期必须继续进行，否则植物就会死亡。戴利亚的模型开始成为一种工具，帮助她理解植物生命周期。

戴利亚关于开发和使用模型的想法也体现在她对最终模型的评估中。在戴利亚讨论完她的第三个模型后，她被要求回去评估她的第二个模型，并讨论她为什么在第二个和第三个模型之间作出改变：

> 我：你对第三个模型做了哪些更改？
> 戴利亚：发芽……一粒种子……有茎的种子……花。
> 我：好的。为什么了解发芽很重要？
> 戴利亚：这样你就能知道树木、花朵、地球和万物是如何生长的。

此外，在涉及植物生命周期的整个访谈过程中，戴利亚在不断地对其模型进行评估和修订。她指出了模型上还应该增加和改变的东西，如显示种荚和新种子的萌发。她的模型是一个动态式表征，属于第 3 级水平，她持续地使用此模型来理解植物的生命周期，并在与我们的讨论过程中，不断地根据她的想法对模型进行评估和修订。

总之，尽管第一个模型中的大部分要素仍然出现在最终模型中，但戴利亚对这些元素究竟意味着什么的看法却发生了明确的改变。从建模功能的各个方面来看，戴利亚的第一个模型属于第 2 级水平，戴利亚为了判断此模型作为植物生长的图标式模型是否合适，对模型进行了开发、使用和评估。而在第二次建模迭代中，她对于模型的思考产生了转变，使得模型提升为第 3 级水平：她开始考虑抽象过程（如地下水），并思索这些过程是如何支持她对植物生长的看法的。在最后一次模型迭代中，她的模型已经达到了"修订、使用和评估"的第 3 级水平，因为她的模型是动态的。而且，在最后一次访谈中，戴利亚一直将此模型作为思考工具来帮助自己理解植物是如何及为什么生长的。

5.6 讨　　论

完整的学习表现提供了一个基础，在此基础上，可以了解学生参与建模实践的方式，以便概念化和推理植物生长过程。对黛西和戴利亚这两位三年级学生的案例研究，是为了考察她们在一个关于植物生长和发育的课程单元中，对用于意义构建的自构模型进行开发、使用、评估和修订的学习路径。学习表现的基础是学生在课堂情境下使用认知实践来学习核心思想，也因此，学习表现提供了一个课堂规范内的学习路径（Krajcik et al.，2007）。

将内容与过程分开，只考察学生如何参与特定的科学实践或学生对某些内容的想法，并不能使我们全面地知悉学生的概念资源，我们也无法了解到他们是如何根据自己的既有想法去评估和构建模型的（Duschl et al.，2007；Forbes et al.，2015；Metz，2008；Manz，2012）。学习表现提供了一种方法检验学生的既有想法，以及这些想法是如何通过建模实践得到发展和完善的。也因此，学习表现为学习进程提供了依据，说明了不同年级水平涉及的评估内容，确定了如何支持学生去应对评估，并为学生在后续年级学习中能够做些什么提供了垫脚石（Duncan et al.，2009）。

通过使用学习表现对"黛西和戴利亚是如何围绕她们的模型进行讨论的"进行考察，可以看到她们在如何理解建模目的，以及如何理解植物生命周期的必要过程方面，均取得了成长。最引人注目的是，两位学生对于开发模型目的（具体的、图标的或抽象的）的理解，决定了她们如何使用模型来对植物生长和生存所需要的东西进行理解和推理，也决定了她们会选择模型中的哪些元素来进行评估。当黛西将她的模型视为植物生命周期的图标式表征时，她对模型的使用便聚焦于如何让她的模型看起来更像是一个植物生长模型。当戴利亚将她的模型理解为抽象模型时，她对模型的使用和评估就会将"如何使用模型来帮助她理解植物生命周期"纳入考量。

在模型的教学与学习中，一个长期存在的挑战是：应如何从概念层面改变学生对模型"静态的、详细说明的"的认知，让学生认识到模型是用于知识构建的科学文化工具（Justi and Gilbert，2002；Oh P S and Oh S J，2011；Nersessian，2002；Lehrer and Schauble，2010；Schwarz et al.，2009）。本章介绍的学习表现表明，尽管认知上的变化是小而渐进的，但其在一个课程单元的过程中发生的可能性是存在的。最初，学生是根据用于说明的图片和物体来建立她们对模型概念的认知的。正如本章所论述的那般，即使学生在初始模型中，有涉及具有解释力的必要元素，但她们并没有将它们识别出来，因为她们还没有意识到如何使用这些元素。随着时间的推移，戴利亚的绘画开始变得充满活力，可以代表某种东西。在她对模型进行讨论时，她抓起铅笔或用手指来描绘事物是如何在她的模型上移动和生长的。在她说话的过程中，她对模型进行修订与完善，并将在地下或天空中的"隐性"运动纳入其模型当中。她认为她画的东西是真实发生的，但与自然不尽相同，因为她展示的东西超出了她在外界所能观察到的。

在科学学习环境的持续支持下，学生对建模的性质和目的的思想发生了转变。科学认识和概念性知识既是个人的也是社会的，它受到学生在社会层面上的体验、理解和推理的影响，然后被内化并形成个人进行模型构建时所使用的学科特有认知知识（Halloun，2007；Louca and Zacharia，2012；Nersessian，2002）。课程为学生形成对建模的认知，以及在探究中使用模型，提供了空间和时间。学生使用模型的机会越多，就越容易理解建模实践，并使用模型进行意义建构。

随着科学建模被列为 NGSS 的基本实践之一，模型和建模已经成为一种关键的意义建构实践。然而，小学课程材料中长期缺乏意义建构的内容（Metz，2006，2008；Forbes et al.，2015；Lehrer and Schauble，2010；Zangori and Forbes，2014），教师们有必要接纳这些模型和建模的实践（例如，Forbes et al.，2015）。纳入的建模经验必须是有意义的，如此学生才能知晓模型构建的目的，而非仅仅是走个过场（Lehrer and Schauble，2010；Schwarz et al.，2009）。模型应该有多种形式，如具体的和抽象的，这应该在课程和教学中加以明确，这样学生才能理解通过构建和修订模型以提供解释力的本质和目的。课程应该为学生提供从多维度构建复杂系统知识的机会，如此，关于建模内容和认知知识才可得以共同发展（Lehrer and Schauble，2010；Louca and Zacharia，2012；Manz，2012）。

5.7 结　　论

如何最佳地支持早期学习者使用建模的科学实践来建立科学上可接受的概念，又应如何对生物系统与其他系统的相互联系进行科学推理，这是值得深入研究的问题。关于学习进程的研究已经识别出了小学、初中、高中和本科生在理解模型本质和目的方面存在的困难。现在需要学习表现来确定应如何支持学生达到学习进程中的确定目标。学习表现不仅有助于识别学生在课程开发和教学支持方面的学习路径，还可为教师提供有关此主题的知识和实践支架，并为学生在该领域内的进步和科学实践提供响应和支撑的教学地图（Duncan et al.，2009；Duschl et al.，2007）。本研究对未来的工作具有重要启示，可以帮助教师们了解应如何在建模实践中创造机会，以促进学生对植物系统的认识，也可以帮助教师们知晓应在哪些地方对课程和教学进行调整，在何处提供支架。

鸣谢　本章由作者根据本人博士论文改编。这项研究得到了内布拉斯加大学林肯分校保罗和伊迪丝·巴布森奖学金，以及沃伦和伊迪丝·戴博士论文旅行奖的部分支持。本章作者感谢那些有兴趣并参与其中的学生和老师，感谢他们让这项工作成为可能。本章作者还感谢帕特丽夏·弗里德里克森（Patricia Friedrichsen）对本章早期草稿提供的富有洞察力的评论。

参 考 文 献

Alonzo，A. C.，& Steedle，J. T.（2009）. Developing and assessing a force and motion learning progression. *Science Education*，93（3），389-421. https://doi.org/10.1002/sce.20303.

American Association for the Advancement of Science.（1993）. *Benchmarks for science literacy*. New York：Oxford University Press.

American Association for the Advancement of Science.（2007）. Atlas for scientific literacy. Washington，D.C.

Clement，J.（2000）. Model based learning as a key research area for science education. *International Journal of Science Education*，22（9），1041-1053. https://doi.org/10.1080/095006900416901.

Duncan，R. G.，Rogat，A. D.，& Yarden，A.（2009）. A learning progression for deepening students understandings of modern genetics across the 5th-10th grades. *Journal of Research in Science Teaching*，46（6），655-674. https://doi.org/10.1002/tea.20312.

Duschl，R. A.，Schweingruber，H. A.，& Schouse，A. W.（2007）. *Taking science to school：Learning and teaching science in grades K-8*. Washington，D.C.：The National Academies Press.

Forbes，C. T.，Zangori，L.，& Schwarz，C. V.（2015）. Empirical validation of integrated learning performances for hydrologic phenomena：3rd-grade students' model-driven explanation-construction. *Journal of Research in Science Teaching*，52（7），895-921. https://doi.org/10.1002/tea.21226.

Full Option Science Systems.（2009）. *Teacher guide：Structures of life*. Berkeley：Delta Education.

Gilbert，J.（2004）. Models and modelling：Routes to more authentic science education. *International Journal of Science and Mathematics Education*，2（2），115-130. https://doi.org/10.1007/s10763-004-3186-4.

Gilbert，J.，Boulter，C.，& Rutherford，M.（2000）. Explanations with models in science education. In J. K. Gilbert & C. J. Boulter（Eds.），*Developing models in science education*（pp. 193-208）. Netherlands：Kluwer Academic Publishers.

Gunckel，K. L.，Covitt，B. A.，Salinas，I.，& Anderson，C. W.（2012）. A learning progression for water in socio-ecological systems. *Journal of Research in Science Teaching*，49（9），843-868. https://doi.org/10.1002/tea.21024.

Halloun，I. A.（2007）. Mediated modeling in science education. *Science and Education*，16（7-8），653-697. https://doi.org/10.1007/s11191-006-9004-3.

Justi，R. S.，& Gilbert，J. K.（2002）. Modelling，teachers' views on the nature of modelling，and implications for the education of modellers. *International Journal of Science Education*，24（4），369-387. https://doi.org/10.1080/09500690110110142.

Krajcik，J.，McNeill，K. L.，& Reiser，B. J.（2007）. Learning-goals-driven design model：Developing curriculum materials that align with national standards and incorporate project-based pedagogy. *Science Education*，92（1），1-32. https://doi.org/10.1002/sce.20240.

Lead States，N. G. S. S.（2013）. *Next generation science standards：For states，by States*. Washington，D.C.：Electronic Book，National Academies Press.

Lehrer，R.，& Schauble，L.（2010）. What kind of explanation is a model? In M. K. Stein & L. Kucan （Eds.），*Instructional explanations in the disciplines*（pp. 9-22）. Boston：Springer US.

Louca，L. T.，& Zacharia，Z. C.（2012）. Modeling-based learning in science education：Cognitive，metacognitive，social，material and epistemological contributions. *Educational Review*，64（4），471-492.

Manz，E.（2012）. Understanding the codevelopment of modeling practice and ecological knowledge. *Science Education*，96（6），1071-1105. https://doi.org/10.1002/sce.21030.

Metz，K. E.（2006）. The knowledge building enterprises in science and elementary school science classrooms. In L. B. Flick & N. G. Lederman（Eds.），*Scientific inquiry and nature of science*（pp. 105-130）. Netherlands：Springer.

Metz，K. E.（2008）. Narrowing the gulf between the practices of science and the elementary school science classroom. *The Elementary School Journal*，109（2），138-161.

Mohan，L.，Chen，J.，& Anderson，C. W.（2009）. Developing a multi-year learning progression for carbon cycling in socio-ecological systems. *Journal of Research in Science Teaching*，46（6），675-698. https://doi.org/10.1002/tea.20314.

National Research Council.（2012）. A framework for K-12 science education：Practices；cross-cutting concepts；and core ideas. Washington，D.C.

Nersessian，N. J.（2002）. The cognitive basis of model-based reasoning in science. In P. Carruthers，S. Stich，& M. Siegal（Eds.），*The cognitive basis of science*（pp. 133-153）. Cambridge，UK：Cambridge University Press.

Oh，P. S.，& Oh，S. J.（2011）. What teachers of science need to know about models：An overview. *International Journal of Science Education*，33（8），1109-1130. https：//doi.org/10.1080/09500693. 2010.502191.

Ryu，S.，& Sandoval，W. A.（2012）. Improvements to elementary children's epistemic understanding from sustained argumentation. *Science Education*，96（3），488-526. https://doi.org/10.1002/sce. 21006.

Schwarz，C. V.，Reiser，B. J.，Davis，E. A.，Kenyon，L.，Acher，A.，Fortus，D.，& Krajcik，J.（2009）. Developing a learning progression for scientific modeling：Making scientific modeling accessible and meaningful for learners. *Journal of Research in Science Teaching*, 46（6）, 632-654. https://doi.org/10.1002/tea.20311.

Shin, N., Stevens, S. Y., & Krajcik, J.（2010）. Tracking student learning over time using construct-centered design. In S. Rodrigues（Ed.）, *Using analytical frameworks for classroom research. Collecting data analysing narrative*（pp. 38-58）. New York: Routledge.

Stevens, S. Y., Delgado, C., & Krajcik, J. S.（2010）. Developing a hypothetical multi-dimensional learning progression for the nature of matter. *Journal of Research in Science Teaching*, 47（6）, 687-715. https://doi.org/10.1002/tea.20324.

Zangori, L., & Forbes, C. T.（2014）. Scientific practices in elementary classrooms: Third-grade students' scientific explanations for seed structure and function. *Science Education*, 98（4）, 614-639.

Zangori, L., & Forbes, C. T.（2016）. Development of an empirically based learning performances framework for 3rd-grade students' model-based explanations about plant processes. *Science Education*, 100（6）, 961-982. https://doi.org/10.1002/sce.21238.

第二部分　面向表征能力的教学

6 通过适应性教育技术促进表征能力的发展

马丁娜·A.劳（Martina A. Rau）

6.1 在多元图形表征之间建立联系：化学智能辅导系统领域专业知识的多元方法路径

引言

外部表征在科学、技术、工程和数学（STEM）领域无处不在。在这些领域中，教材通过外部表征，来阐明相关内容知识的抽象概念和机理（Arcavi，2003；Cook et al.，2007；Kordaki，2010；Lewalter，2003）。通常情况下，教学人员也会向学生展示多个表征，而不仅仅是单一表征。因为不同的表征会提供与拟学习概念相关的互补性信息（Kozma et al.，2000；Larkin and Simon，1987；Schnotz and Bannert，2003；Zhang，1997；Zhang and Norman，1994）。例如，当学生学习化学键时，他们通常会遇到图 1 所示的表征（Kozma et al.，2000）。路易斯结构和球棍图显示键的类型，球棍图和空间填充模型显示原子的几何排列，而静电势图（EPM）用颜色来显示电子在分子中的分布。

图 1　乙炔的表征方法：路易斯结构、球棍图、空间填充模型、静电势图

当学生学习分数时，他们通常使用图 2 所示的表征（Cramer，2001；Siegler et al.，2010）：圆形图将分数描述为固有"整体"中（即一个完整的圆形）大小相等的部分；矩形图将分数显示为连续整体的一部分，可以沿着两个维度划分；而数线将分数显示为对比例的测量，测量值的单位被定义为标准长度。事实上，有大量的文献记录了多种表征形式对学生学习的潜在好处（Ainsworth，2006；de Jong et al.，1998；Eilam and Poyas，2008）。

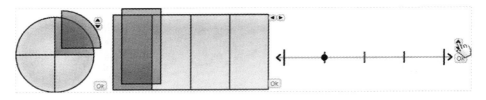

图 2　分数的表征方法：圆形图、矩形图和数线

　　然而，学生能否从多种表征中获益，以及获益多少，取决于他们能否将不同的概念视角整合为领域知识中的连贯心理模型（Ainsworth，2006；Gilbert，2008；Schnotz，2005）。要做到这一点，学生需要在表征之间建立联系（Ainsworth，2006；Bodemer and Faust，2006；Someren et al.，1998；Wu et al.，2001）。对于学生而言，建立联系是一种难以获得的表征能力，尽管它对学习是至关重要的（Ainsworth et al.，2002；Rau et al.，2014a，2014b）。学生低下的联系建立能力被认为是他们在 STEM 领域取得成功的主要障碍，会使学生在学习重要领域概念时陷入困境（Dori and Barak，2001；Moss，2005；Taber，2001；Talanquer，2013）。因此，学生需要接受教学支持以获得此能力（Ainsworth，2006；Bodemer and Faust，2006；Vreman-de Olde and de Jong，2007）。涉及多个领域的既有研究表明，通过给予学生联系建立能力方面的教学指导，学生对领域知识的学习会得到加强（Berthold et al.，2008；Linenberger and Bretz，2012；Rau et al.，2012；Seufert and Brünken，2006；Van der Meij and de Jong，2006）。

　　最新研究表明，适应性教育技术（如智能辅导系统，ITSs）可为提升学生的联系建立能力提供有效的支持（Rau et al.，2012，2015）。ITSs 不仅为步骤式问题解决提供支持（VanLehn，2011），也为适应性教学提供支持（Corbett et al.，2001；Koedinger and Corbett，2006）。一般而言，ITSs 提供的适应性支持包括：①迷思概念的诊断反馈（例如，基于学生在解决问题时出现的某些错误）；②按需提示（例如，学生在解决某步骤时要求提供帮助）；③问题选择（例如，根据学生被诊断出的知识水平，辅导系统选择一个适当难度的新问题）。在 STEM 各学科领域中，ITSs 可以显著地帮助学生强化学习，其适应性能力可提高 ITSs 的有效性（VanLehn，2011）。适应性教育技术在支持学生的联系建立能力方面具有一个特殊优势，即在学生参与学习活动，并学习领域相关概念时，它可以对学生们联系建立能力的持续提升情况进行模拟和评估。

　　根据这些持续的评估，它们可以实时地对拟提供的支持类型进行调整。一般认为，联系建立能力是领域学习的一个重要组成部分，帮助学生学习并掌握联系建立能力，可以强化他们对于领域知识的学习。这一观点赋予了适应性教育技术广阔的应用前景。就联系建立能力方面，当我们对适应性支持进行设计时，需要解决以下三个问题。

①哪些联系建立能力需要支持？

②为有效地支持学生获得这些能力，应该如何设计教育技术中的活动？

③这些能力与其他的学生特征（如心理旋转能力和先备领域知识）之间有什么关系？

下文将根据这三个指导性问题来组织行文。在本章的最后，我们围绕联系建立能力，对设计适用性支持的初步准则和未来研究方向进行了讨论。

6.2 哪些联系建立能力需要支持？

在决定应该给哪些联系建立能力以支持时，应首先对 STEM 各学科领域的知识特点是什么进行考量。由于强化对领域知识的学习是使用多种表征的主要目的，联系建立能力所涉及的专业知识不可避免地与领域知识绑定在了一起：学习如何在领域专属的各表征之间建立联系，就是在学习表征所表示的相关领域概念。在对联系建立能力的专业知识进行定义时，本章借鉴了：①安斯沃思（Ainsworth，2006）的设计、功能和任务（DeFT）框架；②凯尔曼（Kellman）及其同事的知觉学习范式（Kellman and Garrigan，2009；Kellman and Massey，2013）；③关注表征能力的科学和数学教育研究（Cramer，2001；Kozma and Russell，2005；Pape and Tchoshanov，2001；Patel and Dexter，2014）；④领域专业知识的研究（Dreyfus H and Dreyfus S E，1986；Gibson，1969，2000；Richman et al.，1996）。

对联系的**概念性理解**，是专业知识的一个方面（Ainsworth，2006；Kozma and Russell，2005；Patel and Dexter，2014）。专家是根据各表征特点之间的关系来对联系进行概念性理解的。例如，化学家在遇到图 1 所示的表征时，会从概念上来进行理解：①在各不相同的表征中，哪些知觉特点传达的是对应领域的概念信息？（即两种表征都显示的信息；例如，氢在路易斯结构中显示为 H，在球棍图中显示为白色球体）；②哪些特点传达的是相关领域概念的互补信息（即一种表征显示，而另一种表征不显示的信息；空间填充模型不区分键的类型，但路易斯结构和球棍图区分）。这种对联系的概念性理解隶属于专家对领域泛属概念的心智模型（例如，专家将来自路易斯结构的键型信息与来自静电势图的电子密度分布信息整合到他们对具有三键的化合物为何往往具有高活性的概念性理解中）。

　　此处考虑另一例子，在此例子中，一个数学家看到了一条在 1/4 处有点的数线和一个有 1/4 阴影的圆形图（图 2）。专家从概念上理解了为什么这两种表征表示的是相同的分数，即把圆形中的阴影部分与数线中的零和该点之间的部分联系起来，因为这两种特征都描述了分子。此外，专家会将圆形中的所有部分与数线上 0 和 1 之间的部分联系起来，因为它们都表示分母。专家建立这些联系的能力显示了其对领域泛属概念的概念性理解，即分数是某物与另一物的比值。

　　对表征之间联系的概念性理解是领域专业知识的重要方面，其重要性可广泛见于：①用外部表征进行学习的文献中（Ainsworth，2006；Patel and Dexter，2014）；②与专业知识相关的文献中（Dreyfus H and Dreyfus S E，1986；Richman et al.，1996）；③科学教育中（Jones et al.，2005；Wu and Shah，2004）；④数学教育中（Charalambous and Pitta-Pantazi，2007；Cramer，2001）。此外，教育实践指南强调了帮助学生从概念上理解表征之间的联系的重要性（例如，NCTM，2000，2006）。

　　领域专业知识的另一重要方面，是表征之间转换的**知觉流畅性**。知觉学习过程首先受到吉布森（Gibson，1969）的关注，他研究了视觉知觉是如何随着经验的增加而提高的。专家对信息的知觉与新手学生不同，这一事实已被研究充分证实（例如，Chi et al.，1981；Gegenfurtner et al.，2011）。知觉学习范式基于这样的观察：领域专家对所给表征的内容信息"一目了然"。处理视觉表征的高度流畅性被定义为通过大量练习获得提高的、识别视觉模式的能力（Gibson，1969）。在建立联系方面，知觉流畅性不仅可使学生能够自发地知晓两个表征是否显示的是相同的信息，也允许学生在没有任何脑力消耗的情况下，有效地对两个表征的信息进行结合。例如，一个化学家在看到图 1 所示的乙烯的路易斯结构和静电势图时，会自发地识别出路易斯结构中的三键和静电势图中以红色显示的高电子密度区域，并将它们作为表征的特征。

　　通过将这些特征相互联系起来，专家会自发地看到路易斯结构中的三键和静电势图中的红色区域所显示的相同信息，即三键造成了该区域的高电子密度，从而导致电负性较低的化合物被吸引，进而与这些化合物发生反应。一个专家会在不需要付出脑力的情况下，快速且自动地亲历这些建立联系的过程中。让我们再来到数学家遇到图 2 所示表征的情景中。数学家们自然而然地便知晓了圆形和数线显示的是相同的分数，而不需要推理它们是如何覆盖相同比例的面积或长度的。这两个例子说明，知觉联系能力包括：①识别出给定表征中的哪一特征对领域泛属信息进行了描述；②将此特征映射至另一表征的相应特征上；③将不同表征的信息整合至领域泛属信息的心理模型中；④知觉过程的流畅性（Kellman and Massey，2013）。因此，通过在建立联系中亲历知觉学习过程，学生们在几乎不费脑力的情况下，获得了自发、快速、轻松地参与知觉学习过程的能力。知觉学习过程造就了联系建立中的知觉流畅性，并释放出认知能力，专家们可将这些认知能力用于对领域专业知识的复杂概念推理（Kellman and Massey，2013）。人们已广泛认识到了，在为领域专业知识建立联系时，知觉流畅性的重要性。无论是在领域专业知识的相关研究中（Dreyfus H and Dreyfus S E，1986；Gibson，1969，2000；Richman et al.，1996），还是在科学教育（Kozma and Russell，2005；Wu and Shah，2004）和数学教育中（Pape and Tchoshanov，2001），尽皆如此。

总之，概念性理解和知觉流畅性都是重要的联系建立能力。

6.3　我们应如何为联系建立能力设计支持措施？两个智能辅导系统

本节就"关于如何设计教学方面的支持措施，以有效促进学生获得概念联系能力和知觉联系能力的研究"进行了回顾。在此过程中，本节将介绍两个为概念联系能力和知觉联系能力提供支持的智能辅导系统范例。

6.3.1　为概念联系能力提供支持

表征的某些特征会显示出其所对应的领域泛属概念，为概念性过程提供教学支持，可以帮助学生根据这些特征建立起各表征间的联系，有效促进学生对领域专业知识的学习（Bodemer et al.，2004；Seufert and Brünken，2006；Van Labeke and Ainsworth，2002；Vreman-de Olde and de Jong，2007）。教育技术可以采用动态颜色亮显（Mayer，2003）、动态链接（Ainsworth，2008a，2008c；Bodemer et al.，2004；de Jong and van Joolingen，1998；Van der Meij and de Jong，2006）和动画（Ainsworth，2008b；Betrancourt，2005；Holzinger et al.，2008），为概念联系能力提供有效的支持。

在早先涉及概念联系的相关研究中，已经产出了数个教学设计准则。第一，通常而言，概念支持会要求学生在结构上将相关特征进行映射，以解释"表征的哪些特征，描述的是其**对应的概念**"（Gentner，1983；Seufert，2003；Seufert and Brünken，2006）。第二，当概念支持对表征间的映射带有自解释性提示时，概念支持似乎会更为高效。例如，伯特霍尔德和伦克尔（Berthold and Renkl，2009）的研究表明，自解释性提示可以使学生从多种表征中受益更多。当学生被要求对指定联系进行解释，而非让他们进行开放式解释时，自解释性提示会更为有效

（Berthold et al., 2008；Van der Meij and de Jong，2011）。第三，概念支持应该为学生提供建立联系的**援助**，这是因为学生在建立联系时通常会遇到困难（Ainsworth et al.，2002），尤其是在学生们的先备知识储备不足时（Stern et al.，2003）。此论调与博德梅和福斯特（Bodemer and Faust，2006）的研究发现是一致的，他们的研究表明，对于先备知识较少的学生而言（Bodemer and Faust，2006），或者是当问题特别复杂时（Van der Meij and de Jong，2006），援助显得尤为重要。

在如何更好地设计概念支持方面存在着一个争议问题，即应如何对学生的开放式探索和结构化支持进行平衡。一方面，在学生建立联系的过程中，探索性概念支持仅为学生提供少量结构化互动。一种常见的探索性概念支持类型是自动链接性表征。自动链接性表征是动态链接的，学生对一个表征的操作会自动反映在另一个表征中（例如，Van Labeke and Ainsworth，2002；Van der Meij and de Jong，2006，2011）。因此，学生可以去探知那些中间步骤、错误点和最终结果，在两个及以上的相链接表征中看起来是怎么样的。另一方面，结构化概念支持类型仅允许学生在建立联系时进行少量探索。一般而言，结构化概念支持的类型使用的是无联系表征，但会提供逐步指导，以传达出不同表征中的相应元素蕴意（例如，Bodemer and Faust，2006；Bodemer et al.，2004；Bodemer et al.，2005；Gutwill et al.，1999；Özgün-Koca，2008）。

如何平衡"结构"和"探索"的问题已经在"援助困境"这一学术语境下进行了讨论（Koedinger and Aleven，2007）。一方面，过多的结构和过少的探索可能无法吸引学生去积极地学透教材（Koedinger and Aleven，2007）。另一方面，过少的结构和过多的探索会导致学生认知超载，进而危及其学习所获（Schwonke et al.，2011）。是更多的探索还是更多的结构更让学生受益，会受到学生先备知识的影响。例如，一个对单个表征有过往经验的学生，鉴于其对表征本身的理解，他需要的可能只是相对较少的结构，且他可以从对应关系的探索中受益。相比之下，当学生欲在相对新颖的表征间建立联系时，他可能需要更多的结构来成功完成这项任务。然而，在关于概念联系建立支持措施的研究中，此问题依然没有得到解决。

接下来，本章将转而对两个ITSs范例进行讨论，它们是关于概念联系建立的支持范例：一个是用于学习小学分数的ITS，一个是用于学习本科化学的ITS。

1. The Fractions Tutor 教学系统

The Fractions Tutor 是一个有效的智能教学系统，是为了让小学生在真实课堂上使用而设计的（Rau et al.，2012，2013）。它涵盖了小学课程中一系列典型的主题，从分数的命名到分数的减法，使用的是常用分数的图形表征（例如，图2）。

The Fractions Tutor 可在网站 www.fractions.cs.cmu.edu 上免费使用。学生通过个人登录进入该网站，并按自己的节奏单独地进行学习。教师可以通过工具检索查询学生成绩的相关信息，例如，学生在某一组问题上犯了多少错误。教师们可以利用这些信息来确定某个学生在应对哪种问题类型时存在困难，并为该生提供有针对性的建议。The Fractions Tutor 以问题解决为导向为学习提供支持，同时提供适时反馈和按需提示功能。ITSs 通常会为程序性学习提供支持，相较之下，The Fractions Tutor 强调的是概念性学习。在学生解决问题时，The Fractions Tutor 将专注于将分数作为单位比例来进行概念性解释。

　　The Fractions Tutor 的一个特征是，其设计的辅导问题可以为概念联系能力提供支持。图 3 是辅导问题的一个范例，学生可以从此辅导问题中，了解到分数与分母成反比关系。学生首先会看到一个工作实例，在此实例中，面积模型（如圆形或矩形）被用于说明如何解决一个分数问题。在学生阅读完工作实例中涉及的问题后（工作实例仍在屏幕上），他们会获得一个同构问题，并被要求使用数线独立地解决此问题。学生会在每个问题的最后收到提示，这些提示要求学生通过论述这两个表征是如何描述分数的，来说明它们是如何相互联系的。这些问题的提示采用了填空的形式，通过菜单式的选择为学生作出解释提供支持。

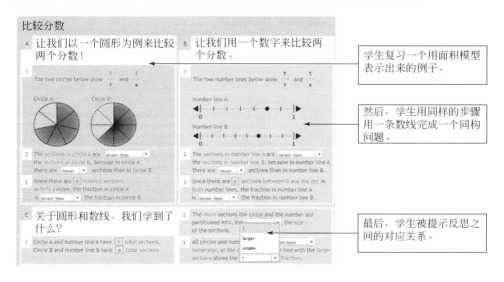

图 3　概念联系问题范例：学生构建分数的表征

　　这些问题的设计与刚才回顾的关于概念支持的前期研究相一致。为了帮助学生理解**相应的概念**（例如，分母越大，部分占比就越小），对这两种表征进行问题解决的步骤是直接绑定的。此外，**自解释性提示**的设计是为了帮助学生将每种表征的具体特征与问题中的抽象概念（例如，分数的大小与分母成反比关系）联系起来。学生在建立联系的过程中会得到系统的**援助**：The Fractions Tutor 会按需为每个步骤提供详细的提示，并根据学生的具体错误提供错误点的反馈信息。

对于 The Fractions Tutor 而言，其关于在概念层面建立联系的问题为学生对联系进行推理提供了支持，这些支持以结构化形式为主，以探索空间为辅。劳（Rau）等的实证研究为此选择提供了依据，其研究就有效性方面，对按步指导的概念问题与自主探索的概念问题进行了比较。其中，按步指导会按步骤指导学生在未建立联系的表征之间建立映射，而自主探索则是让学生对表征之间已有的联系映射进行探索（Rau et al.，2012）。结果显示，就四年级和五年级学生的样本来看，按步指导比自主探索更为有效。

2. Chem Tutor 教学系统

Chem Tutor 是一个用于本科化学学习的有效 ITS（Rau et al.，2015）。开发者根据对本科化学学生的调查、对本科生和研究生的访谈与眼部追踪研究，以及在实验室和现场的广泛试点测试，设计开发了 Chem Tutor（Rau and Evenstone，2014；Rau et al.，2015）。Chem Tutor 涵盖了原子结构与键的主题。一般而言，Chem Tutor 的特点是上述主题的教材中使用的图形表征，包括图 1 中的表征。Chem Tutor 可以通过登录网站 https://chem.tutorshop.web.cmu.edu 免费使用。Chem Tutor 已经在本科层面的化学导论课程中作为课后作业出现，学生可以用他们的个人账户登录系统，完成老师分配给他们的问题集。也可以将 Chem Tutor 与 Moodle（https://moodle.org/）等学习管理平台整合。

Chem Tutor 以"为支持概念联系能力而进行问题设计"为特征，帮助学生在面对不同的表征时，对表示同一概念的不同表征特征进行匹配。图 4 展示了两个示例问题，其中学生根据给定的表征形式，使用交互工具构建了一个原子的表征。这些问题的设计与刚才回顾的关于概念支持的前期研究相一致。为了帮助学生对同一概念进行匹配，我们将两个并排出现的表征呈现在学生面前。他们必须使用一个给定的表征来构建第二个表征。自解释性提示是根据对化学家的访谈设计的（Rau and Evenstone，2014；Rau et al.，2015），这些访谈结果表明，有两种推理类型在概念联系能力中发挥着作用。首先，了解表征的可互换功能是很重要的：学生需要知道哪些表征提供了关于同一概念的相同信息（例如，路易斯结构和球棍图都显示了原子的特性）。其次，了解表征的互补功能非常重要：学生需要知道哪些表征提供了关于一个概念的不同信息（例如，就原子而言，空间填充模型显示了其体积，但路易斯结构不显示）。因此，Chem Tutor 的一些概念性问题会促使学生对表征之间的相似性作出自解释，而其余问题则会促使学生对表征之间的差异作出自解释。最后，Chem Tutor 会根据学生在问题解决中的行为，对学生的迷思概念进行判断，并将其作为目标对象，以提示和错误反馈的形式提供援助。

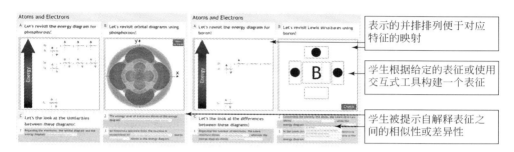

图 4　概念联系问题示例：学生根据给定的表征形式来构建表征，并对表征之间的相似性或差异性进行自解释

6.3.2　对知觉联系能力的支持

前期研究中有一条独立的研究线，聚焦于知觉联系过程（Kellman and Garrigan，2009；Kellman and Massey，2013；Wise et al.，2000）。尽管知觉联系过程对于专业知识而言极其重要（例如，Even，1998；Kozma and Russell，2005；Pape and Tchoshanov，2001；Wu et al.，2001），但 STEM 领域中的教学往往侧重的是概念性过程而非知觉联系过程（Kellman and Garrigan，2009）。也许是源自这种侧重，即便是优等生也往往在知觉流畅性的测试中表现不佳，并且这种不佳表现会贯穿于他们的整个正规教育中（Kellman et al.，2009）。为了解决这个问题，凯尔曼及其同事发起了一项研究计划，旨在将为联系提供支持的、专门针对知觉过程的支点，纳入复杂的 STEM 领域教学中（Kellman and Massey，2013）。此研究的主要假设是，对联系的知觉支持可以显著提高 STEM 领域的教育成果。

为了检验这一假设，凯尔曼及其同事针对各种数学和科学主题开发了干预措施，为其提供知觉支持（Kellman et al.，2008，2009；Wise et al.，2000）。这些干预措施要求学生在一系列短暂的试验中快速对表征进行分类，并同时提供关于分类的正确性反馈。这样的试验旨在让学生接触到，通常以比对案例的形式出现的系统性变化。如此，可以看到相关的特征会连续地出现在数个试验中，而不相关的特征则不然（Massey et al.，2011）。由于知觉支持可以适应并匹配学生的学习节奏，将其整合至教育技术中可能会有奇效。事实上，马西等（Massey et al.，

2011）在对六年级和七年级学生的研究中发现，为达到同样水平的知觉流畅性，学生需要解决的实践性问题在数量上是大相径庭的。

凯尔曼和他的同事进行了一些控制性实验和观察性研究，以调查知觉支持在数个领域里的有效性，包括数学（Kellman et al.，2008，2009；Wise et al.，2000）和化学（Wise et al.，2000）。这些研究结果显示，对联系的知觉支持会导致知觉流畅性持续地大幅增长（Kellman et al.，2008，2009；Wise et al.，2000）。更重要的是，知觉流畅性的提升被发现具有转移性，在学生处理那些未曾在训练中遇到过的案例时，此转移性得以体现（Kellman et al.，2008），并且在某些情况下，知觉流畅性的提升会使学生在解决领域相关问题时，表现得更加优秀（Kellman et al.，2008；Wise et al.，2000）。

本节将在此描述 The Fractions Tutor 和 Chem Tutor 是如何落实对知觉联系的支持的。

1. The Fractions Tutor

The Fractions Tutor 旨在帮助学生更流畅、更有效地进行表征间的转换。与凯尔曼等（Kellman et al.，2009）的知觉学习范式一致，The Fractions Tutor 围绕知觉联系方面进行问题设计，以此为学生提供大量的实践机会来识别相应的表征，学生们在此研究中收到了大量简短的分类问题。图5展示了一个 The Fractions Tutor 中关于等值分数主题的知觉问题范例。学生们将各种表征分类后移至显示等

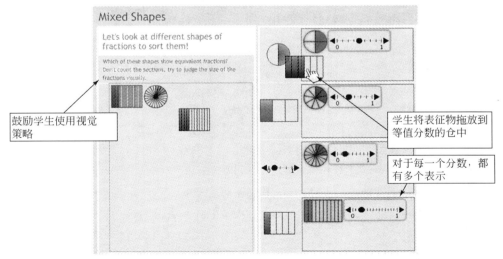

图 5　知觉联系问题范例：学生使用拖放工具将表征分类至显示等值分数的仓内

值分数的仓中。为激发出知觉问题的解决策略，学生们不会获得基于原理的解题指导，仅会获得关于其选择对错的正确性反馈。学生可以提出提示请求，但提示的信息仅是一般的鼓励（例如，"试一试！"）。最后，知觉学习范式强调将学生的注意力引导至与知觉相关的特征上的重要性。因此，知觉问题鼓励学生采用视觉而非概念策略。例如，学生被要求从视觉上判断等价关系，而不是对部分进行计数。为杜绝计数策略，知觉问题中包括有部分因太小而无法计数的表征。

2. Chem Tutor

Chem Tutor 还提供支持学生获得知觉联系能力的问题。Chem Tutor 为学生提供了许多简短的分类问题，如图 6。在给定一个表征（如路易斯结构）的情况下，学生需要从其他四个表征中找出显示同一分子的表征（静电势图）。在每个问题开始之前，学生会看到屏幕上面"快速解决这个问题，不要过度思考"的提示，以鼓励他们依靠知觉线索来解决这个问题。

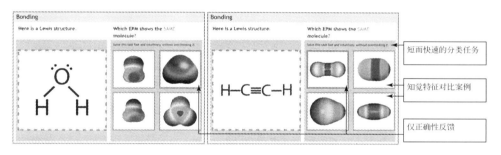

图 6　知觉联系问题范例：学生根据给定表征，在四种备选表征中选出与其显示相同分子的表征

知觉问题的设计基于凯尔曼及其同事的知觉学习范式（Kellman and Garrigan，2009；Kellman and Massey，2013；Massey et al.，2011）。尤其在问题的各选项中，不仅涉及表征中不相关特征的变化情况，也涉及那些传递相关信息（例如，几何学、局部电荷的位置）的知觉特征的对比。每个问题都很简短（即只涉及一个步骤）。学生们会陆续收到数个这样的问题，并且他们只收到正确性反馈。因此，知觉问题的设计是为了帮助学生在反复经历各种问题的基础上，更快速有效地从图形表征中提取相关信息。

6.3.3　支持措施的有效性：概念联系和知觉联系

如前所述，对联系建立的支持措施进行设计主要是基于这样一种假设，即帮助学生获得联系建立能力将有助于他们对领域专业知识的学习。为了验证这一假设，我们对 428 名使用 The Fractions Tutor 的四、五年级学生进行了实验，评估了概念联系和知觉联系的支持措施对学生学习分数知识的有效性（关于该实验的完整报告，见 Rau et al.，2012）。学生来自美国宾夕法尼亚州的 5 所小学。在给定的某学年里，该学区四、五年级学生在宾夕法尼亚州标准化考试中所获得的数学成绩分布如下：0.8%为低于基础水准，4.7%为基础水准，22.4%为熟练水准，72.1%为高级水准。学生们在常规数学教学中，使用 The Fractions Tutor 学习了 10 个小时，这些学习时长分布在连续的几天中。在研究之前，学生们进行了一次预测试，评估他们对分数概念和分数过程的知识储备。在完成 The Fractions Tutor 的任务后，他们进行了同构的后测，并于一周后再次进行同构的延迟后测。学生们被随机分配到不同版本的 The Fractions Tutor 中，各版本分别是：①不涉及联系问题；②只涉及概念联系问题；③只涉及知觉联系问题；④同时涉及概念联系问题和知觉联系问题。除了联系问题外，所有学生均会收到 The Fractions Tutor 的常规问题，其中的每个问题都只涉及一个表征（即圆形图、矩形图或数线）。在控制情境下，没有联系支持措施的学生只需应答 The Fractions Tutor 的常规问题。无论在哪一种情境下，学生们花在 The Fractions Tutor 上的时间都是一样的。结果显示，概念联系的支持措施和知觉联系的支持措施彼此之间存在明显的交互作用（$p < 0.05$），因此同时经历概念联系支持措施和知觉联系支持措施的学生，会展现出最高的学习收益。在分数概念方面，该组学生相对于在前测中的表现，在即时后测中提高了 34%，在延迟后测中提高了 48%。在分数程序方面，相对于前测表现，他们在即时后测中提高了 22%，在延迟后测中提高了 28%。如此，实验结果与假设一致，即概念联系的支持措施和知觉联系的支持措施可以增强学生对领域专业知识的学习。

另外，我们使用 Chem Tutor，对概念联系支持措施和知觉联系支持措施对学生学习化学概念的有效性进行了评估（关于这个实验的完整报告，见 Rau and Wu，2015）。共有 117 名本科生参加了这一在实验室中进行的实验。学生是通过海报和化学导论课程的广告招募而来的。79%的学生是非理科专业，但目前在学习基础化学课程，13.4%的学生是学习基础化学课程的理科生，2.5%在学习高等化学，5%目前未学习化学课程。这些学生在 Chem Tutor 的原子和电子课程单元上，分两次完成了共计 3 个小时的学习，两次学习时间的间隔不超过 3 天。在第一次课程中，学生们首先进行了关于化学概念的前测。然后，他们解答了一半的 Chem Tutor 问题，并进行中测。当他们回来参加第二次课程时，他们完成了剩余的 Chem Tutor 问题，并进行后测。学生被随机分配到不同版本的 Chem Tutor 中，各版本分别是：①不涉及联系问题；②只涉及概念联系问题；③只涉及知觉联系问题；④同时涉及概念联系问题和知觉联系问题。除此之外，所有学生也会收到常规的 Chem Tutor 问题，每个问题只涉及一个表征。在控制情境下，没有联系支持措施的学生只在常规的 Chem Tutor 问题上做任务。

所有学生花费在 Chem Tutor 上的时间是一样的。研究结果与 The Fractions Tutor 的研究是一致的：概念联系支持措施和知觉联系支持措施之间存在着明显的交互作用（$p < 0.05$），因此同时接受概念联系支持措施和知觉联系支持措施的学生所获得的学习收益是最高的。该组学生相对于前测成绩，在后测中的成绩提高了 45%。如此，实验结果与假设相符，即概念联系支持措施和知觉联系支持措施可以提高学生对领域知识的学习。

综上所述，概念联系能力和知觉联系能力的获取可以强化学生对领域知识的学习，上述两个具有不同学生群体（小学生和大学本科生）、不同领域（分数和化学）和不同环境（教室和实验室）的实验为此结论提供了依据。

6.4　这些能力与学生的其他特征之间存在着什么样的关系？

在我们为概念联系能力和知觉联系能力设计适应性支持措施之前，我们需要知道它们是如何相互作用的，这些支持措施的有效性是如何取决于学生的其他特征（如心理旋转能力和先备知识）的。本节将对一些研究这些关系的实验进行总结。

6.4.1　心理旋转能力的作用

众所周知,心理旋转能力可用于预测在 STEM 领域的学习上取得的成功(Uttal et al.，2013；Wai et al.，2009)。当学生在多个图形表征之间建立联系时，心理旋转能力可对学生学习领域知识产生极为重要的影响，因为这项任务要求学生去理解不同图形表征中所描绘的视觉空间关系（Stieff，2007）。将不同图形表征的信息整合到领域知识的心理模型中,需要学生在不同的表征中对相关特征进行映射。为了做到这一点，学生需要在工作记忆中锁定各特征的相对位置，并在心理层面对这些特征进行旋转，以使其相互映射（Hegarty and Waller，2005）。这项任务给心理旋转能力低的学生带来的认知负荷无疑要比心理旋转能力高的学生大得多（Uttal et al.，2013）。

　　因此，心理旋转能力低的学生可能会在这项任务中以失败告终，进而阻碍他们在学习上取得成功（Hegarty and Waller，2005；Stieff，2007；Uttal et al.，2013）。所以，研究学生的心理旋转能力是否会影响到他们从概念联系支持措施和知觉联系知识措施中获益是极其重要的。前文提到的 Chem Tutor 评估实验（Rau and Wu，2015）对此问题进行了研究。在此实验中，学生们在开始使用 Chem Tutor 前，参加了 Vandenberg 和 Kuse 的心理旋转能力测试（Peters et al.，1995）。实验结果显示，概念联系支持措施和心理旋转能力之间没有明显的相互作用（$p > 0.10$）。然而，知觉联系支持措施与心理旋转能力之间的交互作用极其显著（$p < 0.01$）：知觉联系支持措施对心理旋转能力高的学生有效，但对心理旋转能力低的学生无效。

　　图 7 说明了这种交互效应的本质。这一发现表明，知觉联系问题对于心理旋转能力低的学生来说尤为困难。在这些问题中，学生必须迅速找到匹配的表征，而这些表征在空间上并非总是对齐的，所以学生必须在心理上对表征进行旋转以找到相匹配的表征。这项任务对这些心理旋转能力低的学生来说可能更加困难，所以他们极可能无法完成这项任务，也就无法从中受益。

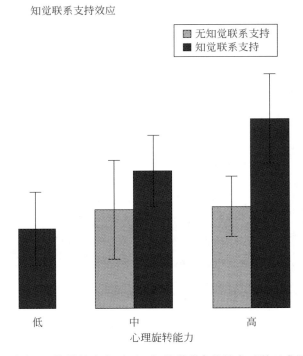

图 7　后测时，不同心理旋转能力水平下，知觉联系支持效应对学习成果的影响（0—33百分位，34—66 百分位，67—100 百分位）。误差线表示平均值的标准误差

6.4.2　先备领域知识的作用

1. The Fractions Tutor 实验

The Fractions Tutor 的实验就概念联系支持措施和知觉联系支持措施，对其有效性是否取决于学生的先备领域知识水平进行了研究。共有 105 名四年级和五年级的学生于连续数天内，在他们的常规数学课程中使用了 The Fractions Tutor。所有学生均来自美国宾夕法尼亚州的 3 所小学。在给定的某学年里，该学区的四、五年级学生在宾夕法尼亚州标准化考试中所取得的数学成绩如下：19%低于基础水准，17.5%为基础水准，32.3%为熟练水准，31.3%为高级水准。所有学生都学习了整个 The Fractions Tutor 课程。他们被随机分配到 4 个情境当中，4 个情境的不同之处在于是否包括概念联系问题和知觉联系问题。任一种情境下，学生都会遇到单表征问题，即他们每次只能使用一个图形表征来解决分数问题，而这些被使用的表征，是我们常常可在普通教科书的问题中看到的。

在控制情境下（概念联系支持措施和知觉联系支持措施都没有），只有不涉及联系支持措施的单表征问题。在有概念无知觉的情境下，会出现单表征问题和概念联系问题。在无概念有知觉的情境下，会出现单表征问题和知觉联系问题。在概念/知觉情境下，会同时出现单表征问题、概念联系问题和知觉联系问题。每个情境下的问题数量是经过选择的，以确保各情境步骤总数的一致——这意味着学生们获得实践的次数也是一致的。在 The Fractions Tutor 课程所涵盖的所有主题中，涉及的单表征问题、概念联系问题和知觉联系问题是彼此交错出现的。

在研究之前，我们对学生进行了前测，以评估他们关于分数的概念性知识和程序性知识。在学生们完成 The Fractions Tutor 的任务后，我们对他们进行了同构的即时后测。一周后，我们再次对他们进行同构的延迟后测。

就分数概念方面，根据研究结果，概念联系支持措施在即时后测（$p<0.05$）和延迟后测（$p<0.05$）中对其有显著影响，但知觉联系支持措施则不然，此外，分数概念的先备知识对分数概念的影响也不显著（$p>0.10$）。就分数程序方面，在即时后测中，无论是概念联系支持措施，还是知觉联系支持措施，对其影响都不显著。在延迟后测中，概念联系支持措施对分数程序具有显著影响（$p<0.05$）。其中的主要效应源于概念联系支持措施与分数程序的先备知识之间显著的交互作用（$p<0.05$），因此，具有较多分数程序先备知识的学生，在概念联系支持措施的帮助下会获益更多。与本实验相反，在前文提到的对 The Fractions Tutor 的评估中（Rau et al.，2012），无论是分数概念还是分数程序的先备知识，都未发现其与

支持措施之间存在着互相影响。样本的不同可能是导致两个实验之间存在这种差异的原因。通过对学生在给定学年的标准化考试成绩进行比较，可以看到，仅对于标准化考试成绩较低的人群而言，概念联系支持措施和先备知识之间才存在着相互影响。此观察结果印证了如下解释：拥有一些初步的先备知识是必要的，如此学生才能从概念联系支持措施中受益。

2. Chem Tutor 实验

使用 Chem Tutor 的实验展示了一个迥异的模式。此实验研究的是，概念联系支持措施和知觉联系支持措施的有效性是否取决于学生的先备领域知识水平。共计 66 名来自《化学导论》课程的理科专业本科生参与了该实验。该研究在学期中期进行。所有学生都学习了 Chem Tutor 的"键"单元。他们被随机分配到 4 个情境中的一个，各情境的不同之处在于是否包括概念联系问题和知觉联系问题。所有情境下的学生都会碰到单表征问题，即学生们每次只能用一个图形表征来解决化学问题——这是教科书中典型的问题解答方式。控制情境（无概念与知觉联系支持措施）需要学生在没有联系支持措施的情况下对单表征问题进行解答。在有概念无知觉情境下，会出现单表征问题和概念联系问题。在无概念有知觉的情境下，会出现单表征问题和知觉联系问题。在概念与知觉情境下，会出现单表征问题、概念联系问题和知觉联系问题。

每个情境下的问题数量都是经过选择的，以确保各情境步骤总数的一致——这意味着学生们获得实践的次数也是一致的。常规问题、概念联系问题和知觉联系问题会在每对表征中交错使用。学生们进行了三次化学知识测试：前测、中测和后测。测试重点为键的概念。测试包含再造与转移题项，以及涉及图形表征的题项与不涉及图形表征的题项。此外，学生们还完成了一项评估他们先备概念联系能力的测试，以及一项评估他们先备知觉联系能力的测试。

此实验涉及两个学时为 90 分钟的课程。学生首先在第一节课中接受前测，然后完成 Chem Tutor 的一半问题；在第一节课结束时接受中测，并在第二节课上完成 Chem Tutor 的剩余问题，最后接受后测。

结果显示，概念联系支持措施（$p > 0.10$）和知觉联系支持措施（$p > 0.10$）没有显著的主效应。概念联系支持措施在中测时与学生的先备化学知识有显著的交互作用（$p < 0.05$），而在后测时有边际显著的交互作用（$p = 0.06$）。图 8 左部分说明了中测交互效应的本质，中测是在学生完成了 Chem Tutor 的键单元前半部分后进行的。在干预开始时，先备化学知识水平低的学生在概念联系支持措施下学得更好，而具有较多化学知识的学生则是在没有概念联系支持措施的情况下学得更

好。图 8 右部分表明，在干预后期，所有学生均在没有概念联系支持措施的情况下学得更好。

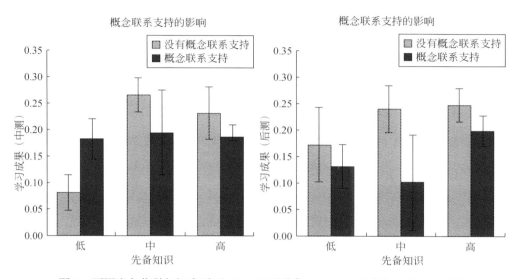

图 8　不同先备化学知识水平下（0—33 百分位，34—66 百分位，67—100 百分位）概念联系支持措施对学习成果的影响［中测（左）和后测（右）］。误差线表示平均值的标准误差

这一发现与前文提到的评估 Chem Tutor 有效性的实验结论形成鲜明对比（Rau and Wu，2015）：在该实验中，概念联系支持措施与学生的先备化学知识没有显著的交互作用。同样，样本不同可能是导致两个实验之间存在这种差异的原因。在评估的实验中，大多数学生都是正在学习《化学导论》课程的非理科专业学生。根据非理科专业课程的教师所述，这些学生之前没有遇到过 Chem Tutor 课程单元中所涉及的内容，而且他们对大部分被使用的图形表征不熟悉。相比之下，在第二个实验中，学生均为理科专业的学生，根据这些学生的授课老师所述，他们对键的基本概念比较熟悉，也见过指定辅导单元中所使用的所有图形表征。因此，我们可以假设，第二次实验中的学生普遍具有更高的先备领域知识水平。这些观察结果表明，对于高水准的学生而言，概念联系支持措施将不再有效。

3. 讨论

很难对 The Fractions Tutor 和 Chem Tutor 的实验进行横向比较。两个实验的样本是不同的：①The Fractions Tutor 的测试对象是小学生；Chem Tutor 的测试对象是本科生，两者在发展水平、学习动机及多样性方面都有所不同——那些在课堂上一起学习的小学生，他们可能在同一数学老师那儿学习多年，他们的同质性毫无疑问要比那些来自各州，且处于第一学期的本科生更强。②两者的领域不同：The Fractions Tutor 涵盖了早期的数学主题；Chem Tutor 涵盖的是高等科学主题。③两者的环境不同：The Fractions Tutor 实验是在学校的教室里进行的；Chem Tutor 实验是在实验室或网上进行的，是家庭作业的一部分。④两者的干预持续时间也不同：The Fractions Tutor 实验需要学生在连续的数个工作日内进行 10 个小时的学习；Chem Tutor 实验要求学生在 3 天内进行 3 个小时的学习。然而，通过比较这些截然不同的人群、主题和环境，我们可以获得一些有趣的结论。在 The Fractions Tutor 和 Chem Tutor 的实验中出现的模式表明：①对于拥有一些基本领域知识的学生而言，概念联系支持措施颇为有效（Rau and Wu，2015；Rau et al.，2012）；②对于已熟练掌握领域知识的学生而言，概念联系支持措施不太有效。

6.4.3　对概念联系支持措施和知觉联系支持措施进行排序的作用

当我们把概念和知觉的联系支持措施结合起来时，我们需要决定这些支持措施的顺序。于是一个问题产生了：一种能力是否能建立在另一种能力之上呢？如果可以的话，那么我们应该对这些能力的支持措施进行相应的排序，并确保在为另一种能力提供支持措施前，学生已经习得了先备的联系能力。

一种观点认为，知觉联系能力会使学生从涉及意义构建的问题中获取更高的收益。如果此言不虚，我们预计，当学生在学会对联系进行概念层面的意义构建之前，便已经可以流畅地进行知觉联系，那么学习效果将会达到最高。那些能够根据知觉特征流畅地建立联系的学生，可能会在随后的学习任务中，受益于认知能力的提高（Kellman et al.，2009；Koedinger et al.，2012），可以投入更多的认知资源以理解联系的概念本质，并对领域相关的概念进行推理。基于这些猜想，那么当学生在解答概念性问题时，为减少认知超载发生的风险，应将知觉联系问题置于概念联系问题之前，因为认知超载是阻碍学习的已知因素（Chandler and Sweller，1991）。此假设得到了一些研究的支持，相关研究显示，已完成知觉联系问题的学生，在随后的领域知识测试中会表现得更好（Kellman et al.，2008，2009）。

另一种观点认为，概念联系能力会增加学生从知觉联系问题中获取的收益。如是，那么对于在第一次学习从概念上来理解联系之前，就已经可以在知觉层面流畅地进行联系的学生而言，他们的学习效果是最好的。对概念联系能力的研究表明，学生在概念层面上建立联系是有困难的，且通常不会自主去建立联系（Ainsworth et al.，2002；Rau et al.，2014a，2014b）。

因此，学生在处理知觉联系问题时，可能无法知晓，是表征的哪些特征对有效信息进行了描述。在没有概念性理解的情况下，学生可能会采用低效的学习策略（例如，试错），这可能阻碍他们从知觉联系问题中获益。事实上，在凯尔曼及其同事的研究中，大部分被试都非新手，而是对领域相关概念有一定先备知识的人（例如，Kellman et al.，2008，2009）。因此，对联系的概念性理解可能会使学生掌握一些知识，在学生对知觉联系问题进行解答时，这些知识将成为他们理解图形表征相关特征的基础。

这一假设与隐藏在许多教育实践指南中的设定是一致的。这些实践指南通常会提供一个"检查清单"，以明确不同年级的学生应学习并掌握的知识是哪些。一般来说，概念性理解是知觉流畅性的先备条件。例如，美国全国数学教师协会（NCTM，2006）希望学生在五年级结束时能对分数表征有概念性理解；在八年级结束时，学生应该具备高效使用分数表征的能力。

1. The Fractions Tutor 实验

The Fractions Tutor 实验对不同顺序的概念与知觉联系支持措施进行了比较。共有 74 名小学生参加了该实验（Rau et al.，2014a，2014b）。学生是通过当地报纸的广告、网上公告栏和在当地学校分发的传单招募的。实验课在实验室中进行，历时 1.5 小时。

实验中有两个不同版本的 The Fractions Tutor，每个学生会被随机分配到其中的一个版本并回答其中的问题。在概念-知觉情境下，学生使用的是先概念后知觉的版本。在知觉-概念情境下，学生使用的是先知觉后概念的版本。学生的学习成果将根据知觉联系测试、概念联系测试和分数知识测试来进行评估。此外，访谈也被用于对学生分数的概念性推理质量进行评估。此外，根据学生们在解答问题时所出现的错误，The Fractions Tutor 会对他们在问题解决方面的表现进行评估。

在学习成果的测量方面，在知觉联系测试中，概念-知觉情境与知觉-概念情境相比优势显著（$p < 0.05$）；而在概念联系测试中，两种情境间不存在显著差异（$p > 0.10$）。在分数知识测试中，概念-知觉情境比知觉-概念情境的更有优势（$p < 0.10$）。对学生访谈数据的分析表明，相比于知觉-概念情境下的学生，概念-知觉情境下的学生有更多关于分数的推理被划分为高质量水准（$p < 0.05$）。

我们根据 The Fractions Tutor 的日志，对学生在问题解决中的表现进行了分析，结果显示，对于知觉联系问题而言，概念-知觉情境下的学生解答错误的情况比知觉-概念情境下的学生更少，此假设是边际显著的（$p < 0.10$），即先接触概念联系问题的学生在知觉联系问题上更不容易出错。相比之下，对于概念联系问题而言，知觉-概念情境下的学生解答错误的情况比概念-知觉情境下的学生更多，

此假设也是边际显著的（$p<0.10$），即先接触概念联系问题的学生在概念联系问题上更容易出错。后续的中介分析显示，学生在解决问题方面的这些差异，稀释了分数知识测试中概念-知觉情境的优势。换句话说，概念-知觉情境下的学生在知觉联系问题上所犯错误更少这一事实，可用于解释为什么他们在分数知识测试中表现得更好。综合上述研究发现，我们可以看到，知觉联系支持措施可以增强学生的概念联系能力，而概念联系能力也可以反过来让学生从知觉联系支持措施中获益更丰，且在促进效果上，后者比前者更为显著。大多数情境间的差异仅为边际显著，这是值得深入研究的一点。然而，同样的差异情况在大量的从属性测量中出现，这一事实增加了"知觉联系能力是建立于概念联系能力之上的"这一解释的可靠性。

2. Chem Tutor 实验

Chem Tutor 实验对阶梯式设计中概念联系支持措施和知觉联系支持措施的排序效果进行了研究。参与实验的本科生是从理科专业的《化学导论》课程中招募来的。该研究持续至学期末，学生们通过网上访问获取所有材料。学生被随机分配到以下 5 个情景中的一个：①无概念与知觉情境；②有概念无知觉情境；③无概念有知觉情境；④概念-知觉情境；⑤知觉-概念情境。学生进行了三次化学知识测试：前测、中测和后测。这些测试的重点是"键"的概念。这些测试包括再造与转移题项，以及涉及图形表征的题项与不涉及图形表征的题项。此外，学生们还完成了一项用于评估他们先备概念联系能力的测试，以及一项评估他们先备知觉联系能力的测试。

结果显示，概念联系支持措施（$p>0.10$）或知觉联系支持措施（$p>0.10$）均不具有显著的主效应。在后测中，概念和知觉联系支持措施的顺序具有显著的影响（$p<0.05$），但从中测（$p<0.05$）和后测（$p<0.01$）来看，这是由顺序与先备的概念联系知识的显著交互作用所造成的。顺序与其他交互作用并不显著（$p>0.10$）。

图 9 说明了顺序与先备概念联系知识之间的相互作用。这些发现表明，哪种措施顺序组合最为有效，是由学生的先备概念联系知识所决定的。对于先备概念联系知识较少的学生而言，只有在先接触概念联系支持措施，再接触知觉联系支持措施时，他们才可从措施组合中受益。在接触顺序调换的情况下，学生们的表现并不会优于控制情境下学生们的表现。

相比之下，对于具有较多概念联系知识的学生而言，只有在先接触知觉联系支持措施再接触概念联系支持措施的情况下，他们才会从支持措施组合中受益。如果学生是先接触概念联系支持措施再接受知觉联系支持措施，那么他们的表现不会优于控制情境下学生们的表现。最后，具有中等概念联系知识水准的学生，在仅有知觉联系支持措施的情境中，收获受益是最多的。

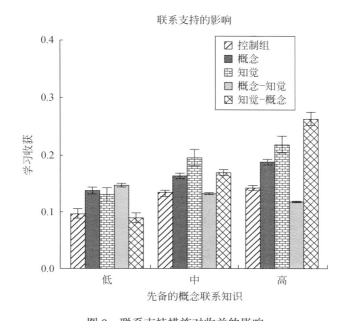

图 9　联系支持措施对收益的影响

注：根据先备的概念联系知识水准进行划分（0—33 百分位，34—66 百分位，67—100 百分位），误差线表示平均值的标准误差。

3. 讨论

尽管将 The Fractions Tutor 和 Chem Tutor 实验放于一处进行比较缺乏足够的严谨性，但从中产生的一些有趣观察结果，却值得在未来的研究中深入探究。与 The Fractions Tutor 实验相反，Chem Tutor 实验表明，概念联系能力和知觉联系能力之间的相互作用是双向且彼此互惠的。然而，两个实验之间存在着一个有趣的相似结论，The Fractions Tutor 实验的"知觉联系能力是建立在概念联系能力之上的"与 Chem Tutor 实验的"知觉联系支持措施的有效性取决于学生是否有先接触概念联系支持措施，或取决于学生是否具有中高等的先备概念联系能力"。

两个实验存在一个重要差异，根据 Chem Tutor 实验结果，对于具有较高先备概念联系能力的学生来说，最为有效的学习是先接触知觉联系问题再接触概念联系问题。如上所述，在不同的样本、主题和环境中，影响因素繁多，针对不同的因素进行分析，可以发现各种不同的结论，因此事后分析是无法得出明确结论的。

从研究结果来看，将概念联系支持措施和知觉联系支持措施进行融合绝非易事，措施的排序决定了融合的有效性，并且，对于不同的学生而言，有效的措施排序也是不尽相同的。

6.5 适应性支持的初步准则和未来研究

根据上文总结的实验，将概念和知觉联系支持措施进行融合可有效提高学生对领域知识的学习。但是，对于不同的组合形式而言，其有效性在一定程度上取决于学生的特点。于是，我们提出了以下初步准则。

准则一：知觉联系支持措施对具有高心理旋转能力的学生最为有效

此准则是根据一个测试心理旋转能力的实验而提出的，为探明心理旋转能力在其他领域，以及其他的学生样本群体中，对学生获取知觉联系能力的作用，更多的研究是不可或缺的。一个合乎情理的推论是，如果教育技术能够根据学生个体的心理旋转能力作出适应性调整，那么其教学效果可能会更加有效，比如，可以在学生解答知觉联系问题之前为其提供心理旋转训练，又或是为学生提供那些在空间表征方面更简单易懂的知觉问题。然而，这些假设仍有待于实证上的检验。

准则二：概念联系支持措施的最有效对象是具备一定先备领域知识但尚未达到精晓水平的学生

研究显示，如果可以根据学生领域知识水平来调整为其提供概念联系支持措施的时间，那么概念联系支持措施可能会是最为有效的。而要探明达到何种领域知识水平时概念联系支持措施才会产生最佳效果，则仍然需要更多的研究来加以佐证。此外，当学生已经具备精晓水平的领域知识时，适应性教育技术应当减少为这些学生提供概念联系支持措施的数量。同样地，探究概念联系支持措施会在何时开始丧失有效性，也有待于我们的研究。

准则三：措施的排序取决于学生的概念联系能力水平

对于概念联系能力低下的学生而言，先概念后知觉的措施排序似乎是有效的。因此，在学生开始学习之前，适应性教育技术应逐步增加知觉联系支持措施的分量，如此，教育技术才可能发挥其效用。在学生的概念联系能力达到中等水平后，只接触知觉联系支持措施将使他们的学习效果达到最佳。也因此，适应性教育技术会在此时，逐步弱化概念联系支持措施。对于具有较高先备概念联系能力的学生而言，先知觉后概念的措施排序将使他们的学习效果达到最佳。于是，适应性教育技术可能会在学生的学习过程中逐步淡出概念联系支持措施，但就现在而言，这应该出现在提供概念联系支持措施之后。

应该如何更好地确定概念和知觉联系支持措施淡入或淡出的适宜时间点，是未来研究重要的探索方向。对此，长期研究或许是一个很好的选择。就本章进行概述的两个实验而言，诸多结论的说服力是不足的。作为两个完完全全的截面性实验，它们对干预开始前学生先备知识水平的影响力进行了研究，没有测试"同样的学生在学习过程中是否会从不同的措施顺序中受益"。

6.6 结 论

本章对上述实验进行的探讨，是对概念与知觉联系能力早期研究的一次拓展，即为消除各研究（截至当前）支线之间的隔阂迈出了关键一步。就目前来看，每个研究都只会就多个能力中的一个来给予关注与探究。从本章所描述的结果可以看到，消除上述隔阂可以使我们受益良多，因为概念与知觉联系能力在 STEM 学习中都发挥着重要作用（Even，1998；Kellman and Massey，2013；Kozma and Russell，2005；Pape and Tchoshanov，2001；Wu et al.，2001）。教育技术的教学人员和设计人员可能倾向于将两种支持措施结合起来使用，这时，便需要准则性指南来帮助他们避免使用错误的结合方式：根据实验结果，在某些情况下，"朴素"的措施组合不仅难以帮助学生，甚至可能导致低于常规教学的学习效果。只有当我们按照准则对学生先备能力的方方面面进行考量，并谨慎地进行措施结合时，我们才可能帮助学生建立联系，并由此大幅提升其在 STEM 领域的学习效果。研究结果表明，措施的结合是不可一蹴而就的。内容与联系方面的先备知识，与措施有效性之间存在着复杂的交互作用，因此需要对这些交互作用的本质进行透视。为理清复杂交互作用背后发挥作用的影响因素，有必要针对不同领域与不同学生群体来进行研究。

上述研究发现中最为重要的一点是，知觉联系能力可为概念联系能力的提升添砖加瓦，或者说至少在干预开始阶段如此，且在不同领域（化学与数学）、群体（本科生与小学生）和教育环境（实验室与教室）中也无外乎是。为学生建立联系提供支持措施意义深远，因为多图形表征普遍存在于各 STEM 领域当中。我们相信，这些发现或将为服务于 STEM 学习的教育技术带来全面的影响。

参 考 文 献

Ainsworth，S.（2006）. Deft: A conceptual framework for considering learning with multiple representations. *Learning and Instruction*，*16*，183-198.

Ainsworth，S.（2008a）. How should we evaluate multimedia learning environments? *Understanding*

Multimedia Documents（pp. 249-265）.

Ainsworth，S.（2008b）. How do animations influence learning? In D. H. Robinson & G. Schraw
（Eds.），*Current perspectives on cognition，learning，and instruction：Recent innovations in
educational technology that facilitate student learning*（pp. 37-67）. Charlotte：Information Age
Publishing.

Ainsworth，S.（2008c）. The educational value of multiple-representations when learning complex
scientific concepts. In J. K. Gilbert，M. Reiner，& A. Nakama（Eds.），*Visualization：Theory
and Practice in Science Education*（pp. 191-208）. Netherlands：Springer.

Ainsworth，S.，Bibby，P.，& Wood，D.（2002）. Examining the effects of different multiple
representational systems in learning primary mathematics. *Journal of the Learning Sciences，11*，
25-61.

Arcavi，A.（2003）. The role of visual representations in the learning of mathematics. *Educational
Studies in Mathematics，52*，215-241.

Berthold，K.，& Renkl，A.（2009）. Instructional aids to support a conceptual understanding of multiple
representations. *Journal of Educational Research，101*（1），70-87.

Berthold，K.，Eysink，T. H. S.，& Renkl，A.（2008）. Assisting self-explanation prompts are more
effective than open prompts when learning with multiple representations. *Instructional Science，
27*，345-363.

Betrancourt，M.（2005）. The animation and interactivity principles in multimedia Learning. In R. E.
Mayer（Ed.），*The Cambridge handbook of multimedia learning*（pp. 287-296）. New York：
Cambridge University Press.

Bodemer，D.，& Faust，U.（2006）. External and mental referencing of multiple representations.
Computers in Human Behavior，22，27-42.

Bodemer，D.，Ploetzner，R.，Feuerlein，I.，& Spada，H.（2004）. The active integration of information
during learning with dynamic and interactive visualisations. *Learning and Instruction，14*，
325-341.

Bodemer，D.，Ploetzner，R.，Bruchmüller，K.，& Häcker，S.（2005）. Supporting learning with
interactive multimedia through active integration of representations. *Instructional Science，33*，
73-95.

Chandler，P.，& Sweller，J.（1991）. Cognitive load theory and the format of instruction. *Cognition
and Instruction，8*，293-332.

Charalambous，C. Y.，& Pitta-Pantazi，D.（2007）. Drawing on a theoretical model to study students'
understandings of fractions. *Educational Studies in Mathematics，64*，293-316.

Chi，M. T. H.，Feltovitch，P. J.，& Glaser，R.（1981）. Categorization and representation of physics problems by experts and novices. *Cognitive Science*，*5*，121-152.

Cook，M.，Wiebe，E. N.，& Carter，G.（2007）. The influence of prior knowledge on viewing and interpreting graphics with macroscopic and molecular representations. *Science Education*，*92*，848-867.

Corbett，A. T.，Koedinger，K.，& Hadley，W. S.（2001）. Cognitive tutors: From the research classroom to all classrooms. In P. S. Goodman（Ed.），*Technology enhanced learning: Opportunities for change*（pp. 235-263）. Mahwah: Lawrence Erlbaum Associates Publishers.

Cramer，K.（2001）. Using models to build an understanding of functions. *Mathematics Teaching in the Middle School*，*6*，310-318.

de Jong，T.，& van Joolingen，W. R.（1998）. Scientific discovery learning with computer simulations of conceptual domains. *Review of Educational Research*，*68*，179-201.

de Jong，T.，Ainsworth，S. E.，Dobson，M.，Van der Meij，J.，Levonen，J.，& Reimann，P.（1998）. Acquiring knowledge in science and mathematics: The use of multiple representations in technology-based learning environments. In M. W. Van Someren，W. Reimers，H. P. A. Boshuizen，& T. de Jong（Eds.），*Learning with Multiple Representations*（pp. 9-41）. Bingley: Emerald Group Publishing Limited.

Dori，Y. J.，& Barak，M.（2001）. Virtual and physical molecular modeling: Fostering model perception and spatial understanding. *Educational Technology & Society*，*4*，61-74.

Dreyfus，H.，& Dreyfus，S. E.（1986）. *Five steps from novice to expert mind over machine: The power of human intuition and expertise in the era of the computer*（pp. 16-51）. New York: The Free Press.

Eilam，B.，& Poyas，Y.（2008）. Learning with multiple representations: Extending multimedia learning beyond the lab. *Learning and Instruction*，*18*，368-378.

Even，R.（1998）. Factors involved in linking representations of functions. *The Journal of Mathamtical Behavior*，*17*，105-121.

Gegenfurtner，A.，Lehtinen，E.，& Säljö，R.（2011）. Expertise differences in the comprehension of visualizations: A meta-analysis of eye-tracking research in professional domains. *Educational Psychology Review*，*23*，523-552.

Gentner，D.（1983）. Structure-mapping: A theoretical framework for analogy. *Cognitive Science*，*7*，155-170.

Gibson，E. J.（1969）. *Principles of perceptual learning and development*. New York: Prentice Hall.

Gibson，E. J.（2000）. Perceptual learning in development: Some basic concepts. *Ecological*

Psychology，*12*，295-302.

Gilbert，J. K.（2008）. Visualization: An emergent field of practice and inquiry in science education. In J. K. Gilbert, M. Reiner, & M. B. Nakhleh（Eds.），*Visualization: Theory and practice in science education*（pp. 3-24）. Dordrecht: Springer.

Gutwill，J. P.，Frederiksen，J. R.，& White，B. Y.（1999）. Making their own connections: Students' understanding of multiple models in basic electricity. *Cognition and Instruction*，*17*，249-282.

Hegarty，M.，& Waller，D. A.（2005）. Individual differences in spatial abilities. In P. Shah & A. Miyake（Eds.），*The Cambridge handbook of visuospatial thinking*（pp. 121-169）. New York: Cambridge University Press.

Holzinger，A.，Kickmeier-Rust，M. D.，& Albert，D.（2008）. Dynamic media in computer science education: Content complexity and learning performance: Is less more? *Educational Technology & Society*，*11*，279-290.

Jones，L. L.，Jordan，K. D.，& Stillings，N. A.（2005）. Molecular visualization in chemistry education: The role of multidisciplinary collaboration. *Chemistry Education Research and Practice*，*6*，136-149.

Kellman，P. J.，& Garrigan，P. B.（2009）. Perceptual learning and human expertise. *Physics of Life Reviews*，*6*，53-84.

Kellman，P. J.，& Massey，C. M.（2013）. Perceptual learning, cognition, and expertise. *The Psychology of Learning and Motivation*，*558*，117-165.

Kellman，P. J.，Massey，C. M.，Roth，Z.，Burke，T.，Zucker，J.，Saw，A.，Wise，J.（2008）.Perceptual learning and the technology of expertise: Studies in fraction learning and algebra. *Pragmatics & Cognition*，*16*，356-405.

Kellman，P. J.，Massey，C. M.，& Son，J. Y.（2009）. Perceptual learning modules in mathematics: Enhancing students' pattern recognition, structure extraction, and fluency. *Topics in Cognitive Science*，*1*，285-305.

Koedinger，K. R.，& Aleven，V.（2007）. Exploring the assistance dilemma in experiments with cognitive tutors. *Educational Psychology Review*，*19*，239-264.

Koedinger，K. R.，& Corbett，A.（2006）. *Cognitive tutors: Technology bringing learning sciences to the classroom*. New York: Cambridge University Press.

Koedinger，K. R.，Corbett，A. T.，& Perfetti，C.（2012）. The knowledge-learning-instruction framework: Bridging the science-practice chasm to enhance robust student learning. *Cognitive Science*，*36*，757-798.

Kordaki，M.（2010）. A drawing and multi-representational computer environment for beginners' learning of programming using C: Design and pilot formative evaluation. *Computers & Education*, *54*, 69-87.

Kozma, R., & Russell, J. (2005). Students becoming chemists: Developing representational competence. In J. Gilbert (Ed.), *Visualization in science education* (pp. 121-145). Dordrecht: Springer.

Kozma, R., Chin, E., Russell, J., & Marx, N. (2000). The roles of representations and tools in the chemistry laboratory and their implications for chemistry learning. *The Journal of the Learning Sciences*, *9*, 105-143.

Larkin, J. H., & Simon, H. A. (1987). Why a diagram is (sometimes) worth ten thousand words. *Cognitive Science: A Multidisciplinary Journal*, *11*, 65-100.

Lewalter, D. (2003). Cognitive strategies for learning from static and dynamic visuals. *Learning and Instruction*, *13*, 177-189.

Linenberger, K. J., & Bretz, S. L. (2012). Generating cognitive dissonance in student interviews through multiple representations. *Chemistry Education Research and Practice*, *13*, 172-178.

Massey, C. M., Kellman, P. J., Roth, Z., & Burke, T. (2011). Perceptual learning and adaptive learning technology-developing new approaches to mathematics learning in the classroom. In N. L. Stein & S. W. Raudenbush (Eds.), *Developmental cognitive science goes to school* (pp. 235-249). New York: Routledge.

Mayer, R. E. (2003). The promise of multimedia learning: Using the same instructional design methods across different media. *Learning and Instruction*, *13*, 125-139.

Moss, J. (2005). Pipes, tubes, and beakers: New approaches to teaching the rational-number system. In J. Brantsford & S. Donovan (Eds.), *How people learn: A targeted report for teachers* (pp. 309-349). Washington, D.C.: National Academy Press.

NCTM. (2000). *Principles and standards for school mathematics*. Reston: National Council of Teachers of Mathematics.

NCTM. (2006). *Curriculum focal points for prekindergarten through grade 8 mathematics: A quest for coherence*. VA: Reston.

Özgün-Koca, S. A. (2008). Ninth grade students studying the movement of fish to learn about linear relationships: The use of video-based analysis software in mathematics classrooms. *The Mathematics Educator*, *18*, 15-25.

Pape, S. J., & Tchoshanov, M. A. (2001). The role of representation(s) in developing mathematical understanding. *Theory into Practice*, *40*, 118-127.

Patel, Y., & Dexter, S. (2014). Using multiple representations to build conceptual understanding in science and mathematics. In M. Searson & M. Ochoa (Eds.), *Proceedings of society for information technology & teacher education international conference 2014* (pp. 1304-1309). Chesapeake: AACE.

Peters, M., Laeng, B., Latham, K., Jackson, M., Zaiyouna, R., & Richardson, C. (1995). A redrawn Vandenberg & Kuse mental rotations test: Different versions and factors that affect performance. *Brain and Cognition*, *28*, 39-58.

Rau, M. A., & Evenstone, A. L. (2014). Multi-methods approach for domain-specific grounding: An ITS for connection making in chemistry. In S. Trausan-Matu, K. E. Boyer, M. Crosby & K. Panourgia (Eds.), *Proceedings of the 12th International conference on intelligent tutoring systems* (pp. 426-435). Berlin/Heidelberg: Springer.

Rau, M. A., & Wu, S. P. W. (2015). ITS support for conceptual and perceptual processes in learning with multiple graphical representations. In C. Conati, N. Heffernan, A. Mitrovic, & M. F. Verdejo (Eds.), *Artificial intelligence in education* (pp. 398-407). Switzerland: Springer International Publishing.

Rau, M. A., Aleven, V., Rummel, N., & Rohrbach, S. (2012). Sense making alone doesn't do it: Fluency matters too! Its support for robust learning with multiple representations. In S. Cerri, W. Clancey, G. Papadourakis, & K. Panourgia (Eds.), *Intelligent tutoring systems* (pp. 174-184). Berlin: Springer.

Rau, M. A., Aleven, V., Rummel, N., & Rohrbach, S. (2013). Why interactive learning environments can have it all: Resolving design conflicts between conflicting goals. In *Proceedings of the SIGCHI 2013 ACM conference on human factors in computing systems* (pp. 109-118). New York: ACM.

Rau, M. A., Aleven, V., & Rummel, N. (2014a). Sequencing sense-making and fluency-building support for connection making between multiple graphical representations. In J. L. Polman, E. A. Kyza, D. K. O'Neill, I. Tabak, W. R. Penuel, A. S. Jurow, K. O'Connor, T. Lee, & L. D'Amico (Eds.), *Learning and becoming in practice: The international conference of the learning sciences (ICLS 2014)* (pp. 977-981). Boulder: International Society of the Learning Sciences.

Rau, M. A., Aleven, V., Rummel, N., & Pardos, Z. (2014b). How should intelligent tutoring systems sequence multiple graphical representations of fractions? A multi-methods study. *International Journal of Artificial Intelligence in Education*, *24*, 125-161.

Rau, M. A., Michaelis, J. E., & Fay, N. (2015). Connection making between multiple graphical representations: A multi-methods approach for domain-specific grounding of an intelligent tutoring system for chemistry. *Computers and Education*, *82*, 460-485.

Richman, H. B., Gobet, F., Staszewski, J. J., & Simon, H. A. (1996). Perceptual and memory processes in the acquisition of expert performance：The epam model. In K. A. Ericsson（Ed.），*The road to excellence? The acquisition of expert performance in the arts and sciences，sports and games*（pp. 167-187）. Mahwah：Erlbaum Associatees.

Schnotz，W.（2005）. An integrated model of text and picture comprehension. In R. E. Mayer（Ed.），*The Cambridge handbook of multimedia learning*（pp. 49-69）. New York：Cambridge University Press.

Schnotz，W.，& Bannert，M.（2003）. Construction and interference in learning from multiple representation. *Learning and Instruction，13*，141-156.

Schwonke，R.，Renkl，A.，Salden，R.，& Aleven，V.（2011）. Effects of different ratios of worked solution steps and problem solving opportunities on cognitive load and learning outcomes. *Computers in Human Behavior，27*，58-62.

Seufert，T.（2003）. Supporting coherence formation in learning from multiple representations. *Learning and Instruction，13*，227-237.

Seufert，T.，& Brünken，R.（2006）. Cognitive load and the format of instructional aids for coherence formation. *Applied Cognitive Psychology，20*，321-331.

Siegler，R. S.，Carpenter，T.，Fennell，F.，Geary，D.，Lewis，J.，Okamoto，Y.，. . . Wray，J.（2010）. *Developing effective fractions instruction：A practice guide*. Washington，D.C.：National Center for Education Evaluation and Regional Assistance，Institute of Education Sciences，U.S. Department of Education.

Stern，E.，Aprea，C.，& Ebner，H. G.（2003）. Improving cross-content transfer in text processing by means of active graphical representation. *Learning and Instruction，13*，191-203.

Stieff，M.（2007）. Mental rotation and diagrammatic reasoning in science. *Learning and Instruction，17*，219-234.

Taber，S. B.（2001）. Making connections among different representations：The case of multiplication of fractions. Paper presented at the Annual meeting of the American Educational Research Association（Seattle，WA，April 10-14，2001）.

Talanquer，V.（2013）. Chemistry education：Ten facets to shape us. *Journal for Research in Mathematics Education，90*，832-838.

Uttal，D. H.，Meadow，N. G.，Tipton，E.，Hand，L. L.，Alden，A. R.，Warren，C.，& Newcombe，N. S.（2013）. The malleability of spatial skills：A meta-analysis of training studies. *Psychological Bulletin，139*，352-402.

Van der Meij，J.，& de Jong，T.（2006）. Supporting students' learning with multiple representations in a dynamic simulation-based learning environment. *Learning and Instruction，16*，199-212.

Van der Meij, J., & de Jong, T.（2011）. The effects of directive self-explanation prompts to support active processing of multiple representations in a simulation-based learning environment. *Journal of Computer Assisted Learning*, *27*, 411-423.

Van Labeke, N., & Ainsworth, S. E.（2002）. Representational decisions when learning population dynamics with an instructional simulation. In S. A. Cerri, G. Gouardères & F. Paraguacu（Eds.）, *Proceedings of the 6th international conference intelligent tutoring systems*（pp. 831-840）: Springer Verlag.

Van Someren, M. W., Boshuizen, H. P. A., & de Jong, T.（1998）. Multiple representations in human reasoning. In M. W. Van Someren, H. P. A. Boshuizen, & T. de Jong（Eds.）, *Learning with multiple representations*（pp. 1-9）. Pergamon: Oxford.

VanLehn, K.（2011）. The relative effectiveness of human tutoring, intelligent tutoring systems and other tutoring systems. *Educational Psychologist*, *46*, 197-221.

Vreman-de Olde, C., & de Jong, T.（2007）. Scaffolding learners in designing investigation assignments for a computer simulation. *Journal of Computer Assisted Learning*, *22*, 63-73.

Wai, J., Lubinski, D., & Benbow, C. P.（2009）. Spatial ability for stem domains: Aligning over 50 years of cumulative psychological knowledge solidifies its importance. *Journal of Educational Psychology*, *101*, 817-835.

Wise, J. A., Kubose, T., Chang, N., Russell, A., & Kellman, P. J.（2000）. Perceptual learning modules in mathematics and science instruction. In P. Hoffman & D. Lemke（Eds.）, *Teaching and learning in a network world*（pp. 169-176）. Amsterdam: IOS Press.

Wu, H. K., & Shah, P.（2004）. Exploring visuospatial thinking in chemistry learning. *Science Education*, *88*（3）, 465-492.

Wu, H. K., Krajcik, J. S., & Soloway, E.（2001）. Promoting understanding of chemical representations: Students' use of a visualization tool in the classroom. *Journal of Research in Science Teaching*, *38*, 821-842.

Zhang, J.（1997）. The nature of external representations in problem solving. *Cognitive Science*, *21*, 179-217.

Zhang, J., & Norman, D. A.（1994）. Representations in distributed cognitive tasks. *Cognitive Science: A Multidisciplinary Journal*, *18*, 87-122.

7 将表征作为教学工具来教授系统思维

塔米·李（Tammy Lee）　　盖尔·琼斯（Gail Jones）

7.1 表征能力与系统思维

科学教育的一个主要目标是培养有科学素养的公民，让他们不仅能够在公众讨论中发挥作用，也可以参与至复杂科学议题的决策过程当中。人类社会的不断进步，使得科学在其中的作用日益增长。在科学各方面的议题之中，系统复杂性和科学中系统思维的发展位列其中。随着人类科学知识的增长，人类对于复杂系统的认知愈发迫切，包括复杂系统中的现象（通常是动态的）及各现象之间的相互关联性（Hmelo-Silver and Pfeffer，2004）。

如果一个人能够科学地进行阅读与书写，并使用科学语言进行交流，则他是具备科学素养的（Krajcik and Sutherland，2010；Norris and Phillips，2003；Yore et al.，2007）。然而，科学是多模态的，其信息传递不仅仅只流于口头语言或书面文字，而是需要使用到各种各样的表征（如图形、图表、符号、公式和画报）。因此，如果学生想从概念层面来理解科学，就必须对各种科学表征进行解释、建构、转换和评价（Kress et al.，2001；Lemke，2004；Yore and Hand，2010）。这些技能对于个人表征能力的提升大有裨益（Kozma et al.，2000；Kozma and Russell，1997，2005），促使其成为一个具备科学素养的人。在 K-12 课堂上教授和学习科学会涉及各类外部表征的使用（Ainsworth，2006；Kress et al.，2001；Lemke，2004；Yore and Hand，2010）。培养学生使用表征并以其进行说理的能力，对于他们学习科学和提升表征能力是至关重要的。对科学中的系统进行学习，必然涉及多元表征的使用，这是由系统在尺度、隐性维度、交互作用（系统成分与过程间关系的交互作用）等方面的高度复杂性所决定的。在课堂上对系统的教学与对系统思维的培养，均依赖于教师对有效表征的选择、阐释、解释和使用。本章探讨了表征能力在培养系统思维中的重要性，并就应如何在复杂系统教学中通俗易懂地使用表征提出了建议。

7.2 对系统思维的呼吁

在许多领域中，系统思维都被认为是至关重要的存在，如社会科学（如 Senge，1990）、医学（如 Faughman and Elson，1998）、心理学（如 Emery，1992）、课程开发（如 Ben-Zvi Assaraf and Orion，2004）、决策（如 Graczyk，1993）、项目管理（如 Lewis，1998）、工程（如 Fordyce，1988）和数学（如 Ossimitz，2000）。系统思维的应用能力是提升对复杂系统（如生态系统、月相或能量转移等）中成分和关系认知的基础（Evagorou et al.，2009）。这些领域中的研究显示，个人充分理解复杂系统概念的必要前提是具备科学领域（即物理学或生物学）的相关知识与高阶思维能力（Frank，2000）。此外，研究还表明，系统思维的发展与对科学的概念性理解之间存在着关联性（Grotzer and Bell-Basca，2003a）。戈德斯通和威伦斯基（Goldstone and Wilensky，2008）认为，对系统的学习可以促进跨科学领域的跨学科探究。尽管已有越来越多的人认识到，所有的科学领域都需要系统思维来进行批判性的科学推理，但是关于教师和学生应如何在科学教育背景下发展系统思维的研究却极其有限（Kali et al.，2003）。

在过去的 10 年里，科学教育研究者不仅开始认识到了学生学习复杂系统的能力的重要性，也认识到了那些被用于教授复杂系统的教学方法和工具的重要作用。系统思维是本章研究的重要内容，它与技术系统（Frank，2000；Sabelli，2006）、社会系统（如 Booth Sweeney，2000；Booth Sweeney and Sterman，2007；Kim，1999a，1999b；Mandinach，1989；Steed，1992；Ullmer，1986）、生物系统（如 Verhoeff et al.，2008）及自然系统（例如，Ben-Zvi Assaraf and Orion，2005；Hmelo-Silver et al.，2007；Hmelo-Silver and Pfeffer，2004；Ossimitz，2000；Wilensky and Resnick，1999）均存在密切联系。

7.3 技 术 进 步

对科学家或工程师而言，对系统如何工作进行研究已非什么新鲜事物；但随着技术的进步和建模的使用，我们对科学和科学中系统的看法已经发生了变化。建模工具的进步使我们能够更仔细地观察系统，并对系统的行为进行更精确的预测和推断。这些关于自然现象的优秀模型以数学和计算推理为坚实基础，拓展了我们的知识，提升了我们对自然系统的理解能力，如气候变化（NRC，2007）。现代科学中的这些变化促进了关于自然现象的统计模型的广泛使用，以实现复杂系统的可视化（Klahr and Simon，1999）。在历史上，科学家依赖于直接的因果模型；而随着人们对科技建模理解的不断加深，科学家可以对系统模型进行比较，以考察系统在各种情景下的互动情况与行为变化（NRC，2007）。技术进步为我们提供了多角度的跨学科信息，促进了系统行为预测的精确性，提高了决策水平。总之，技术的爆炸性增长与模型的普及，使得教师可以在科学教学中以全新的方式来使用这些工具。

7.4　改革的呼吁：像科学标准所描述的那般，使用表征来教授系统思维

1996 年，美国的《国家科学教育标准》（*National Science Education Standards*，NSES）对系统的基本组成部分进行了介绍，美国的《下一代科学标准》（*Next Generation of Science Standards*，NGSS）为下一代科学教育工作者详细阐述了系统的基本面。

> 自然世界和人工世界一样，是复杂的；它太庞大、太复杂，其研究与理解不可一蹴而就。为了研究的方便，科学家和学生学会了对微小部分进行定义：研究的单位称为"系统"。一个系统是相关实体或构成要素的有机组合，整体由此形成。例如，系统可以由生物体、机器、基本粒子、星系、思想和数字组成。系统有边界、组分、资源、流向和反馈（NRC，2012，pp. 91-92）。

系统和系统建模被 K-12 科学教育框架（NRC，2012）和 NGSS 列为 7 个跨学科概念之一，这些跨学科概念为学生深层次理解科学中的学科核心概念提供了必要的工具。K-12 科学教育框架和 NGSS 中确定的 7 个跨学科概念包括：①模式；②因果关系；③尺度、比例和数量；④系统和系统模型；⑤能量和物质——流向、循环和储存；⑥结构和功能；⑦稳定和变化。每个跨学科概念对于研究和理解自然系统或人工系统都是必不可少的，因此，这些概念的应用有助于培养系统思考者。每个跨学科概念的描述都明确说明了如何使用跨学科概念来识别系统的组分、组分间的相互作用，以及基于组分间相互作用的整体性系统行为（NRC，2007）。

跨学科概念为学生提供了一个与森奇（Senge，1990）描述的系统思维"框架"极其相似的组织框架（NRC，2012），此框架可以帮助学生将各学科知识联系起来，形成连贯的、有科学依据的世界观。该组织框架指出，这些跨学科概念在传统上是内化于自然中的，因此可以将这些跨学科概念本身作为一个维度。组织框架的

开发者将跨学科概念纳入各个年级的预期表现当中，以确保各科学领域中的教学是明确的。这些概念还对跨学科背景进行了说明，以帮助学生在科学和工程领域，形成具有累积性、逻辑性和可使用性的理解（NRC，2012）。当教师为实现预期教学目的而使用跨学科概念时，系统思维方法将自然而然成为其教学的一部分。

视觉表征是初期建模的重要部分。开发和使用模型的实践是 8 个基本科学和工程实践之一，而系统和系统模型则是 NGSS 的 7 个跨学科概念之一（NGSS Lead States，2013）。科学家和工程师都会使用包括草图、图表、数学关系、模拟和物理模型在内的模型来研究系统。这些模型被用来探索系统内部行为，并对行为及系统内各构成要素间的关系进行预测。科学家和工程师使用数据来评估关系，以确定是否应对模型进行修改（NRC，2012）。在科学和工程领域，使用模型和表征来研究系统是至关重要的。

7.5　培养系统思维和表征能力

尽管科学教育工作者越来越强调系统思维，但探讨学生如何学习复杂系统的研究相对较少；在大多数科学课程的课堂教学中，似乎也难以看到复杂系统的身影（Jacobson and Wilensky，2006）。在关于系统思维能力培养的有限研究中，研究聚焦在不同年龄段的学生身上，包括小学生（Ben-Zvi Assaraf and Orion，2010）、初中生、高中生（Penner，2000；Frank，2000；Ben-Zvi Assaraf and Orion，2005；Booth Sweeney and Sterman，2007）和大学生（Booth Sweeney and Sterman，2007）。这些研究表明，培养系统思维的方法包括让学生去审查、评估和发明，所有这些方法均会使用到高阶思维能力（Frank，2000）。雷斯尼克（Resnick，1987）将高阶思维的特点界定为：复杂的、能够产生多种解决方案的、涉及判断力水平和不确定性的、可自我调节的、可在表面的无序中找到结构的，以及富有成效的。这些技能与系统模型建立、模型分析和模型集成所涉及的心理活动是相类似的（Ben-Zvi Assaraf and Orion，2010；Frank，2000）。

一些研究者认为，系统思维能力包括以下认知能力：①以动态过程视角进行思考（如延迟、反馈回路、振荡）；②理解随着时间的推移，系统行为是如何由各构成要素之间进行交互作用而产生的（如动态复杂性）；③发现并表征所观察到的、作为系统行为模式基础的反馈过程；④识别非线性；⑤具有科学思维，包括能够量化关系、提出拟检验的假设和模型（Booth Sweeney，2000；Draper，1993；Frank，2000；Ossimitz，2000）。奥西米茨（Ossimitz，2000）将系统思维能力描述为有 4 个核心维度：①网络思维（如在反馈环路中思考）；②动态思维（如解释时滞）；③模型思维（如明确理解建模）；④系统兼容行动（如理解系统的变化）。奥西米茨解释说，模型思维不仅包括对模型的选择，而且包括通过建立模型来解释和说明系统的能力。系统兼容行动是指理解系统是易于变化的，并会因此影响到系统的其他部分或要素。表征能力是系统思维的关键技能之一。

尼茨等（Nitz et al.，2014）将表征能力定义为解释、构建、转译和评估模型的关键。事实上，所有关于系统思维能力的定义都将模型思维能力囊括其中，有些定义认为模型思维能力是了解如何解释并构建模型；有些定义认为模型思维能力是理解如何使用模型来量化关系，并对系统假设进行检验。表征能力、建模和系统思维是相互交织的技能，彼此间存在相互的影响。

系统思维和表征能力与学生在特定研究领域中的概念性理解密切相关（Kozma and Russell，1997；Stieff，2011）。科兹马和拉塞尔（Kozma and Russell，2005）提出了 5 个层次的表征能力，从入门级水准的使用符号、语法进行基于表面的表征，到语义级水准的使用表征，再到专家级水准的使用表征进行反思和修辞。这些表征能力的发展水平并不具有阶段性或统一性的特点，而是依赖于学生在课堂中出现的时长（时机）与能力被使用的情况。当教学能够在物理、符号和社会的情景下使表征内化和一体化，那么表征能力便可得以提升（Kozma and Russell，2005）。

高阶思维能力是系统思维的一部分，但就掌握系统思维所需的年龄和认知能力而言，目前仍未形成共识。有证据表明，即使是受过高等教育、具有广泛数学和科学背景的成年人，其系统思维能力水平也可能很低下（例如，Booth Sweeney and Sterman，2007；Dorner，1980）。布思·斯威尼（Booth Sweeney，2000）在其研究中，使用系统思维清单对关于概念的知识进行了评估，如反馈、延迟、库存和流向关系、时间延迟。研究中的被试为麻省理工学院商学院的学生，他们在参与实验前尚未接触过系统动力学的概念。研究结果显示，即使是受过科学教育的学生，对诸如库存和流向关系、时间延迟和物质守恒等概念的理解水平也很低下。包括希伊等（Sheehy et al.，2000）在内的其他研究者，都曾错误地假定学生在青春期之前无法达到适当的系统思维复杂性水平。

但此观点被希伊等（Sheehy et al.，2000）的一项研究所证伪，在此研究中，希伊等使用最少语言输入法，对小学生在某环境情景下表现出的对系统思维的理解程度进行了调查。结果显示，即使是小学生也会使用一些系统思维的技能。虽然对小学生系统思维能力发展进行调查的研究数量有限（Ben-Zvi Assaraf and Orion，2010），但福里斯特（Forrester，2007）仍坚持认为，尽早培养小学生这些能力是有必要的，因为此时的他们思想开放，充满好奇心，且没有以单向的因果关系来看待世界的习惯。对各年龄段的学生而言，对其系统思维能力和知识水平的测量仍停留在起步阶段。目前还不清楚教师应如何去拓展他们教授系统思维所需的教学内容知识。此外，教师又应如何使用表征来教授科学内在的系统复杂性呢？在接下来的章节中，我们将围绕各研究人员对系统思维能力作出的测量与评估展开讨论。其中系统思维能力包括表征，评估方法包括：调查工具、访谈、学生的绘画、概念图、词汇关联，以及测量与系统思维相关的特定技能的专门测试。

7.6 用表征能力来测量系统思维能力

研究人员常常通过表征来测量中小学年龄段学生的系统思维能力发展水平，如学生的绘画、概念图、图表和学生重构的图表等（Ben-Zvi Assaraf and Orion，2005，2010；Kali et al.，2003）。2010 年，本-兹维·阿萨拉夫（Ben-Zvi Assaraf）和奥赖恩（Orion）用两种类型的学生绘画，来评估小学生对水循环中各组分之间相互关系的理解情况。首先是学生们需要画出"自然界的水……？它们发生什么了"，然后，研究人员对教学前后的学生绘画进行评估，以判断其是否体现出了系统思维，判断依据包括：①过程的呈现情况；②各种地球系统的呈现情况；③人类消费或污染的呈现情况；④对循环方面的认知情况（是否有通过对各元素进行连接来加以阐明）。在教学之前，学生的绘画中仅有水循环中大气方面的要素的呈现（即蒸发、凝结和降水），而未涉及地下水。教学之后，渗透和地下水流出现在了学生的绘画中，这表明学生对于地下水流动过程的认识有所提高。结合绘画与访谈，可以看到学生对水循环子系统中各元素之间的关系有了更深刻的认知。

本-兹维·阿萨拉夫和奥赖恩（Ben-Zvi Assaraf and Orion，2010）使用生态学系统清单（Ecology System Inventory，ESI）就小学生在户外教学后对水圈系统隐性维度的认知情况进行了评估（例如，那些发生于地表之下的过程）。ESI 向学生展示了一个生态系统的图像，要求他们识别出水圈中的要素、关系和隐性维度，并通过在 ESI 上绘画来表征系统中的这些要素。研究结果显示，用 ESI 对系统知识的变化情况进行测量是有效的。

长期以来，概念图都是用于审查学习者如何重组知识的强力研究工具（Martin et al.，2000；Mason，1992；Novak and Gowin，1984；Roth，1994）。尤值一提的是，人们已经开始使用概念图来评估系统思维能力的发展情况。本-兹维·阿萨拉夫和奥赖恩（Ben-Zvi Assaraf and Orion，2005）通过在教学前后使用概念图，发现了中学生的如下技能有所提升：①识别系统要素和过程（即概念的数量）；②知晓地球系统的全貌；③识别系统内的动态关系（即联系的数量）；④识别人类各方面的全貌；⑤识别关于水循环的周期性认知全貌；⑥识别组织要素并将其置于关系的框架当中。概念图本身便是一种表征形式，可用于评估系统思维能力的发展情况。

凯莉等（Kali et al.，2003）使用重构的图表来测量学生关于复杂系统（包括岩石循环）中地球物质运输动态循环关系的知识储备。学生们在教室里参与了一个探究式实验室项目，在该项目中，学生们对河流中卵石的运输效果进行了建模，运输效果由卵石的形状和大小决定。作为后续活动，学生们用一张图来假定当地河流中各种卵石的运输情况。在实地体验的过程中，学生们对河流分叉点进行审查，以验证他们提出的岩石运动假说。学生们在重构的图表上使用箭头来展示他们对地球物质运动方向的认识。通过对后测中的重构图标进行评估，可以看到学生对于物质运输的顺序和过程的理解有所提高。

这些示例阐述了如何将表征能力应用于系统思维能力的测量。例如，学生在使用表征来描述科学概念时，可以使用插图，也可以在概念图上添加更多的文字和链接。从与学生的访谈结果来看，在学生们对其绘图中所涉及的隐性维度进行说明时，他们是有能力对所绘图画，以及表征与意图的适配性作出说明的。在上述示例中，学生们对表征进行构建与修改，以反映他们对系统思维的认识。科兹马和拉塞尔（Kozma and Russell，2005）指出，有两个具体技能可以反映表征能力：①能够使用表征来识别、描述和解释科学概念；②能够使用表征来支持主张与作出推论。这些研究不仅对研究者是如何使用表征来评估系统思维发展水平的进行了阐述，也展示了研究者是如何通过使用表征来促进表征能力水平提升的。

7.7　评估系统思维的理论模型

对过程进行定义和建模是教授和评估系统思维的首要挑战。在学习复杂系统相关知识时，可以使用本-兹维·阿萨拉夫和奥赖恩（Ben-Zvi Assaraf and Orion，2005）开发的"系统思维分层模型"（Systems Thinking Hierarchical Model，STH模型）来培养系统思维。已有数个研究使用此模型对学生的系统思维发展水平进行了评估。该模型利用 8 个特征，在水循环的情境中开发出了一个分层的系统思维结构。这 8 个特征被归为四个等次。第一等次包括：识别系统要素和过程的能力；第二等次包括：识别独立要素之间关系的能力和识别系统要素之间动态关系的能力；第三等次包括：理解系统循环本质的能力，组织要素并将其置于关系网中的能力，以及作出概括的能力；第四等次包括：理解系统隐性要素和系统随时间的演变（即预测和回溯）的能力。教学结构可以按此等次来进行构建，而每一等次都是培养更高等次系统思维的基础。本-兹维·阿萨拉夫和奥赖恩（Ben-Zvi Assaraf and Orion，2005）认为，这些等次在系统思维的发展中是具有层次性的。他们指出，无论是小学生，还是初中生和高中生，都只有在完成了初级等次的学习之后，才能在更高等次上有所建树。

本-兹维·阿萨拉夫和奥赖恩（Ben-Zvi Assaraf and Orion，2005）的研究结果引出了一个值得研究的问题，即系统思维是否存在发展阶段。例如，布思·斯威尼和斯特曼（Booth Sweeney and Sterman，2007）声称，在被问及"接下来会发生什么"这样的问题时，可以从初中生们的回答中看到他们对物体之间相互作用的准确理解。更重要的是，他们知晓了一个要素是如何影响另一个要素的，以及这些要素之间的相互关系是如何维持整个系统的。布思·斯威尼和斯特曼（Booth Sweeney and Sterman，2007）通过研究指出，系统思维的发展可能并不是循序渐进的。

结构-行为-功能（structure-behavior-function，SBF）框架是一个用于学习生物系统的模型（Hmelo et al.，2000；Hmelo-Silver and Pfeffer，2004），用于研究学生、成年人和专家是如何理解复杂生物系统的，如盐沼和人体呼吸系统。对于理解生物情境中的复杂系统而言，结构和功能之间的因果关系是至关重要的，这也是 SBF 知识表征框架的关注重点。事实上，SBF 框架不仅被用来描述系统的结构和功能，也被用于阐明系统的结构和功能是如何通过行动（即行为）联系起来的。此外，SBF 表征框架还提供了一种分析不同层次的结构、行为和功能在整个系统中如何相互作用的方法。

根据系统思维相关文献中提及的能力，伊瓦格鲁等（Evagorou et al.，2009）组合开发了 7 项能力来调查 11 至 12 岁孩子的系统思维能力发展情况，调查的情境是让这些孩子们通过计算机模拟游戏来学习盐沼的相关知识（Ben-Zvi Assaraf and Orion，2005；Essex Report，2001；Hmelo-Silver and Pfeffer，2004；Sheehy et al.，2000）。研究结果显示，有半数的学生能够展示 7 项能力中的 3 项，这些能力与系统元素识别、系统空间边界识别、模拟中出现的模式形成因素的识别有关。根据后测结果，学生们已经可以成功地识别出系统的元素，但仍无法识别出盐沼的子系统。尽管子系统仅是系统结构的一部分，但事实是，它比识别孤立的元素要更加困难，其中的主要原因，是学生们无法理解系统中各连接部分之间的关系。这一发现不仅支持了本-兹维·阿萨拉夫和奥赖恩（Ben-Zvi Assaraf and Orion，2005）提出的"思维能力是分层次的"的主张，也让人意识到，关系的理解是一种位于系统元素识别之上的高阶能力。

此外，在伊瓦格鲁等（Evagorou et al.，2009）的这一研究中，学生们对时空边界的认知有所进步，表现出了一定的复杂系统思维，他们甚至能够推断出变化对系统的影响。对于那些认为有多种技能年轻学生无法企及的研究而言（Ben-Zvi Assaraf and Orion，2005），伊瓦格鲁等（Evagorou et al.，2009）的研究结果与之形成了鲜明的对比。伊瓦格鲁等（Evagorou et al.，2009）的研究指出，模拟式学习环境可以让学生有效地达到更高层次的能力，如预测对系统内远距离元素的影响，或从变化的后果推断其因（Grotzer and Bell-Basca，2003b）。包括此研究在内的诸多研究皆表明，即使是在幼年时期，适宜的学习环境也可以促进复杂系统思维的发展，这也对系统思维能力的层级结构提出了质疑（Hmelo-Silver and Pfeffer，2004）。尽管就小学生系统思维发展的研究而言，其数量是有限的，但它们已经表明，只要教师在课堂上能够给予系统思维一定的关注，并且教学工具使用得当，那么小学生也是可以培养出系统思维能力的，甚至是培养出一些更为复杂的能力（Evagorou et al.，2009；Hmelo-Silver and Pfeffer，2004；Grotzer and Bell-Basca，2003b）。

7.8　一些建议：如何在课堂上使用表征能力 来培养系统思维

在关于科学的学习环境设计中，人们常常会忽视对系统思维能力的落实（Golan and Reiser，2004）。艾肯黑德（Aikenhead，2006）认为，造成这种忽视是因为教学所强调的往往是科学内容的事实和原理，而不是那些与科学社会人文主义视角相关的技能和思维。在大多数正规的科学教育环境中，教学关注的是那些已经发生的事件，而不是让学生去学习过程是如何随时间产生的。或是仅关注部分过程和孤立过程，而没有去系统地对关系进行阐明（Hannon and Ruth，2000）。在许多情况下，学生们无所依靠，只能自己去探求相互关系中的关联点，并对相互关系进行理解（即建立在学生的经验和知识之上）；学生们会发现，系统地进行思考是极其困难的（Hmelo-Silver and Azevedo，2006）。从研究现状来看，目前仅有少数研究对系统思维培养的适宜学习策略进行了探究。本章就设计和落实使用表征能力进行教学的策略，提供了一些研究凭据，这些策略被证明在学习科学的课堂上是有效的。

在学习科学的课堂上，那些使用表征来培养系统思维的教学策略可谓星罗棋布、种类繁多，从小学至高中，皆无外乎是（Ben-Zvi Assaraf and Orion，2005，2010；Kali et al.，2003；Evagorou et al.，2009；Riess and Mischo，2010；Verhoeff et al.，2008；Liu and HmeloSilver，2009），这些策略包括：计算机建模（如模拟

和超媒体）、真实的科学情境问题、多元视觉表征（如照片、图表、概念图和学生绘画）、实践体验（如室内和室外的探究式实验室）和知识整合活动（如使用表征）。

那些有表征模式（如模拟、超媒体、建模）可供选择的、基于计算机的学习环境，已被使用在主题式的学习当中，并切实地提高了学生的系统思维水平。这些学习主题包括盐沼的生态系统（Evagorou et al.，2009）、森林生态系统（Riess and Mischo，2010）、细胞生物学（Verhoeff et al.，2008）和人类呼吸系统（Liu and Hmelo-Silver，2009）。这些研究将真实的科学情境、学生搭建支架、多元表征和学生反思等教学要素进行结合性实施，显著地促进了系统思维水平的发展。这种教学要素的结合被视为可促进系统思维和表征能力发展的有效课堂策略，本章将在下文对其进行简要的介绍。

表征的使用已在基于问题的学习（一种引导式发现方法：学生以小组为单位，为所提及的问题提出解决方案）（Krajcik et al.，1998）中得到了应用。举例来说，伊瓦格鲁等（Evagorou et al.，2009）要求学生在计算机模拟中，为某个邻近盐沼的村庄提出控制蚊子的解决方案。此处的真实问题是，生活在盐沼附近的居民确实会遇到控制蚊子的问题。在另一项关于教授系统思维成效的研究中，刘和赫梅洛-西尔弗（Liu and Hmelo-Silver，2009）让学生对人类的呼吸系统进行调查，以解答其提出的"我们如何呼吸"的问题。韦尔霍夫等（Verhoeff et al.，2008）让学生通过母乳喂养的现实生活情境来研究细胞生物学的复杂性。事实证明，这些真实的科学情境对于学生的学习而言是大有裨益的，它们以学习系统为目的导向，让学生通过与真实生活建立联系来进行学习。

多元表征的使用与系统思维和表征能力的发展之间存在密切关联（Treagust and Tsui，2013；Liu and Hmelo-Silver，2009）。对于那些以非线性形式进行电子连接的信息和视觉材料而言（即显示和链接为错综复杂的网络），一个可以对它们进行多元表征的超媒体平台，可以为多种教学方法提供有效支持（例如，Moreno，2006）。以刘和赫梅洛-西尔弗（Liu and Hmelo-Silver，2009）进行的实验为例，该实验使用人类呼吸系统的 SBF 概念表征框架，对一个超媒体格式中两个不同的组织形式（即以功能为中心的表征和以结构为中心的表征）进行了调查。调查结果显示，通过使用以功能为中心的表征，学生们能够对系统中隐性维度的功能与行为进行识别并作出解释。

SBF 框架（Hmelo et al.，2000；Hmelo-Silver and Pfeffer，2004）将结构定义为系统要素，将行为称为系统机制，并认为功能是系统的结果或作用。刘和赫梅洛-西尔弗研究了这些组织形式是如何影响被试对外呼吸中的突出现象（宏观层面）和内呼吸中的非突出现象（微观层面）进行理解的。他们使用 SBF 框架，以不同的形式对超媒体中的内容进行组织。功能中心形式可以让人更全面地理解人类呼吸系统，它从概念图顶部位置的功能与行为开始，逐步过渡至那些为上述功能和行为提供支持的结构上。这种组织形式指导并支持学生对复杂系统的相关信息进行表征。学生点击问题，如"我们为什么要呼吸"（功能），进入一个有视觉素材和信息的页面，学生回答此问题，并对系统的特殊功能进行解释。这种功能中心形式，旨在引导学生去体验那些从功能到行为，并最终到结构的过程。相比之下，结构中心形式更遵循传统，像是传统的教科书那般。在结构中心形式的范例中，屏幕上会以清单的形式，将人类呼吸系统中的各个结构进行罗列。学生点击"单结构"后进入页面，此页面不仅有对孤立结构的解释，还会分别解释结构是如何与行为和功能产生关联的。上述两种形式以不同的组织形式来呈现信息，但所涉及的内容信息是相同的。能力不足是提升系统思维水平的主要障碍，包括对系统中的隐性维度（微观层面）进行区分的能力，以及对系统的功能与行为进行区分的能力。此外，研究显示，使用功能中心形式可为被试理解内呼吸系统中非突出（微观层面）现象提供有益的帮助。上述研究发现的启示还包括：①通过对学生所作的各种表征及其内容信息进行比较与对照，可以更好地理解这些能力在提升表征能力水平中所发挥的作用；②如何通过对各种表征间的关系进行解释，来建立这些表征之间的联系（Kozma and Russell，2005）。

此 SBF 框架可以更广泛地应用于科学教学中。它通过功能中心形式对所知信息进行组织，以帮助学生理解其他类型的复杂系统和表征能力。其中的组织顺序从系统的功能和行为开始，再过渡至系统的结构。此外，在为学生理解系统提供学习支架时，表征的选择及其呈现方式在其中发挥着至关重要的作用。

多元视觉表征可用于帮助人们学习复杂的新观念（Ainsworth，2006）。建模过程让学生们游历了一个"形成-修改-阐述"模型的迭代过程，此过程中涉及的每个模型都会被进行比较，这有助于学生更深入地去理解系统。韦尔霍夫等（Verhoeff et al.，2008）使用系统建模方法来促进学生对细胞生物学的理解，建模过程中使用了多元视觉表征和物理模型。此系统方法要求学生在计算机构建的模型、细胞实体（通过电子显微镜观察）、学生创建的物理模型和视觉表征（如互联网上的图表）之间进行反复思考。学生会在此过程中的每一阶段，就细胞水平层面的哺乳过程进行讨论，并使用多元模型来对那些发现于细胞中的、具有产奶功能的结构进行解释。这一建模过程被证明是一个强大的可视化工具，它引导学生去理解（细胞）生物过程的动态变化和生物系统的层次结构。中学的科学教师可以在教学中使用这种建模方法，让学生们参与至这种反复思考的策略当中，并对生物体本身和那些在抽象性方面有所差异的视觉表征进行反思。在参与建模的过程中，教师可以让学生通过预测、推理和在表征之间建立联系来提升其表征能力。

在科学课程的学习中，多元视觉表征的使用，以及基于明确的教师支架来使用系统建模，被证明是促进系统思维发展的有效教学策略（Liu and Hmelo-Silver，2009；Evagorou et al.，2009；Verhoeff et al.，2008；Riess and Mischo，2010）。刘和赫梅洛-西尔弗（Lin and Hmelo-Silver，2009）同样强调了教师指导的重要性，认为这可以帮助学生在探索超媒体形式时，更好地聚焦于那些与系统相关的科学原理并建立起它们之间的联系。在与小学生一起使用计算机来模拟盐沼时，伊瓦格鲁等（Evagorou et al.，2009）发现，在没有教师的指导或其提供的支架的情况下，学生们系统思维水平的提升甚微。根据里斯和米索（Riess and Mischo，2010）的研究，在系统情境中，教师对于学生表征能力的提升是至关重要的。里斯和米索在研究中使用了计算机模拟，并认为这是教授生态系统的最有效方法（即计算机模拟、具体课程或两者的结合）。学生们被随机分配至特定学习环境下的处理组中。该研究证实，在教师为学生提供指导和学习支架的情况下，计算机模拟对于促进学生系统思考和表征能力的发展是有效的。

作为一个有效的表征工具，计算机模拟允许学生们去操纵和探索那些由于尺寸原因而无法直接观察的复杂系统。当前教师所面对的一个挑战是：在没有过多精力投入与实地重复考察的前提下，他们应如何获取系统的接口来进行数据收集（NRC，2000）。互动模拟使得教师得以克服这一挑战（Evagorou et al.，2009）。学生们可以持续地访问系统，探索系统结构、功能和行为的各种参数。

可以综合使用实践体验（包括实验室外和实验室内）和知识整合（使用表征的）活动，来说明系统思维水平的发展情况。如前所述，本-兹维·阿萨拉夫和奥赖恩基于系统思维水平连续发展历程具有阶段属性的 8 个特征，开发了 STH 模型。以上对于中小学生的研究显示，系统思维达到实施层次（即最高水平）存在极大的困难，需要具有多种能力储备，包括对系统进行概括的能力、描述在隐性维度中所发生过程的能力，以及根据时间解释关系的能力（即预测和回顾）。基于这些研究，本-兹维·阿萨拉夫和奥赖恩（2010）建议小学教师从分析等次入手对学生学习系统进行指导（即识别过程和结构），再过渡至综合等次的前两部分（即识别两个组分之间的关系和识别系统中的动态关系）。他们指出，如果小学教师能够为系统思维提供此基础，那么初中教师就可以将教学重点放在实施层次上。上述分层结构仍需在涉及更多学生与复杂系统的研究中予以检验，通过持续的评估和使用，使其实证依据更坚不可摧。但无论如何，对于此分层结构中的各个层次而言，其本身便为课堂上的系统课程设计提供了一个坚实的框架。教师可以使用表征来实施与落实学习体验，以逐步建构系统思维的相关知识。这些学习体验包括：实验室体验、实地体验、知识整合活动。

即便是关于课堂上使用系统思维策略的研究极其有限，但它们依然达成了一些可为科学教育家和教师所用的共识性建议。使用那些已与室外实地体验打通的探究式室内实验室，并随后进行知识整合活动，这一科学教育家和教师都熟知的方法，被认为是发展系统思维的重要组成部分——若要作出改进，应主要考虑：①学生是如何从系统的角度对问题进行思考的；②使用表征对知识进行评估的过程是什么。其他的有效方法还包括多元视觉表征的使用和计算机建模；同样，支架是教学的重要组成部分，它为学生的必要能力发展提供帮助，使学生充分成长。支架的搭建可以通过各种方式来落实：通过探究具体的问题，参与对话，以及为知识整合活动预留时间——在学生明确地使用表征的同时，为他们提供反思系统功能和行为的空间。

7.9　教师对表征类型的选择

为什么小学教师在教授复杂系统时会选择某些特定的表征呢？对此问题的研究数量是有限的。能够对表征中涉及的科学概念作出选择和解释，是表征能力的一个方面。技术在小学课堂中的使用限制，以及课堂上缺乏可用的科学课本，使得小学教师不得不自己创造教材以进行教学。一项研究对教师选择表征的过程进行了调查，调查的对象为小学的在职教师（$n=67$）和职前教师（$n=69$），其时，他们正在规划一堂关于复杂系统的课程（如水循环）（Lee and Jones，2017）。这项研究构建了一个评分标准（量规）来对教师们作出选择的理由进行分类。

在这项研究中，小学在职教师和职前教师均完成了一项卡片分类任务，任务要求这些教师选择图式表征（如图表、照片和地图）来教授水循环。为此，专家组从互联网上选择了 15 张图片，以供这些教师作出选择。教师们对他们选择表征的原因进行了说明，为对他们选择表征的原因进行分析，我们设计了一个基于内容分析的量规。研究人员首先对数据进行多次读取以形成对数据的初步理解（Roth，1995）。通过数次反复的内容分析，我们建立了 9 个主题来对选择和不选择的理由进行编码。一位科学教育家和一位研究人员均随机选出 10%的数据进行编码。根据验证方法学的要求（Strauss，1987），编码被重复了三次（编码、讨论、修改），直至评分者间信度达到 97%。

这里提及的量规可作为一种工具，帮助教师认识到其在选择图像进行复杂系统教学时的教学偏好。我们从研究中选择了两个表征的范例来说明如何使用这个编码量规。第一个范例是美国地质调查局（U. S. Geological Survey，2014）网站上的数字图，名为水循环。该图对整个水循环系统进行了阐述，识别出了系统中的要素和过程，并显示出了地下水的隐性维度及蒸腾作用等过程。教师们指出了选择此图的原因："明亮的彩色基调""清晰的标签和容易阅读"，以及"彩色的、悦目的、有信息的"。这些原因可归类于"美观的"和"可理解的"。同时，"不美观的"、"复杂的"和"非系统思维的"属于不选择理由。在为复杂系统的课堂教学选择图表时，教师们给出了他们不选择此图的理由："不是很清楚这东西是什么""看起来有点复杂""太多的箭头指向不同的方向""不清楚循环的要点在哪，是凝结，还是蒸发，等等"，这些关于理由的言论反映了教师们表征能力的匮乏（表1）。从教师们给出的选择/不选择理由，可以看出他们对同一表征的理解存在着显著的差异。教师倾向于根据"美观的"和"可理解的"来选择图表。选择"可理解的"原因与"表征通俗易懂"或是"适合学生"有关。选择"美观的"原因表明，选择过程往往取决于图的外观，而非其所呈现的科学内容。教师在选择过程中或许不会去考虑表征能力的发展问题。在选择过程中不考虑表征能力，也说明教师可能没有把表征视为科学的交流工具。表征能力缺失的问题应在教师职前阶段，以及在职教师的专业发展中得到解决。

表 1　编码量规：教师选择表征的理由

主题分类	描述	原则依据
+美观的	对颜色、亮度的反应；意指图式表征的外观	色彩斑斓、赏心悦目的外观；有吸引力、清晰的图形；良好的视觉效果
−不美观的	表征不吸引人	丑陋的图片、朴素、不吸引人
+可理解的	可理解；易于学生理解；适合发展	对儿童友好、视觉上容易理解；词汇量适当、简单扼要；低年级学生可理解
−复杂的	可能会造成混淆（箭头、缺乏标签、难懂的术语）；令人困惑；难以理解的元素	箭头太多可能导致混乱；照片传达的信息不够清晰，我怀疑小学生是否能理解；我不懂
+系统思维的	对水循环元素或过程的表征；识别系统内相互作用	图片很好地描述了山脉和进入海洋的径流；显示了水系统如何随着时间的推移而变化；显示水是一个循环；显示了径流，说明了降水
−非系统思维的	缺少表征和水循环之间的概念联系	更适合污水和污染这个主题；不知如何使用；不明白它与水循环有何关系

续表

主题分类	描述	原则依据
+相关的	与学生生活有所关联； 或作为现实生活的阐明性案例	它是详细的、逼真的； 真实案例； 学生会把他们每天看到的一些东西与这幅画联系起来
−不相关的	表征是不相关的； 学生对其不感兴趣	学生不会对这张地图感兴趣； 流入小河的径流是无关图片； 与课程没有关系

注：选择的原因类别用"+"符号表示，不选择的原因类别用"−"符号表示；表1中包括了4个从编码中获取的主题。指示性主题类别并不具有排他性，单个回答可能会符合一个以上的类别标准。

第二个表征是来自鸟类教育网（Bird Education Network，2010）网站上的一张照片，一只鸟处于海洋漏油的环境当中。从选择这张照片的教师们的言论中，不仅可以看出选择过程的一些信息，更重要的是，可以部分掌握他们应用系统思维方面的信息。根据教师们所述，他们之所以选择这张图片，是因为它显示了"石油泄漏或倾倒在水中会发生什么""被污染的水会影响哪些东西"，以及"为什么我们需要保护水资源"。这些选择理由既反映了教师对"人类会影响水循环"的理解，也表明了教师乐意将这种表征形式应用到教学中，如用照片引导学生讨论污染、动物和人类在水循环系统中的相互关系。教师所给出的不选择理由传达出了一些关于他们的信息，即他们在系统思维方面的知识储备信息、他们对系统思维应用情况的信息，以及他们所具备的表征能力的信息。下面是一些根据量规确定的"非系统思维的"范例。"这样做的目的是什么？学生们可能和我想的一样，这更多的是关于人类污染而不是水循环""这与水循环无关""石油泄漏的受害者，它与基本的水循环没有什么关系""不知道如何整合此图像至教学中"。教师的这些"非系统思维的"陈述表明，他们的表征能力具有一定的局限性，无法很好地运用系统思维，难以理解应如何对这张照片进行解释，也无法理清照片与水循环系统的关系。教师们可以使用此处开发的量规来评判他们在教授系统时所选择的表征（图1）。

在上述两个范例中，教师们在科学课堂上选择和使用了某些表征来解释"系统"，我们有必要对他们的这一举动进行深入了解。教师应该为学生使用表征提供必要的支架和支持，并将多元表征融入学生的教学体验中，这不仅有助于系统动态变化信息在课堂上的传递，也能促进学生系统思维的发展。

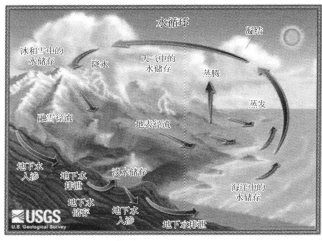

(a)

(b)

图 1　图式表征范例

注：（a）资料来源：美国地质调查局（U. S. Geological Survey，2014），美国政府内务部，美国
　　地质调查局；（b）资料来源：鸟类教育网（Bird Education Network，2010）。"野外飞翔"活
　　动教授石油污染水体后会如何影响鸟类。

7.10　结　　论

为应对使用系统思维进行教学的迫切需求，教师们需要找到一个方法，让学
生们更好地去理解系统中那些动态的、复杂的、平淡无奇的要素，这是一项艰巨
的挑战，而表征则为教师们提供了一个应对此挑战的工具。但正如本章所讨论的
那般，表征是不精确的系统模型，需要教师具备一定的表征能力，以选择出那些

不仅"美观的"而且适合学生的图像，实现对系统要素的准确表征。

对于教师而言，可用于教授系统思考的策略包括：①使用真实情景；②将基于探究的调查与表征进行结合使用。而应用系统思维的关键则包括使用模型和建模。它们既可作为教师进行全班教学的工具，又是学生独自构建表征的依仗，在一定程度上，构建表征是赋予模型以意义的过程。表征使得学生可以去寻找系统的要素和过程、要素和过程间的相互关系，以及系统的隐性维度。

最后，本章提出了一些课堂建议以供教师参考：如：①构建真实的科学情景（问题），让学生在真实情境中对拟学习的系统相关知识进行探求；②使用室内和室外的探究式实验室；③将经验与知识整合活动联系起来；④使用多元视觉表现和建模；⑤提供支架，以促进学生提升系统思维和表征能力这两方面的技能。对于科学教育家或科学教师而言，这些方法并不陌生；但实施这些策略却有着重要的区别，即系统思维的显式方法与表征的使用。系统思维的教学方法应当具备妥善应对下述教学设计的功能：探索系统模式、可视化要素之间的相互作用、揭示因果关系、概念化系统的隐性维度。

教师和学生可以通过互联网获取大量的表征。为此，那些培养科学教师的教师们同样面临着一个新的挑战，即应当如何去指导科学教师选择和使用表征，让他们在对复杂系统现象进行建模时，可以准确地将科学内容教授给学生。同样重要的可能还有一点，即指导学生成为具有批判性思维的消费者，并让他们将表征作为学习的工具。

参 考 文 献

Aikenhead，G. S.（2006）. *Science education for everyday life：Evidence-based practice*. New York：Teachers College Press.

Ainsworth，S.（2006）. DeFT：A conceptual framework for considering learning with multiple representations. *Learning and Instruction*，*16*，183-198.

Ben-Zvi Assaraf，O.，& Orion，N.（2004）. *Learning about Earth as a system：A new approach of designing environmental curricula*. Retrieved from http：//www.weizmann.ac.il/g-earth.

Ben-Zvi Assaraf，O.，& Orion，N.（2005）. Development of system thinking skill in the context of earth system education. *Journal of Research in Science Teaching*，*42*，518-560.

Ben-Zvi Assaraf，O.，& Orion，N.（2010）. System thinking skills at the elementary school level. *Journal of Research in Science Teaching*，*47*，540-563.

Bird Education Network.（2010）. Flying WILD activity teaches how oil in water effects birds. ［online image］ *Council for Environmental Education*，Retrieved from http：//www.birdeducation.

org/BENBulletin32.htm.

Booth Sweeney，L.（2000）. *Bathtub dynamics: Initial results of a systems thinking inventory.* Retrieved from http: //web.mit.edu.jsterman/www/bathtub.pdf.

Booth Sweeney，L.，& Sterman，J. D.（2007）. Thinking about systems: Student and teacher conceptions of natural and social systems. *System Dynamics Review，23，*285-312.

Dorner，D.（1980）. *The logic of failure.* New York: Metropolitan Books/Henry Holt.

Draper，F.（1993）. A proposed sequence for development system thinking in a grades 4-12 curriculum. *System Dynamic Review，9，*207-214.

Emery，R. E.（1992）. Parenting in context: Systemic thinking about parental conflict and its influence on children. *Journal of Consulting and Clinical Psychology，60，*909-912.

Essex Report.（2001）. The future of system dynamics and learner-centered learning in K-12 education. Paper presented at the *International System Dynamics Society Conference，*Essex，MA.

Evagorou，M.，Korfiatis，K.，Nicolaou，C.，& Constantinou，C.（2009）. An investigation of the potential of interactive simulations for developing system thinking skills in elementary school: A case study with fifth-graders and sixth-graders. *International Journal of Science Education，31，*655-674.

Faughman，J. G.，& Elson，R.（1998）. Information technology and the clinical curriculum: Some predictions and their implication for the class of 2003. *Academic Medicine，73，*766-769.

Fordyce，D.（1988）. The development of systems thinking in engineering education: An interdisciplinary model. *European Journal of Engineering Education，13，*283-292.

Forrester，J.（2007）. System dynamics-a personal view of the first fifty years. *System Dynamics Review，23，*245-358.

Frank，M.（2000）. Engineering systems thinking and systems thinking. *Systems Engineering，3，*63-168.

Golan，R.，& Reiser，B.（2004）. Investigating students' reasoning about the complexity manifested in molecular genetics phenomena. Proceedings from *American Educational Research Association，*San Diego，CA.

Goldstone，R. L.，& Wilensky，U.（2008）. Promoting transfer complex systems principles. *Journal of the Learning Sciences，17，*465-516.

Graczyk，S. L.（1993）. Get with the system: General systems theory for business officials. *School Business Affairs，59，*16-20.

Grotzer，T.，& Bell-Basca B.（2003a）. *Helping students to grasp the underlying causal structures when learning about ecosystems: how does it impact understanding?* Paper presented at the

National Association for Research in Science Teaching Annual Conference，Atlanta，GA.

Grotzer，T. A.，& Bell-Basca，B.（2003b）. How does grasping the underlying causal structures of ecosystems impact students' understanding? *Journal of Biological Education*，*38*（2），16-30.

Hannon，B.，& Ruth，M.（2000）. *Dynamic modeling*（2nd ed.）. New York：Springer.

Hmelo，C. E.，Holton，D.，& Kolodner，J. L.（2000）. Designing to learn about complex systems. *Journal of the Learning Sciences*，*9*，247-298.

Hmelo-Silver，C. E.，& Azevedo，R. A.（2006）. Understanding complex systems：Some core challenges. *Journal of the Learning Sciences*，*15*，53-61.

Hmelo-Silver，C. E.，& Pfeffer，M. G.（2004）. Comparing expert and novice understanding of complex system from the perspective of structures，behaviors，and functions. *Cognitive Science*，*28*，127-138.

Hmelo-Silver，C. E.，Marathe，S.，& Liu，L.（2007）. Fish，swim，rocks sit，and lungs breathe：Expert-novice understanding of complex systems. *The Journal of The Learning Science*，*16*，307-331.

Jacobson，M.，& Wilensky，U.（2006）. Complex systems in education：Scientific and educational importance and implications for the learning sciences. *Journal of the Learning Science*，*15*，11-34.

Kali，Y.，Orion，N.，& Eylon，B.（2003）. Effect of knowledge integration activities on students' perception of the earth's crust as a cyclic system. *Journal of Research in Science Teaching*，*40*，545-565.

Kim，D. H.（1999a）. Introduction to system thinking. In：System thinking tools and applications. ASA：Pegasus Communications.

Kim，J.（1999b）. Making sense of emergence. *Philosophical Studies*，*96*（2-3），3-36.

Klahr，D.，& Simon，H. A.（1999）. Studies of scientific discovery：Complementary approaches and convergent findings. *Psychological Science*，*15*，661-667.

Kozma，R.，& Russell，J.（1997）. Multimedia and understanding：Expert and novice responses to different representations of chemical phenomena. *Journal of Research in Science Teaching*，*34*，949-968.

Kozma，R.，& Russell，J.（2005）. Students becoming chemists：Developing representational competence. In J. K. Gilbert（Ed.），*Visualizations in science education*（pp. 121-146）. Dordrecht：Springer.

Kozma，R.，Chin，E.，Russell，J.，& Marx，N.（2000）. The roles of representations and tools in the chemistry laboratory and their implications for chemistry learning. *Journal of the Learning Sciences*，*9*，105-143.

Krajcik，J.，& Sutherland，L. M.（2010）. Supporting students in developing literacy in science. *Science，328*，456-459. https://doi.org/10.1126/science.118293.

Krajcik，J.，Blumenfeld，P. C.，Marx，R.，Bass，K. M.，Fredrick，J.，& Soloway，E.（1998）. Inquiry in project-based science classrooms：Initial attempts by middle school students. *Journal of the Learning Science，3*，313-350.

Kress，G.，Jewitt，C.，Ogborn，J.，& Tsatsarelis，C.（2001）. *Multimodal teaching and learning：Rhetorics of the science classroom.* London：Continuum.

Lee，T.，& Jones，M. G.（2017）. Elementary Teachers' Selection and Use of Visual Models. *Journal of Science Education and Technology.，27*（1），1-29.

Lemke，J. L.（2004）. The literacies of science. In E. W. Saul（Ed.），*Crossing borders in literacy and science instruction：Perspectives on theory and practice*（pp. 33-47）. Arlington：International Reading Association.

Lewis，J. P.（1998）. *Mastering Project Management：Applying advanced concepts of systems thinking，control，and evaluation，resource allocation.* New York：McGraw Hill.

Liu，L.，& Hmelo-Silver，C. E.（2009）. Promoting complex systems learning through the use of conceptual representations in hypermedia. *Journal of Research in Science Teaching，46*，1023-1040.

Mandinach，E. B.（1989）. Model-building and the use of computer simulation of dynamic systems. *Journal of Educational Computing Research，5*，221-243.

Martin，B. L.，Mintzes，J. J.，& Clavijo，I. E.（2000）. Restructuring knowledge in biology：Cognitive processes and metacognitive reflections. *International Journal of Science Education，22*，303-323.

Mason，C. L.（1992）. Concept mapping：A tool to develop reflective science instruction. *Science Education，76*，51-63.

Moreno，R.（2006）. Learning with high tech and multimedia environments. *Current Directions in Psychological Science，15*，63-67.

National Research Council.（2000）. How people learn：Brian，mind，experience and school. In J. D. Bransford，A. L. Brown，R. R. Cocking，& S. Donovan（Eds.），*Committee on developments in the science of learning and committee on learning research and educational practice.* Washington，D.C.：National Academy Press.

National Research Council.（2007）. *Taking science to school：Learning and teaching science in grades K-8.* Washington，D.C.：The National Academies Press.

National Research Council.（2012）. *A framework for K-12 science education：Practices，crosscutting concepts，and Core ideas.* Washington，D.C.：The National Academies Press.

NGSS Lead States.（2013）. *Next generation science standards: For states, by states*. Washington, D.C.: The National Academies Press.

Nitz, S., Ainsworth, S., Nerdel, C., & Prechtl, H.（2014）. Do students perceptions of teaching predict the development of representational competence and biological knowledge? *Learning and Instruction, 31*, 13-22.

Norris, S., & Phillips, L.（2003）. How literacy in its fundamental sense is central to scientific literacy. *Science Education, 87*（2）, 224-240.

Novak, J., & Gowin, D. B.（1984）. *Learning how to learn*. Cambridge, UK: Cambridge University Press.

Ossimitz, G.（2000）. Teaching system dynamics and systems thinking in Austria and Germany. Proceedings from the *18th International Conference of System Dynamics Society*, Bergen, Norway.

Penner, D.（2000）. Explaining systems: Investigating middle school students' understanding of emergent phenomena. *Journal of Research in Science Teaching, 37*, 784-806.

Resnick, L. B.（1987）. *Education and learning to think*. Washington, D.C.: National Academy Press.

Riess, W., & Mischo, C.（2010）. Promoting systems thinking through biology lessons. *International Journal of Science Education, 32*, 705-725.

Roth, W. M.（1994）. Students' views of collaborative concept mapping: An emancipator research project. *Science Education, 78*, 1-34.

Roth, W. M.（1995）. Affordances of computers in teacher-student interactions: The case of interactive PhysicsTM. *Journal of Research in Science Teaching, 32*, 329-347.

Sabelli, N. H.（2006）. Complexity, technology, science, and education. *Journal of the Learning Sciences, 15*, 5-9.

Senge, P. M.（1990）. *Fifth discipline: The art and practice of the learning organization*. New York: Doubleday.

Sheehy, N. P., Wylie, J. W., McGuinness, C., & Orchard, G.（2000）. How children solve environmental problems : Using computer simulations to investigate system thinking. *Environmental Education Research, 6*, 109-126.

Steed, M.（1992）. Stella, a simulation construction kit: Cognitive processes and educational implications. *Journal of Computers in Mathematics and Science, 11*, 39-52.

Stieff, M.（2011）. Improving representational competence using molecular simulations embedded in inquiry activities. *Journal of Research in Science Teaching, 48*, 1137-1158.

Strauss, A. L.（1987）. *Qualitative analysis for social scientists*. New York: Cambridge University Press.

Treagust，D. F.，& Tsui，C. Y.（Eds.）.（2013）. *Multiple representations in biological education，models and modeling in science education 7*. Dordrecht：Springer.

U.S. Geological Survey.（2014）. *The Water Cycle* ［digital image］. Retrieved from http：//water. usgs.gov/edu/watercycle-screen.html.

Ullmer，E. J.（1986）. Work design in organizations：Comparing the organizational elements models and the ideal system approach. *Educational Technology，26*，543-568.

Verhoeff，R. P.，Waarlo，A. J.，& Boersma，K. T.（2008）. Systems modeling and the development of coherent understanding of cell biology. *International Journal of Science Education，30*，331-351.

Wilensky，U.，& Resnick，M.（1999）. Thinking in levels：A dynamic systems approach to making sense of the world. *Journal of Science Education and Technology，8*，3-19.

Yore，L. D.，& Hand，B.（2010）. Epilogue：Plotting a research agenda for multiple representations，multiple modality，and multimodal representational competency. *Research in Science Education，40*，93-101.

Yore，L. D.，Pimm，D.，& Tuan，H.-L.（2007）. The literacy component of mathematical and scientific literacy. *International Journal of Science and Mathematics Education，5*，559-589.

8 利用对表征能力的评估来改进外部表征的教学

穆尼尔·R. 萨利赫（Mounir R. Saleh）   克丽丝蒂·L. 丹尼尔（Kristy L. Daniel）

8.1 引　　言

科学家们在理解复杂自然现象方面的进展，决定了现代教科书需要外部表征来加强对文本的理解。在最近出版的代表性科学教科书中，大约有三分之一的页面空间被图像所占据（Griffard，2013）。尽管学生具有教学潜力，但他们解释和使用这些表征的能力往往被忽视（Kozma and Russell，2005）。在本章中，我们强调了利用有效和可靠的评估方法来评估这些能力的重要性。此外，我们还就学生在利用外部表征进行学习或解决问题时所面临的挑战这一问题，对研究者们所持有的不同看法进行了讨论。我们在此展示了这些观点是如何对潜在挑战进行定义的，以及它们又是如何提供一系列相应处理方案的。反过来，本章所描述的评估实践也可以帮助对那些阻碍学习取得进展的挑战进行诊断，这有助于对适当的处理对策进行抉择。

在这些观点中，认知负荷理论（cognitive load theory，CLT）（Sweller and Chandler，1994）、多媒体学习认知理论（cognitive theory of multimedia learning，CTML）（Mayer，2009）和多重外部表征（multiple external representation，MER）框架（Treagust and Tsui，2013）涉及其中。在 CLT 中，如果一个外部表征由 6 个或更多的相互作用的元素组成，则其被认为是具有挑战性的/复杂的（Sweller and Chandler，1994）。从 CLT 的研究者视角来看，对于新手学习者来说，要在一个坐标系上定位一个点 $P(x, y)$，他们需要同时考虑以下 7 个元素。

①x 轴是一条有刻度的水平线，y 轴是一条有刻度的垂直线。这两条线在轴处的交点为零点，也称为原点，并且 x 轴与 y 轴形成的是直角，因为一条是垂直的，另一条是水平的。

②$P(x, y)$ 中的 P 是指代数和几何体系中的相关点。

③$P(x, y)$ 中的 x 指的是 x 轴上的某位置。

④$P(x, y)$ 中的 y 指的是 y 轴上的某位置。

⑤在 x 轴上画一条与 x 轴成直角的线。

⑥在 y 轴上画一条与 y 轴成直角的线。

⑦这两条线的交汇点是 $P(x, y)$。（Sweller and Chandler，1994，pp.190-191）

此处的驱动性假设是，这些元素不能孤立地被学习（Pollock et al.，2002）。一方面，一次性处理这些元素可能会使新手学习者的工作记忆超载，进而阻碍学习取得进展。另一方面，CLT 的研究者们承认，高级学习者可以用极小量的意识来定位 $P(x, y)$。因此，他们认为这种复杂性的来源是专业知识的函数（Kalyuga，2007）。对他们来说，这一挑战可以通过实践来克服，因为实践可以使学习者自然而然地，而非有意识地在工作记忆中处理这些元素（Pollock et al.，2002）。数个基于 CLT 的处理方案为此目的而被设计出来，如波洛克等（Pollock et al.，2002）、范·梅林布尔等（Van Merriënboer et al.，2003）、范·梅林布尔等（Van Merriënboer et al.，2006），以及范·梅林布尔和斯威勒（Van Merriënboer and Sweller，2005）描述的测序技术。

CTML 的研究者似乎同意 CLT 对外部表征所带来的潜在挑战的界定。用 CTML 的术语来说，复杂性可能来自理解所呈现的"由许多步骤和基本过程组成的材料"的需要（Mayer，2009，p.80）。对 CTML 课程中引入的概念进行回顾，可以发现对事件因果链的解释（如汽车制动系统、气泵）（Mayer，2009）。因此，定义中提到的"步骤"也自然而然是相互作用的。CTML 对复杂性的处理方法之一是预训练技术，即在关注交互性之前，学习者应先关注表征中的主要元素（Mayer，2009）。另一种处理方法是模态技术，在口语而非书面语中使用外部表征。这种方法建立在派维奥（Paivio）的双重编码假设之上，即人们拥有处理视觉和听觉信息的独立渠道（Paivio，1986）。根据这一理论，人们会使用听觉渠道来处理在口语中所呈现的信息元素，卸下视觉渠道的负担。对这两个渠道之间进行参考性关联将有助于学习者更好地对呈现的材料进行处理。第三种 CTML 处理方法是信号技术，即通过箭头、独特的颜色、指向性手势等以强调表征的基本架构（Mayer，2009）。如在表征时准备字幕，CTML 研究者的建议是在相应的表征元素附近标识文字，以避免在搜索相关联系时，工作记忆中仍保留有多个元素。此处理方案的例子显示了 CTML 研究人员如何处理可能由外部表征本身（主要是文字和动画）所带来的挑战。然而，学生的教学材料有时是通过多种表征而非两种表征来呈现的——MER 框架可满足处理多种表征的需求。

MER 框架认为，一些外部表征的挑战可能来自对抽象思维的需要，这是对所研究系统的架构中处于不同水平的信息元素进行联系的必不可少的一环（如宏观、亚微观、符号等）（Treagust and Tsui，2013）。这个问题在生物学和生物化学等学科中极有可能出现，在这些学科中，学习者必须在概念层面（如糖酵解的机制是什么）、亚微观层面（哪些酶和其他分子参与其中）、微观层面（如糖酵解在细胞中发生的位置）和宏观层面（如糖酵解与存在于器官、系统、有机体中的组织的整个能量谱系有什么关系）来回切换。在这些层面之间建立联系很可能会使学习者的工作记忆超负荷，因为它"往往需要跨越很大的认知距离"（Schönborn and Bögeholz，2013，p. 122）。根据该框架，这种挑战可以通过使用多个外部表征来应对，这些表征将支持学习者在不同层次之间进行转换（Schönborn and Bögeholz，2013）。根据这个框架，MER 是基于以下两个概念为学习者提供支持的：①特定的信息可以在某个特定的表征中得到最好的传达；②多个表征在显示各类信息时更加有用（Treagust and Tsui，2014，p. 312）。

总而言之，这三种观点都为我们理解学生在从外部表征学习时可能面临的挑战增添了一些思考。CLT 提供了对元素互动性的解释，CTML 建立在 CLT 的定义和双通道假设的基础上，而 MER 则强调了在某些知识领域进行分层转译的必要性。因此，在研究学生的表征能力时，从这三个视角进行考虑是有益的。下文出现在 CTML 研究中的样本问题强调了这种需要（Mayer et al.，2002）。在这个实验中，学习者被告知汽车制动系统是这样工作的：

汽车的制动器被压下，迫使主缸中的活塞向前移动，进而导致管子中的液体被压缩，迫使车轮缸中的小活塞向前移动，进而导致制动蹄向前移动，并压住制动鼓，最终导致车轮减速或停止（Mayer et al.，2002，p. 147）

在随后的问题中，学习者可能会被问及如果将原有的制动蹄替换为另一个具有不同表面（比如更小）的来接触制动鼓，会产生什么样的后果。根据所提供的外部表征，学习者可以很容易地将上述因果模型作出如下修改："汽车的制动器被压下……这导致制动蹄向前移动，这导致制动鼓被（低效地）压住，这（将需要更长的时间）使车轮减速或停止。"注意，这里的答案是基于表征的表面特征，也就是制动蹄和制动鼓之间的接触程度。然而，如果学习者在另一个问题中被问及用另一种与制动鼓不同的接触材料替换制动蹄的后果，那么解决这个问题就需要选择给定接触材料的相关摩擦性能（如从温度升高中迅速恢复的能力）。请注意，在这种情况下，答案需要更深入地理解制动车轮的基本原理（即制动蹄和制动鼓之间的摩擦力，它将汽车的动能转换为热能）。这个问题的另一个挑战是需要在认知上沿着制动系统的组织层次来回移动，从符号层面（如在不同的能量形式之间切换），到亚微观层面（如构成接触材料的分子），再到宏观层面（如将车轮停下来）。

因此，在从第一个问题到第二个问题的过程中，学习者展现不同层次的表征能力将基于：①他们对基本原理（如摩擦力）的理解程度；②在解决第二个问题时回忆事实的自发性程度（如给定接触材料的摩擦特性）；③对系统的表征能力（如符号、亚微观和宏观层面）。

总的来说，上述三种观点为每一个案例提供了处理方法：①可以采用 CTML 预训练来促进学习者对基本原理的理解（Mayer，2009）；②可以通过利用 CLT 的部分-整体任务测序技术来实现事实的自发性回顾（Van Merriënboer et al.，2006）；③通过对这些层级进行多重外部表征（MER），来支持学习者在所研究系统的各个层面之间的转换（Schönborn and Bögeholz，2013）。鉴于这些观点提供了解释和处理的方法，这三种方法（CLT、CTML、MER）在形成新兴评估表征能力框架方面颇具潜力。然而，这应该与传统的评估方法同时进行，因为，例如，除非用题项分析来强调，否则人们无法知道这三种处理方法中的哪一种将被采用。此外，一些概念性/方法性的问题也值得关注。下面，我们将讨论这些问题，以及如何用传统评估方法来搞定这些问题。

第一个值得关注的点是 CLT 的元素互动性概念，它似乎不足以解释什么构成了复杂的表征。例如，克拉尔和罗宾逊（Klahr and Robinson，1981）报告说，尽管所需的移动次数及钉子和盘子（互动元素）的数量相同，但儿童在解决非传统的汉诺塔问题时遇到的困难更大。在这种情况下，采用 CLT 的观点对于解释学生之间表征能力的差异而言是没有帮助的。汉诺塔问题暗示了这样一个事实：学生能够对表征作出解释至何种程度，也受到认知过程范围的影响，而此认知过程是回答基于此表征的问题所必不可少的。一些基本问题评估了学生对所提交材料的记忆水平。然而，其他问题则是在此记忆水平的基础上，评估更高层次的智力行为，如"应用"和"分析"。因此，解决这个问题的一个有趣的方法是通过利用评估工具来衡量表征能力的变化，这些评估工具是基于修订的布鲁姆分类法中的层次认知顺序设计的，由一组连续的问题所构成（Anderson et al.，2001）。此方法的潜在好处将在本章后文讨论。

另一个值得关注的点是 CTML 处理方法的外部有效性，这些方法以研究为基础。CTML 研究的被试中有很大一部分是心理学学生，他们被要求学习超出其专业领域的课题（de Jong，2010）。学习主题包括就飞机如何实现飞升进行外部表征（Mautone and Mayer，2001），以及其他科学学生特别感兴趣的主题（如 Madrid et al., 2009; Mayer et al., 2002; Moreno, 2004; Stull and Mayer, 2007)。这里要关注的是，鉴于先备知识存在差异，非科学专业的学生是否能像科学专业的学生一样对这些表征进行解释。例如，在飞机实验中，非科学专业的学生可能没有足够的能力通过表征来理解为什么在机翼顶部流动的空气要比在机翼下流动的空气快，尽管他们被告知，这是因为空气要在相同的时间内穿过一个弯曲的（更长的）表面。这个潜在的问题源于这样一个事实：非科学专业学生可能无法回忆起速度、距离和时间之间的数学关系。诚然，这个问题可以通过应用 CTML 的预训练技术来解决，在教学之前，学习者对这种数学关系的记忆会被刷新（Mayer，2009）。然而，CTML 研究人员的常见评估实践并没有在第一时间诊断出潜在问题的能力，因为计算测试中正确答案的数量是他们的唯一依靠（见 Dacosta，2008，附录 B 中的 90 多个实验列表）。然而，正如我们将展示的那样，使用能够对具有不同先备知识的学习者进行区分的评估工具便可以解决这些问题。题项分析的支持，如对干扰项的分析，可使得问题的解决更加便捷。

对 MER 框架的关注点是，对组织中各种层级的清晰表征，需要在给定的外部表征之间建立适当的、可参考的联系。当这些表征以不同的模式（如动画、图表、方程式、文字等）被提供时，这甚至会变得更加具有挑战性。例如，科兹马和拉塞尔（Kozma and Russell，2005）发现，新手倾向于根据媒体类型（如各类图形和方程）而不是他们对概念的互补性解释来为表征构建关联性。因此，学生在不同表征模式下转译技能的差异，是限制该策略取得成功的因素（Kozma and Russell，1997）。为了突破此限制，科兹马和拉塞尔（Kozma and Russell，1997）呼吁使用具有评估这些转译技能的课程。这种评估将迫使教师教授这些技能，从而缩小学习者之间的差距。

最后，我们认为元素的交互性是对表征学习的一个潜在挑战。我们还谈到了一些案例，在这些案例中，表征能力受到以下因素的影响：给定问题的认知顺序，学习者的先备知识，或者在表征架构/模式的不同层级间进行转换所需要的转译技巧水准。在下文中，我们将提供一个例子，说明如何设计评估工具来对每个案例进行诊断。然而，既然观点由数据支撑，因此需要首先对数据本身进行验证。为此类评估实践能够取得成功，我们在此展示并推荐了一些整体的和题项式的心理测量分析。我们首先描述了在 CLT、CTML 和 MER 的术语中，如何定义给定工具具有的挑战性。然后，我们建立效度检查，包括内容效度、表面效度和区分效度。这些效度检查包括工具中的所有连续性问题，这些问题是基于修订后的布鲁姆分类法中的认知顺序而设计的。此外，我们还进行了题项分析，以去除表现不佳的题项。这些不同的分析所具有的意义将在文中的讨论部分进行说明。

8.2 工 具 内 容

就知识维度而言，我们提出的工具将目标放在学生对"酶专一性"的概念知识上，这是大学科学教育中的一个核心概念。我们选择这个知识维度的部分原因是，CTML 研究中经常使用的许多多媒体课程的课程目标是对概念进行解释，而非对策略、信念、程序或单纯的事实进行解释（Mayer，2009，pp.30-51）。选择"酶专一性"的另一个原因是此概念各元素之间具有高度的互动性，这使得它同时也成为 CLT 研究的典型主题（Sweller and Chandler，1994）。第三个原因是"酶专一性"是生物学和生物化学中的一个常见概念，而这也正是 MER 框架的主题。

也许，在为 CLT、CTML 和 MER 这三种观点开发评估工具时，首先要回答的问题是，对于具有内在复杂性的材料而言，评估工具是能够对相关知识及认知进行评估的。同样，CLT 研究者将复杂材料定义为由 6 个或更多相互作用的元素组成（Sweller and Chandler，1994）。对于初学者而言，酶专一性的概念通常包含有 8 种存在相互作用的元素，即：①与底物结合的②特定化学结构③使酶④发生⑤适当的构象变化，以⑥匹配⑦各种催化氨基酸残基与⑧底物。这几个步骤及其他基本过程，如底物与酶的结合亲和力和酶对底物的反应性，共同决定了这个概念确如 CTML 研究人员所视般高度复杂。回想一下，如果一节课"由许多步骤和基本过程组成"，则其被 CTML 视为"非常复杂"（Mayer，2009，p. 80）。根据此工具所设定的教育目标，学习者也必须于此生化现象中沿着组织的各层级——在符号层次（化学作用的形式）和亚微观层次（存在于酶的活性部位的功能团）中间来回切换游走。于是，复杂的 MER 术语出现了。

8.3 内容有效性和表面有效性

8.3.1 内容效度

我们首先请一位生物化学领域的名誉教授检查每个题项的清晰度，以及测试题项是否与方框 1 中所列的目标一致。他还检查了所示数据是否与真实实验中可能获得的数据相似。

方框1 概念目标

记忆力部分（测试题项1.a-d, 2）：

测试学生是否在课堂讨论中记住了以下概念。

R1.底物与酶的结合促使酶的构象发生改变，以便与底物结合，从而催化化学反应。

R2.与酶的天然底物相类似的底物可能是：

R2a.对酶的结合亲和力较低

R2b.诱使酶发生不同的构象变化

R2c.与天然底物相比，导致酶的反应性降低

R2d.与催化氨基酸的方向不一致，不产生任何产物

转移部分（测试题项3—21）：

测试学生是否能够转移（使用）以下概念。

T1.影响酶专一性的主要因素是：

T1a.酶对底物的结合亲和力

T1b.酶对底物的反应性

T2.经历适当的构象变化是酶将底物与催化氨基酸适当匹配所必需的。

T3.催化氨基酸负责稳定底物的过渡态（即增加其结合亲和力）和/或增加底物的反应性。

在完成了该专家建议的必要编辑后，我们请来自不同大学的7位教师（5位生物化学家和2位化学家）对每个题项进行了评价：必要的；有用但不是必要的；没有必要的（表1）。所有的测试题项都包括在分发给学生的示例版本中，每个题项都有85.7%—100%的回答认为在对酶专一性的知识和/或理解进行评估时，该问题是必要的（E）/有用的但不是必要的（U），即E/U。鉴于超过90%的题项获得了100%的E/U评级，我们认为评估内容得到了足够的支持，具有内容有效性。

8.3.2 表面效度

为了获得认知过程维度的表面效度，4位科学教育家和1位教育心理学家对每个测试题项进行了检查，因为它与修订后的布鲁姆分类法中的6个认知顺序之一有关。除了一个题项被从最终版本的工具中删除外，所有5位考官对每个测试题项都达成了一致意见。表2显示了每个题项的认知顺序。

表 1　主题专家对题项重要性的评级

测试题项		达到的目标	主题专家评级			E/U 评级/%
			E	U	没有必要的	
记忆力 部分	1.a	R2a	6	1	0	100
	1.b	R2b	5	2	0	100
	1.c	R2c	4	3	0	100
	1.d	R2d	4	2	1	85.7
	2	R1	6	1	0	100
转移部分	1*	说明性的	3	2	2	—
	2*	说明性的	3	2	2	—
	3	T1a	5	2	0	100
	4	T1a	4	3	0	100
	5	T1b，T2	5	2	0	100
	6	T1b，T2	4	3	0	100
	7	T1a，T1b 和 T2	4	3	0	100
	8	T1b	6	1	0	100
	9	T1a	6	1	0	100
	10	T1a	6	1	0	100
	11	T1b	6	1	0	100
	12	T1a	6	0	1	85.7
	13	T1a，T1b	5	2	0	100
	14	T1a，T1b	5	2	0	100
	15	T1a，T1b	5	2	0	100
	16	T1a，1b	5	2	0	100
	17	T3	6	1	0	100
	18	T3	5	2	0	100
	19	T3	6	1	0	100
	20	T3	6	1	0	100
	21	T3	5	2	0	100

注：E=必要的，U=有用的但不是必要的；*项目是说明性的，因此不评级。

表 2　每个题项的认知顺序

测试题项	认知顺序					
	记忆	理解	应用	分析	评价	创造
记忆力部分	1.a-d, 2	—	—	—	—	—
转移部分*	—	3，4，5，6	17, 18, 19, 20, 21	8, 9, 10, 11, 12	13, 14, 15, 16	7

*转移测试中的第 1 项和第 2 项仅是说明性的，因此没有评级。

8.3.3 区分效度

区分效度是检查一个工具能否在理论上对理应区分的群体进行区分。由于表征能力是与情景相适应的，我们推测，一个有效的、可评估高等教育中科学概念知识和理解的工具应该能够对科学和非科学的学生进行区分。为此，我们对 111 名大学生进行了指导和测试，该样本包括 48 名科学学生（生物学/生物化学专业）和 63 名非科学学生（医学技术、护理学或营养学专业）。

8.4 总体检验

在控制了前测分数的显著性差异（α=0.509）后，t（109）=4.69，p＜0.001，单因素协方差分析表明，被试的专业（科学与非科学）对其总体测试分数有显著影响（α=0.740），科学学生的分数高于非科学学生，F（2，108）=11.45，p=0.001。该检验的观察检验效能是 0.918，这表明第一类错误是不太可能的。所以，这个评估工具满足了区分效度检验，因为它可以区分它在理论上应该区分的群体。

8.5 记忆力部分

在测试部分，我们就科学和非科学学生对内容知识的"记忆"情况进行了评估，这里介绍区分效度检验结果。正如理论上所说的那样，在教学前，科学学生的得分比非科学学生高（α=0.509），F（1，109）=21.99，p＜0.001。同样地，他们在教学后也是如此（α=0.604），F（1，108）=14.16，p＜0.001。因此，这个部分满足区分效度的检验。然而，我们承认前测分数的信度较差（α=0.509）。

8.6 转移部分

在这一部分中，我们对整个转移部分及每个认知顺序"通过创造来理解"的区分效度进行了检验。鉴于知识转移与首先获得的知识量有内在的联系，由于被试在记忆力方面存在的显著性差异，我们在检验测试转移情况时，将被试在记忆力部分的得分作为协变量来使用。这一举措得到了统计学上的支持，因为记忆力部分的分数可以显著地预测转移分数，β=1.23，t（108）=6.23，p＜0.001。在教学后所记住的知识解释了转移表现中很大一部分的变异，R^2=0.265，F（1，108）=38.84，p＜0.001。

科学学生的转移成绩显著高于非科学学生，被试的专业几乎可以解释 32%的转移分数变异（α=0.706），R^2=0.319，$F_{(2, 107)}$=24.69，$p<0.001$。所以，这个部分也满足了区分效度的检验，因为它可以对两组人进行区分。同样，将在下文中对转移部分中涉及的"通过创造来理解"题项进行详细讨论。我们对"应用、分析和评价"的认知顺序进行了 F 检验，以考察两组之间的差异性。由于 F 检验不符合正态分布的假设（分别为 z=-3.88 和 z=5.66；$p<0.05$），而且样本量不相等，所以对认知顺序"理解和创造"进行了威尔科克森秩和检验。

理解：在这组问题中，科学学生比非科学学生更了解所提出的概念（W=3118，p=0.008）。

应用：在这里，科学学生比非科学学生更能将科学信息应用于实际的实验问题中，$F_{(2, 107)}$=17.27，$p<0.001$。

分析：在这组题项中，学生的专业对他们分析科学实验结果的能力有显著影响，从检验结果来看，科学学生的得分高于非科学学生，$F_{(2,107)}$=6.25，p=0.003。

评价：在这里，就对给定假设进行质疑的能力而言，科学学生表现得比非科学学生更好，$F_{(2, 107)}$=3.09，$p<0.05$。

创造：在这个问题上，就构思科学问题的新颖解决方案而言，科学学生比非科学学生表现更好，W=3159，p=0.008。

通过这组统计结果，我们展示了在从"理解"到"创造"的转移部分中，每个认知顺序/题项组的区分效度。

8.7 题 项 分 析

题项难度指数 p 表示应试者中正确回答了题项的人数比例。在数学上，p 的范围从 0（没有被试正确回答该题项）到 1（所有被试均正确回答该题项）。一般来说，难度指数低于 0.2 的题项被认为是非常困难的题项，而高于 0.9 的题项被认为是非常容易的题项（Chang et al.，2011）。这两类题项并不能提供关于学生能力的有价值信息。如表 3 所示，整个测试题项的难度指数都大致在此范围内（0.2—0.9），因此对我们的抽样学生来说既不太容易也不太难。

题项区分度指数 D 显示了题项是如何根据内部/外部标准对测试被试进行区分的。在进行信度测量时，D 根据内部标准进行计算，如考试总成绩（Aiken，2003，p.68）。这在表 3 的最右边一栏中显示：除了题项 16 被从测试中删除外，所有的题项都具有正向的区分性。然而，对于效度测量来说，D 是根据外部标准来计算的，在我们的案例中，外部标准是被试的专业——科学专业与非科学专业（Aiken，

表3　题项难度指数和题项区分度指数

题项	p	$p_{科学专业}$[a]	$p_{非科学专业}$[b]	D^c	D^d
		记忆力部分			
1.a	0.55	0.65	0.47	0.18	0.59
1.b*	0.76	0.71	0.81	−0.10	0.24
1.c	0.62	0.77	0.50	0.27	0.55
1.d	0.43	0.58	0.31	0.28	0.66
2	0.61	0.71	0.53	0.18	0.41
		转移部分			
3	0.81	0.88	0.76	0.11	0.34
4	0.81	0.85	0.78	0.08	0.48
5	0.68	0.81	0.57	0.24	0.62
6	0.74	0.79	0.70	0.09	0.55
7	0.22	0.88	0.71	0.16	0.34
8	0.90	0.31	0.14	0.17	0.47
9	0.78	0.94	0.87	0.06	0.21
10	0.61	0.65	0.59	0.06	0.34
11	0.64	0.77	0.54	0.23	0.41
12	0.35	0.40	0.32	0.08	0.24
13	0.62	0.67	0.59	0.08	0.55
14	0.54	0.56	0.52	0.04	0.41
15	0.68	0.75	0.63	0.12	0.59
16*	0.29	0.33	0.25	0.08	−0.07
17	0.38	0.58	0.22	0.36	0.55
18*	0.28	0.25	0.30	−0.05	0.28
19	0.42	0.56	0.32	0.25	0.69
20	0.49	0.73	0.30	0.43	0.69
21	0.41	0.44	0.38	0.06	0.45

[a] 仅以科学学生为样本计算难度指数；
[b] 仅以非科学学生为样本计算难度指数；
[c] 基于外部标准的区分度指数（被试的专业）；
[d] 基于内部标准的区分度指数（考试总成绩）；
* 不接受的题项。

2003，pp. 68-69）。在数学上，D 值的范围从−1（例如，所有非科学专业的学生都能正确回答该题项，但科学专业的学生却没有答对）到+1（例如，所有科学专的学生都能正确回答该题项，但非科学专业的学生却没有答对）。一般来说，D 值在 0.2 或以上是可以接受的。然而，对于标准化测试来说，D 值在 0.3 及以上才是比较理想的（Doran，1980）。而分析 D 值的通用性框架似乎并不存在。例如，布朗和阿贝维克拉马（Brown and Abeywickrama，2004）指出，"没有绝对的标准来确定某 D 值是可接受还是不可接受的"。然而，由于难度指数和区分度指数存在内在联系，对于每个题项而言，D 值可以和相应的 p 值一起进行解释。布伦南（Brennan，1972）为这种分析提供了以下标准：①具有负区分度的题项是明确不能接受的，因为低水平组的表现优于高水平组；②当所用标准是对两个组别进行区分时，具有正区分度的题项是可以接受的；③对于非区分性题项而言，p 值低是不合适的，因为题项对两个组别都太难了；④对于非区分性题项而言，p 值高表示题项可以接受，因为两个组别都通过了该题项。

　　因此，题项 1.b 和 18 是不可接受的，因为它们是负区分度题项（$D<0.0$）。题项 1.c、1.d、5、11、17、19 和 20 是可以接受的，因为它们是正区分度题项（$D>0.2$）。题项 7、12 和 21 不理想，因为它们是非区分性题项，且 p 值低（$p<0.5$，$D<0.2$）。其余题项是可以接受的，因为它们的 p 值高（$p>0.5$，$D<0.2$）。根据这个题项分析，除了题项 1.b、16 和 18（在表 3 中用星号标出），所有的测试题项都被保留。

8.7.1　题项 7

　　本节将讨论题项 7 的信效度，此题项是测试中唯一一个以自由回答形式设计的。在这里，我们要求学生设计一种对酶有较高亲和力的人工底物，但仍然无法触发酶的反应性。我们要求他们用文字和图画来解释他们的问题解决计划，以支持交叉数据的效度检验（Patton，2002）。下面是一个学生的回答（图 1），以说明他们是如何用图画来证实他们对语言反应的解释。被试（465305）："你可以增加一个结合位点以干扰待断键位点。干扰它就是阻止其完全闭合。"

　　通过参考他们的口头回答和图画，我们可以看出，这位被试是通过修改天然底物的两个结构来构造解决方案的。为了提高结合亲和力，他们在底物的最右边增加了一个带负电的基团，"增加一个结合位点"，以利用酶上的自由正电荷。同时，他们把待断键从催化基团上移开，以"阻止其（在催化基团上）完全闭合"。这一点从图中的上下开口箭头可以看出。这一修改被认为是可以接受的，因为它预计会降低酶对底物的反应性。

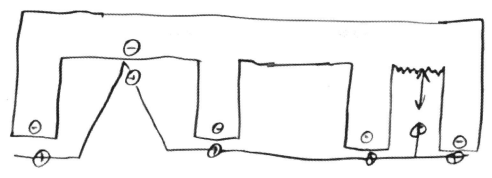

图1　被试（465305）绘图

为了帮助降低潜在偏差，题项7由两个独立的评分者根据预先设定的评分标准进行评分（见方框2），绝对一致性检验结果导致了一个很大的组内相关系数（0.983）。

方框2　题项7的评分标准

增加结合亲和力：

可以接受对底物结构的任何修改，以增加酶和底物之间非共价键的数量。这包括但不限于：

· 在底物上引入一个有吸引力的额外基团，使其与酶最右边的自由基团发生反应；

· 引入有吸引力的额外基团，这将导致在酶上的既有基团和引入基团之间形成更多的键，同时，既有基团将迅速形成那些在引入基团中已经存在的键。

降低反应性：

底物结构中的任何修改都是可以接受的，这些修改会阻止/削弱催化基团与待断键的相互作用。这包括但不限于：

· 以阻止催化基团通过任何其他形式的构象变化进入的方式对待断键进行置换。

· 用另一个对催化基团无反应的键替换待断键。

8.7.2　衡量不同知识背景的学生在表述能力上的差异

上述分析表明，我们手中的工具通过了内容效度和表面效度的检测。更重要的是，它通过了区分效度检验：科学学生与非科学学生相比，在记忆力和转移部分的得分都比较高。尽管这一分析暗示了先备知识的作用，但它并没有为如何重新设计教学以缩小两组学生之间的差距提供具体指导。特别是，它没有对非科学学生急需解决的迷思概念进行强调，以更好地解释/使用测试中提供的外部表征。然而，通过对干扰项进行分析，以及对两个组别学生都有的迷思概念进行强调，便可实现此目标。

8.8　干扰项分析

除了题项 12 和题项 16，大多数科学学生（平均值±标准差，72%±12）在每个题项中选择了正确答案，相对而言非科学学生答对的则较少（平均值±标准差，55%±180）。题项 12 和题项 16 只有不到一半的被试回答正确，分别为 35% 和 27%。然而，对这些题项的干扰项分析表明，这些题项在探测两个组别的表征能力缺失情况方面颇具价值。例如，这两个题项显示，尽管两个题项甚至都未提及对应的表征方式（k_m 值），48%—56% 的被试仍然承认氨基酸对结合亲和力有所贡献（题项 12 和题项 16 的干扰项 B）。

其他干扰项解释了科学学生和非科学学生在表征能力上的差异。例如，题项 12 的干扰项 A 表明，21% 的非科学学生不理解问题中定义的术语（k_{cat}）；而科学学生中只有 2%，见表 4。当使用 k_{cat} 来表征酶的反应性时，用它来解释结合亲和力的变化是不恰当的，这一点是很明显的。

表 4　不同专业学生选择不同选项的数量（比例）

题项	专业	A	B	C	D
			记忆力部分		
1.a	科学	4（8%）	11（23%）	32（67%）*	1（2%）
	非科学	15（24%）	19（30%）	27（43%）*	2（3%）
1.b	科学	9（19%）	33（69%）*	6（13%）	0（0%）
	非科学	9（14%）	49（78%）*	5（8%）	0（0%）
1.c	科学	3（6%）	9（19%）	34（71%）*	2（4%）
	非科学	12（19%）	20（32%）	31（49%）*	0（0%）
1.d	科学	4（8%）	11（23%）	11（6%）	30（63%）*
	非科学	8（13%）	33（52%）	2（3%）	20（32%）*
2	科学	9（19%）	29（60%）*	10（21%）	0（0%）
	非科学	14（22%）	32（51%）*	9（14%）	8（13%）

续表

题项	专业	A	B	C	D
		转移部分			
3	科学	0（0%）	3（6%）	43（90%）*	2（4%）
	非科学	7（11%）	7（11%）	48（76%）*	1（2%）
4	科学	2（4%）	2（4%）	42（88%）*	2（4%）
	非科学	5（8%）	9（14%）	47（75%）*	2（3%）
5	科学	2（4%）	7（15%）	39（81%）*	0（0%）
	非科学	6（10%）	19（30%）	35（56%）*	3（55）
6	科学	2（4%）	6（13%）	39（81%）*	1（2%）
	非科学	8（13%）	10（16%）	42（67%）*	3（5%）
8	科学	45（94%）*	2（4%）	1（2%）	0（0%）
	非科学	55（87%）*	3（5%）	5（8%）	0（0%）
9	科学	2（4%）	44（92%）*	2（4%）	0（0%）
	非科学	10（16%）	44（70%）*	9（14%）	0（0%）
10	科学	5（10%）	34（71%）*	9（19%）	0（0%）
	非科学	8（13%）	36（57%）*	15（24%）	4（6%）
11	科学	36（75%）*	5（10%）	6（13%）	1（2%）
	非科学	36（57%）*	9（14%）	16（25%）	2（3%）
12	科学	1（2%）	27（56%）	19（40%）*	1（2%）
	非科学	13（21%）	30（48%）	20（32%）*	0（0%）
13	科学	33（69%）*	7（15%）	6（13%）	2（4%）
	非科学	35（56%）*	21（33%）	7（11%）	0（0%）
14	科学	41（65%）*	11（23%）	5（10%）	1（2%）
	非科学	30（48%）*	22（35%）	11（17%）	0（0%）
15	科学	4（8%）	35（73%）*	6（13%）	3（6%）
	非科学	12（19%）	43（68%）*	8（13%）	0（0%）
16	科学	5（10%）	26（54%）	15（31%）*	2（4%）
	非科学	13（21%）	30（48%）	15（24%）*	5（8%）
17	科学	30（63%）*	8（17%）	5（10%）	5（10%）
	非科学	15（24%）*	23（37%）	15（24%）	10（16%）
18	科学	6（13%）	5（10%）	13（27%）*	24（50%）
	非科学	7（11%）	13（21%）	18（29%）*	25（40%）
19	科学	3（6%）	29（60%）*	9（19%）	7（15%）
	非科学	17（27%）	17（27%）*	14（22%）	15（24%）
20	科学	3（6%）	7（15%）	2（4%）	36（75%）*
	非科学	12（19%）	18（29%）	14（22%）	19（30%）*
21	科学	4（8%）	13（27%）	23（48%）*	8（17%）
	非科学	11（17%）	17（27%）	23（37%）*	12（19%）

* 表示正确答案。

　　然而，在另一个例子中，30%的非科学学生（相对于 15%的科学学生）认为酶的反应性会增加，仅仅是因为表征值显示了构象正在发生变化，他们并没有考虑到催化基团的错误方向（题项 5 中的干扰项 B），见图 2。这一发现再次反映了先备知识对理解表征的影响，因为科学水平较低的学生忽略了催化基因与酶反应性之间的因果关系。

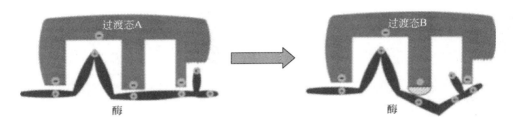

图 2　左图展示了过渡态 A（TS-A），催化基团面向待断键（折线）。右图展示了过渡态 B（TS-B），催化基团远离待断键

沿着不同认知顺序问题，对表征能力的变化进行测量

　　一些研究者指出，学生的表征能力可能会根据任务的难度而改变（Barnea and Yehudit，2000；Halverson and Friedrichsen，2013；Kozma and Russell，2005）。因此，通过评估来测量这种变化或许是有意义的，可以对"使用外部表征"的教学进行专门设计以满足特定的教学目标。这在大学教育中是很有可能的，因为在大学教育中，学生要完成高认知度的任务（如应用概念和分析实验结果），而不是回忆信息（Zhao et al.，2014）。以下是两个案例。

　　在我们的工具中，我们有"理解"和"创造"两个题项，它们共享相同的表征形式——在亚微观层面，对酶与特定底物的过渡态的相互作用进行表征，见图 3。在"理解"题项中，学生必须解释酶的结构变化会如何改变酶的反应性和底物的结合亲和力。在"创造"题项中，他们必须对酶的结构进行改变，以获得酶的反应性和结合亲和力的某些变化。

　　我们的工具能够检测出学生在这两个问题上的表征能力的变化，从"理解"题项（0.759±0.286）到"创造"题项（0.216±0.341），$t(110)=15.76$，$p<0.001$，得分显著下降。显然，问题的难度受到了这两个问题认知顺序变化的影响，因为这两个问题都使用了相同的表征和变量（酶的反应性和结合亲和力）。

　　在此工具中，我们也有"分析"和"评价"两个题项，它们共享同样的表征方法。即酶的反应性（k_{cat}）和结合亲和力（k_m）的符号表征。在"分析"题项中，

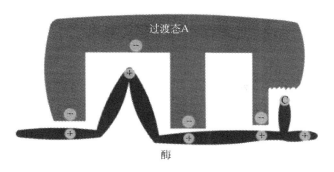

图3　顶部：过渡态 A。底部：酶。密匙：ⓒ=催化基团。折线=待断键。
⊕=带正电的部位。⊖=带负电的部位

我们要求学生选择最相关的结果来确定氨基酸对专一性的贡献。在"评价"题项中，我们测试了学生们根据"分析"题项中给出的相同结果，来评估一系列观点的能力。同样，我们检测到学生在这两个问题上的表征能力的变化，他们的分数从"分析"题项（0.734±0.259）到"评价"题项（0.615±0.339）显著下降，t（110）=3.280，p=0.001。干扰项分析进一步支持了这一说法，即分数的下降源于表征能力，因为11%—13%的学生错误地将 k_{cat} 作为结合亲和力的表述（题项9、题项10和题项12的干扰项A），而13%的学生误将 k_m 作为酶反应性的表征（题项11的干扰项B）。

8.9　讨　　论

在这一章中，我们展示了如何利用评估来检测具有不同先备知识的学习者在表征能力上的差异。我们还展示了如何在各种困难问题存在的情况下对表征能力的变化进行测量。然而，仅仅检测表征能力的差异/变化并不能为解决方案提供具体的指导。传统的评估方法，如题项分析，有时会对影响表征能力的因素进行详细描述，以此协助制定解决方案——对于那些先备知识是导致能力变化的主要原因的案例而言，这是真实的，如我们在本章前面所看到的那样。在其他一些案例中，如 CLT、CTML 和 MER 框架，则需要从理论角度进行诊断，以确定相关的问题解决方案。以"创造"题项为例，依靠传统的测量方法，我们发现，从"理解"题项到"创造"题项，学生的能力水平在下降，但就如何让更多学生参与这类需要高度认知的任务而言，还没有发现值得信赖的对策。然而，当我们用 CLT 的眼光来审视"理解"和"创造"题项时，我们发现"创造"题项中的关联互动元素比"理解"题项中的要更多。一个普通水准的学习者要回答"理解"题项中的一个问题，需要同时考虑以下 8 个元素。

①酶是带正电的；过渡态（TS）是带负电的。酶和 TS 相互吸引，因为它们的电荷是相反的。

②TS 和酶之间的相互作用程度取决于各自带电部位的数量。

③这种相互作用的程度反映了 TS 与酶的结合亲和力。

④©指的是酶的催化基因。

⑤折线指的是 TS 中将要断裂的键。

⑥酶要作用于 TS，©需要与待断键相互作用。

⑦©和待断键之间的相互作用取决于酶的构象，这是由带电部位的相互作用决定的。

⑧©和待断键之间的相互作用反映了酶的反应性。

然而，为了回答"创造"题项中的问题，学习者除了需要考虑上述 8 个元素，还需要对下述附加元素进行考量。

①为了提高结合亲和力，要修改 TS 的结构以提高与酶的相互作用程度。

②为降低酶的反应性，修改 TS 的结构以阻止/减弱©与待断键之间的相互作用。

③为提高结合亲和力而采取的措施不应导致增强酶反应性的构象。

④为降低酶的反应性而采取的措施不应降低结合亲和力。

⑤降低酶的反应性的同时增加结合亲和力是一个有效的办法。

"理解"和"创造"题项之间元素互动性存在的差异，足以有助于从 CLT 的名目中想出解决方案，用对学习者有限工作记忆的最低要求来搞定"创造"题项。例如，可以采用 CLT 部分-整体的测序技术，将这组元素分为两部分（Van Merriënboer et al.，2006）。一部分包括与结合亲和力有关的前三个元素。另一部分由随后的与酶反应性有关的四个元素组成。在实践中，组成各部分的元素将自发地变成单体模式，从而在工作记忆中释放出必要的空间，为给定的问题创造一个新的解决方案。

然而，值得注意的是，对关联互动元素数量是多少的说法只是一个估计，因此在我们的样本中，学生拥有不同的训练背景。一方面，对于高年级的科学专业学生来说，这个数字可能要小一些，因为他们可能已经知道相反的电荷相吸，而且这种相吸的程度会影响非线性等。另一方面，对于非科学专业的大一学生来说，可能需要对某些元素进行进一步划分，因为他们可能不知道酶的构象受到带电部位的分布和数量的影响，等等。在所有的案例中，"创造"题项都比"理解"题项的要求更高，因为它有额外的关联互动元素。

另一个例子来自"应用"题项。与"分析"题项 $[0.734\pm0.259, t(110)=-8.645,$

$p<0.001$〕和"评价"题项〔0.615 ± 0.339，t（110）=-4.979，$p<0.001$〕相比，学生在"应用"题项上的得分显著偏低（0.423 ± 0.332），虽然"评价"题项属于更高的认知层级。然而，如果我们用 MER 框架来检查这些题项，就会发现在"应用"题项中，学生必须研究氨基酸侧链的电荷和极性（术语）以确定酶的反应性和结合亲和力的变化（概念）。换句话说，他们必须从术语到概念进行垂直转换。他们还必须在词语、所呈现的侧链和化学方程式之间来回进行水平转换。然而，对于"分析"题项和"评价"题项，学生们没有进行垂直转换，因为他们只是在概念层面工作。在水平层面，他们只需要在字与符号之间进行转换。因此，"应用"题项所需的转换范围比其他两个题项都要广阔。接下来的问题是，对于"应用"题项而言，两种转换——垂直和水平——哪一种是更加困难的呢？通过干扰项分析，我们发现有较高比例的非科学专业的学生无法完成从术语到概念的垂直转换，因为他们无法正确使用所提供的关于每个氨基酸的信息。这一点从题项 19、20和 21 的干扰项 A，题项 17、18 和 20 的干扰项 B，以及题项 20 的干扰项 C（表 4）可以看出来。明确这一点后，CLT 和 CTML 的研究人员就很容易给出在预训练中加入所涉及的氨基酸相关信息（电荷和极性）的建议。CLT 研究者们进一步认为，学习者需要在认知层面自发地处理这些信息（例如，通过在预训练情节中的操练和练习），因为它们在"应用"题项中会反复出现（Van Merriënboer and Sweller，2005）。这种自发性会使氨基酸的特征信息在不自觉中被处理，而不是有意识地在工作记忆中处理，从而减少这些特殊题项所带来的困难（Pollock et al.，2002）。

当然，CLT、CTML 和 MER 框架并不是揭示学生在使用外部表征学习时面临的挑战的唯三视角。它们也不是唯三能提供有效处理方案的。然而，我们决定仅对这三个方面进行讨论，是因为它们在一起时能提供互补性的作用。其他理论/框架也可以为研究表征能力提供相当多的信息。一个很有前途的理论是媒体学习的认知-情感理论（cognitive-affective theory of learning with media，CATLM），它对可能有助于表征学习的动机因素进行了解释（Moreno and Mayer，2007）。我们认为这是一个有趣的研究领域，比如，一些高水平的学习者可能没有动机去关注视觉表征中的细节，认为那是多余的信息，也因此他们被错误地认为是表征能力低下的。

同样地，我们发现，影响表征能力的因素包括学习者的先备知识、元素交互性、对给定问题的认知顺序，以及需要的转换程度。然而，我们决不认为这些是影响表征能力的完整因素清单。相反，我们倾向于讨论基于数据的因素，当然，我们并不否认其他因素也可能适用的事实。例如，不同专业/职业的学习者在认知能力上的差异可能是一个潜在的因素。回顾我们的样本，我们有两组学习者，第一组由科学学生组成，第二组由医学技术、营养学和护理学的非科学学生组成。在测试中，两组学生都参加了两份测试题项。在第一份测试题项中，他们必须对给定的结果进行分析，而在第二份测试题项中，他们须基于这些相同的结果对观点进行评估。与所有其他题项一样，非科学学生在"分析"题项上的得分显著低于科学学生，$F_{(2, 107)}=6.25$，$p=0.003$。然而，他们在"评价"题项上的得分在统计上 [$F_{(2, 107)}=3.09$，$p=0.049$] 存在差异，但实际上却并非如此（Cohen's $d=0.21$）。因此，与其他组不同 [$t_{(48)}=2.908$，$p=0.006$]，当非科学学生在从"分析"题项转移到"评价"题项时，他们表现出了与科学学生相似的表征能力，$t_{(62)}=1.900$，不显著。能观察到此情况，可能与健康科学专业学生所受到的训练有关，他们的训练包括根据规定标准对基于数据驱动的观点进行评价。例如，他们习惯于根据"糖尿病患者排尿过"等相关事实来评价"糖尿病可能导致脱水"等说法。因此，他们经过打磨的评价技能可能已经可以适应由于这两个问题的不同认知顺序而可能引起的表征能力的潜在变化。尽管从给定的工具中衍生出的数据在统计上并不支持这一观点 [$F_{(1, 109)}=0.486$，不显著]，但对后天的/打磨过的认知技能在影响表征能力变化中的作用进行深入研究将是有意义的。

本章所描述的评估方法有可能改善外部表征的教学设计，因为它说明了学生表征能力的缺乏/差异是导致教学干预失败的主要原因。从逻辑上讲，这种多选择格式的评估工具可以由教室和研究实验室中无处不在的电脑自动管理和评分。然后，研究人员直接对由电脑自动生成的难度指数、基于标准的区分度指数、干预项分析，以及综合测试分数进行解释。可以说，与那些手动的、耗时的自由回答问题的评分方法相比，这种自动的、客观的、省时的评估方法可能被许多研究人员所青睐（DeLeeuw and Mayer，2008）。最后，我们承认，在这里得到的结果和结论需要在不同的学生样本和不同的材料上进行重复性验证。因此，我们预计这项工作将成为此方向作出拓展性研究的催化剂，或者说，可以认为本篇文章是未来相关文献的前言。

参 考 文 献

Aiken，L. R.（2003）. *Psychological testing and assessment*. Boston：Allyn and Bacon.

Anderson，L. W.，Krathwohl，D. R.，Airiasian，W.，Cruikshank，K. A.，Mayer，R. E.，& Pintrich，P. R.（2001）. A taxonomy for learning，teaching and assessing：A revision of Bloom's taxonomy of educational outcomes：Complete edition.

Barnea，N.，& Yehudit，J. D.（2000）. Computerized molecular modeling—the new technology for enhancing model perception among chemistry educators and learners. *Chemistry Education*

Research and Practice，*1*（1），109-120.

Brennan，R. L.（1972）. A generalized upper-lower item discrimination index. *Educational and Psychological Measurement*，*32*，289-303.

Brown，H. D.，& Abeywickrama，P.（2004）. *Language assessment. Principles and Classroom Practices*. White Plains：Pearson Education.

Chang，M.，Hwang，W. Y.，Chen，M. P.，& Mueller，W.（Eds.）.（2011）. *Edutainment technologies. Educational games and virtual reality/Augmented reality applications：6th International Conference on E-learning and Games*，*Edutainment 2011*，*Taipei*，*China*，*September 7-9*，*2011*，*Proceedings*（Vol. 6872）. Springer.

Dacosta，B.（2008）. The effect of cognitive aging on multimedia learning（Doctoral dissertation，University of Central Florida Orlando，Florida）.

de Jong，T.（2010）. Cognitive load theory，educational research，and instructional design：Some food for thought. *Instructional Science*，*38*（2），105-134.

DeLeeuw，K. E.，& Mayer，R. E.（2008）. A comparison of three measures of cognitive load：Evidence for separable measures of intrinsic，extraneous，and germane load. *Journal of Educational Psychology*，*100*，223-234.

Doran，R. L.（1980）. *Basic measurement and evaluation of science instruction*. National Science Teachers Association，1742 Connecticut Ave.，NW，Washington，D.C. 20009（Stock No.471-14764；no price quoted）.

Griffard，P. B.（2013）. Deconstructing and decoding complex process diagrams in university biology. In *Multiple representations in biological education*（pp. 165-183）. Netherlands：Springer.

Halverson，K. L.，& Friedrichsen，P.（2013）. Learning tree thinking：Developing a new framework of representational competence. In *Multiple representations in biological education*（pp.185-201）. Netherlands：Springer.

Kalyuga，S.（2007）. Expertise reversal effect and its implications for learner-tailored instruction. *Educational Psychology Review*，*19*（4），509-539.

Klahr，D.，& Robinson，M.（1981）. Formal assessment of problem-solving and planning processes in preschool children. *Cognitive Psychology*，*13*（1），113-148.

Kozma，R. B.，& Russell，J.（1997）. Multimedia and understanding：Expert and novice responses to different representations of chemical phenomena. *Journal of Research in Science Teaching*，*34*（9），949-968.

Kozma，R.，& Russell，J.（2005）. Students becoming chemists：Developing representational competence. In *Visualization in science education*（pp. 121-145）. Dordrecht：Springer Netherlands.

Madrid，R. I.，Van Oostendorp，H.，& Melguizo，M. C. P.（2009）. The effects of the number of links and navigation support on cognitive load and learning with hypertext：The mediating role of reading order. *Computers in Human Behavior*，25（1），66-75.

Mautone，P. D.，& Mayer，R. E.（2001）. Signaling as a cognitive guide in multimedia learning. *Journal of Educational Psychology*，93（2），377.

Mayer，R. E.（2009）. *Multimedia learning*（2nd ed.）. New York：Cambridge University Press.

Mayer，R. E.，Mathias，A.，& Wetzell，K.（2002）. Fostering understanding of multimedia messages through pre-training：Evidence for a two-stage theory of mental model construction. *Journal of Experimental Psychology：Applied*，8（3），147.

Moreno，R.（2004）. Decreasing cognitive load for novice students：Effects of explanatory versus corrective feedback in discovery-based multimedia. *Instructional Science*，32（1-2），99-113.

Moreno，R.，& Mayer，R.（2007）. Interactive multimodal learning environments. *Educational Psychology Review*，19（3），309-326.

Paivio，A.（1986）. *Mental representations：A dual coding approach*. Oxford，England：Oxford University Press.

Patton，M. Q.（2002）. *Qualitative research and evaluation methods*. John Wiley & Sons，Ltd.

Pollock，E.，Chandler，P.，& Sweller，J.（2002）. Assimilating complex information. *Learning and Instruction*，12（1），61-86.

Schönborn，K. J.，& Bögeholz，S.（2013）. Experts views on translation across multiple external representations. In *Multiple representations in biological education*（pp. 111-128）. Dordrecht：Springer Netherlands.

Stull，A. T.，& Mayer，R. E.（2007）. Learning by doing versus learning by viewing：Three experimental comparisons of learner-generated versus author-provided graphic organizers. *Journal of Educational Psychology*，99（4），808.

Sweller，J.，& Chandler，P.（1994）. Why some material is difficult to learn. *Cognition and Instruction*，12（3），185-233.

Treagust，D. F.，& Tsui，C. Y.（Eds.）.（2013）. *Multiple representations in biological education*. Dordrecht：Springer Netherlands.

Treagust，D.，& Tsui，C.（2014）. General instructional methods and strategies. In N. Lederman & S. Abell（Eds.），*Handbook of research in science education*（1st ed，p. 312）. New York：Routledge.

Van Merriënboer，J. J.，& Sweller，J.（2005）. Cognitive load theory and complex learning：Recent developments and future directions. *Educational Psychology Review*，17（2），147-177.

Van Merriënboer，J. J.，Kirschner，P. A.，& Kester，L.（2003）. Taking the load off a learner's mind：

Instructional design for complex learning. *Educational Psychologist*，*38*（1），5-13.

Van Merriënboer，J. J.，Kester，L.，& Paas，F.（2006）. Teaching complex rather than simple tasks: Balancing intrinsic and germane load to enhance transfer of learning. *Applied Cognitive Psychology*，*20*（3），343-352.

Zhao，N.，Wardeska，J. G.，McGuire，S. Y.，& Cook，E.（2014）. Metacognition: An effective tool to promote success in college science teaching. *Journal of College Science Teaching*，*43*（4），48-54.

9　通过基于课程的本科生研究体验项目来提高学生的表征能力

钱德拉尼·米什拉（Chandrani Mishra）　　凯莉·L.克拉塞（Kari L. Clase）
卡丽·乔·巴克林（Carrie Jo Bucklin）　　克丽丝蒂·L.丹尼尔（Kristy L. Daniel）

9.1　引　　言

　　科学教育的主要目标是培养科学素养（NRC，1996；Rutherford and Ahlgren，1990）。科学素养的一个组成部分是对科学概念和现象进行一般性表征的能力，如蛋白质结构和生化反应（Harle and Towns，2013）、DNA 图（Patrick et al.，2005；Takayama，2005）、分子现象（Harle and Towns，2010；Kozma and Russell，2005）和系统发育树（Halverson，2010，2011；Baum et al.，2005；Dees et al.，2014；Matuk，2007）。视觉表征对于交流抽象的科学概念至关重要（Patrick et al.，2005；Gilbert，2005b；Mathewson，1999）。在科学中，视觉表征被用来显示数据、组织复杂的信息，并促进对科学现象的共同理解（Kozma and Russell，2005；Roth et al.，1999）。这些表征经常被用来展示那些难以被描述或观察的多元关系和过程。各类形式的表征可以就一个现象或实体的不同但重叠的方面提供理解。表征在数学、地理和科学中起着关键作用（Cuoco and Curcio，2001；Gilbert，2005a），尤其是在生物学及其中的遗传学与进化方面。就艺术、科学和数学（Shepard，1988）而言，高水平的可视化技能与创造力息息相关。许多个案研究显示，创造力、科学发现和空间能力之间存在关联性。

表征能力

　　使用表征进行沟通是成为一名科学家的关键方面（Trumbo，1999；Yore and Hand，2010），而理解如何使用和解释学科特定的表征对于沟通是必不可少的，我们将此概念称为表征能力（Halverson and Friedrichsen，2013）。表征能力是指个体在对复杂现象进行解释时理解和使用表征的能力（Halverson and Friedrichsen，

2013；Kozma and Russell，2007）。表征能力或者说表征流畅性的框架已经在化学（Kozma and Russell，2005）、数学（Meyer，2001）、生物学（Halverson and Friedrichsen，2013）和生物化学教育（Anderson et al.，2012；Harle and Towns，2012，2013）中被详细描述了。

在最初的框架中（Kozma and Russell，2005），"当个人被要求表征一个物理现象时，其仅就物理特征方面对现象进行表征——也就是说，这种表征是对某一时间点上现象的同构性、标志性的描述，那么可认为此人达到了表征能力的初始水平"（Kozma and Russell，2005，p.132）。这一层次的能力关注个人产出表征的能力，而不仅仅是理解表征的能力。霍尔沃森等（Halverson et al.，2011）发现，学生在先备知识上的错误干扰了获得表征能力的过程。例如，当学生熟悉系统发育树上的生物时，他们使用的是物理和生态相似性的知识，而不是系统发育树结构中所提供的进化信息。我们需要一个框架对那些不能使用表征来回答问题或不能产出表征来交流知识的学生进行解释。这两者对于捕捉学生在树状思维背景下的生物学表征能力发展之差异至关重要。经过初步研究，霍尔沃森和弗里德里克森（Halverson and Friedrichsen，2013）在生物学教育中，提出了一个新颖的、尝试性的、基于经验的表征能力框架。在我们的研究中，我们进一步对此表征能力框架进行了测试，看它是否适用于其他生物学情景下的表征学习，如基因组学情景。

在化学、物理、地理和一般的科学教育中，学生利用表征进行学习是有据可查的（例如，Ferk et al.，2003；Chi et al.，1981；Kozma and Russell，2005；Peterson，1994；Tytler et al.，2013）。尽管研究者们已经注意到在生物学中使用表征进行学习的有利之处（Halverson and Friedrichsen，2013；Anderson et al.，2012；Won et al.，2014），但就学生如何在生物学中获得表征能力的研究却极其有限（Gilbert，2005a；Gilbert and Treagust，2009），尤其在基因组学领域。现代生物学中的发现出现在湿实验室工作台之外——真正的生物学发现也同样依赖于在计算机虚拟环境中进行的生物实验。基因组的表征是抽象的，通常在计算机软件和网络浏览器中显示，其中包括针对基因组不同特征的不同符号和图片，即代表推定蛋白质的方框和描述生物过程方向的箭头（Shaer et al.，2012）。因此，专家必须随时处理不同规模的基因组的多种抽象表征，这需要使用技术进行探究和发现（Shaer et al.，2010）。而学生获得知识和经验，使他们沿着新手到专家的路径连续发展，他们最终也将面临专家在这个领域所面临的挑战。

基因组测序产生的信息量和生物体的基因组大小对信息可视化——为了解和深刻认知数据信息，并促进基因组之间的比较分析——提出了挑战。对于科学家而言，基因组的表示方法、基因组数据标准化的问题，包括数据可视化的最佳方式问题均值得关注，这是为了在工作中使用这些数据来得出结论、进行观察，以及为未来工作提出假设（Sterk et al.，2006）。科学家们努力寻找展示基因组注释的最佳方式，而随着信息的泛化与技术的提高，基因组注释的标准也时常更新（Pruitt et al.，2011）。

> 本科教育概念化的一种方式是将其视为促使学生在特定学科中从新手级认知进化至专家级认知的成长过程。为了实现这一目标，首先要确定：①学生知道什么；②他们的想法是如何与规范的、科学与工程领域的解释与实践（即专家知识）相一致的；③如何改变那些不一致的想法（Singer et al.，2014，p. 57）。

培养表征能力可以促进学生变得像科学家一样思考和行动，并促使他们对表征中所描述主题的认知实现由新手级至专家级的跨越。在这项研究中，我们通过研究学生作出的表征及相关解释，探讨学生对基因组的认知是如何改变的。我们基于这样的视角来推进研究：表征类型及学生是如何谈论基因组的，对于呈现"思考的科学方式"是必不可少的。因此，根据霍尔沃森和弗里德里克森（Halverson and Friedrichsen，2013）的观点，为了确定表征能力，我们将表征类型及学生的解释结合起来进行考察。

我们使用霍尔沃森和弗里德里克森所描述的表征能力框架来指导本章研究，并参照系统发育树，将表征能力分成了 7 个层次，这些层次从没有使用表征到专家级表征。基于对试点数据的分析，我们对这些层次进行了调整，以描述学生对基因组注释的表征能力水平。我们对学生在生物学基因组中表征能力的发展情况进行了研究。正如沃尔德里普和普兰（Waldrip and Prain，2012）总结和讨论的那样，在表征方面有两个主要的研究视角：一是对学生使用表征来学习进行考察，二是对学生所产出的表征进行考察。我们主要关注学生对其所完成的表征的使用情况，以揭示他们对生物学内容、过程和科学素养的认知情况。

9.2　研　究　方　法

9.2.1　研究的问题

我们意图解决以下研究问题：

在参加了基于课程的本科生研究体验（course-based undergraduate research experience，CURE）项目后，学生的表征能力在哪些方面发生了变化？

9.2.2 被试

所有被试均为 STEM 学科专业的本科生，他们在一所中西部的公立大学参加了 CURE 项目。数据是从 CURE 项目的两阶段系列课程中收集的。被试通过参加霍华德·休斯医学研究所（Howard Hughes Medical Institute）的"科学教育联盟-噬菌体猎手促进基因组学和进化科学"（Science Education Alliance-Phage Hunters Advancing Genomics and Evolutionary Science，SEA-PHAGES）项目，而参与至 CURE 项目当中（Harrison et al.，2011；Jordan et al.，2014）。CURE 项目是一个历时两学期的系列课程，包括一个学期的湿实验室课程和一个学期的计算机模拟实验室课程。在湿实验室课程中，学生从环境中分离样品，并使用微生物学技术来捕获病毒，更具体地说，是用一个噬菌体来感染细菌的某个特定宿主菌株。然后，在该学期的其余时间里，学生使用分子生物学技术来描述他们的噬菌体并将整个噬菌体基因组的 DNA 分离出来，随后在两学期之间对病毒的被分离基因组进行测序。在 CURE 项目的最后一个学期，学生将使用仿真生物信息学软件（即 DNAMaster、NCBI BLAST、Phamerator 和 GeneMark），对假定存在的蛋白质及其编码于核苷酸序列中的功能进行识别，以完成对基因组的注释。经过 SEA-PHAGES 项目分枝杆菌噬菌体注释审查小组的最终质量控制处理后，最终的基因组注释在线提交至美国国家生物技术信息中心的 GenBank 数据库处。这项研究的被试包括第一学期（湿实验室）课程的 52 名学生和第二学期（基于计算机模拟的生物信息学）课程的 13 名学生。

9.2.3 数据收集

我们通过多个渠道对数据进行了收集，包括课前/课后系列问卷，主要用于评估学生如何理解、使用和产出生物学表征，以及半结构化的个体学生访谈。定性数据是从学生对给定表征的回应中收集的，这些给定表征来自前后测问卷/访谈记录。前后测问卷包括三个开放式问题。第一个开放式问题要求学生画出他们如何表征一个注释基因组，第二个问题要求学生对该表征进行描述，第三个问题要求学生描述基因组的意义/功能。访谈是在每个学期末进行的，学生被问及他们对注释基因组的理解，然后被要求产出表征以展示他们是如何看待注释基因组的。学生之后会被要求对他们产生的表征进行描述，并解释他们关于注释基因组的想法从何而来。如果学生没有参加访谈，则他们将填写一份后测问卷。

9.2.4　数据分析

　　研究同时使用了定量和定性的分析方法。与霍尔沃森和弗里德里克森（Halverson and Friedrichsen，2013）所描述的理论模型相一致，学生的绘画作品及其提供的解释被用来测量学生的表征能力水平。我们从学生产出的表征及他们的讨论中收集和分析数据——无论是写在问卷上的还是在访谈中的口头讨论——都是为了确定他们的表征能力水平。在定性分析中，我们使用了演绎法对学生产生的表征进行编码。我们根据学生所绘制的表征及其口头/书面描述进行双重编码，这些描述揭示了学生在整个课程中对表征的使用和理解。研究根据霍尔沃森和弗里德里克森提出的表征能力水平，将带有描述的类似图画进行分组，以区别表示学生对注释基因组的表征能力水平。在定量分析中，我们通过累计处于各个表征水平中学生的数量，对表征能力水平总体频率分布情况进行记录（图1）。

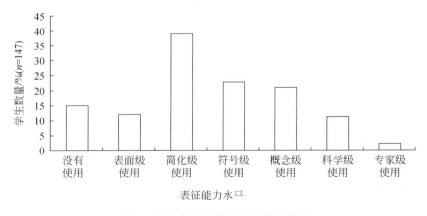

图 1　学生表征能力水平频率分布图

9.3　研　究　结　果

9.3.1　学生对注释基因组的表征能力水平

　　研究发现，学生对注释基因组的表征能力共计有 7 个层次，而这 7 个层次都曾在系统发育树中有所定义和描述（Halverson and Friedrichsen，2013）。大多数学生的表征被归类为第三层次简化级使用（39%），其次是第四层次符号级使用（23%）和第五层次概念级使用（21%）。极少数学生（2%）的表征能力达到第七层次专家级使用（图1）。

1. 第一层次：没有使用

如果学生没有尝试画出注释基因组，没有尝试谈论注释基因组可能是什么，在访谈中不能对注释基因组进行描述，或者说他们不知道该画什么，那么其表征能力就被归入这一层次。在访谈中，洛根（Logan）说："说实话，我不知道注释基因组是什么样子的。"

作为访谈的一部分，塔比莎（Tabitha）说："我真的不知道那是什么……我不知道注释是什么意思……我真的不知道基因组是什么……我认为基因组包含遗传信息。"这与对染色体的基本描述"它与遗传信息有关"共同表明了，塔比莎对注释基因组是什么并不了解。泰勒（Tyler）说："我记得在高中生物课上学过基因组，但我对它们的印象不深。我想它们与 DNA 有关，也许与细菌有关。"利兹（Liz）说："我真的不太清楚如何用图片来表征一个基因组。"（图2)同样地，雷克斯（Rex）说："我真的不知道注释基因组是什么……如果我知道它是什么，我就会画出来。"莉萨（Lisa）被认为属于这一层次的表征能力，因为她在访谈中没有尝试去画出任何东西，并申明"我没有任何线索"。

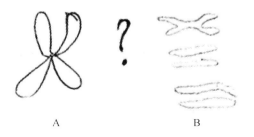

图2　A 为泰勒的表征，B 为利兹的表征

2. 第二层次：表面级使用

这一层次的表征能力指的是学生基于粗浅的理解而创造的表征，与深度知识无关。如果一个学生绘制了文字图像来说明其对科学内容的理解，且其中可能包括恰当的术语，但并没有用概念性理解来进行精确释义，则该学生被归入表面级使用这一层次。该层次的许多学生对生物学概念缺少分子层面的认知，仅是粗浅地关注着生物系统的宏观层面，即病毒（噬菌体）及其宿主（细菌），该生物系统正是他们在本科研究体验课程中有所涉及的。

他们似乎也认为注释基因组是一个可见的实体，可以作为一个整体进行物理观察，就像他们在实验室用电子显微镜观察到的实在的噬菌体一样。学生们所绘制的图画及他们为图画配有的口头或书面描述，反映了学生们的认知水平。珍妮弗（Jennifer）说："我知道噬菌体有头有尾，所以我认为注释基因组也是如此。"米奇（Mitch）说："这是一幅关于细菌的图画。头部包含被感染的细菌 DNA。"（图 3）

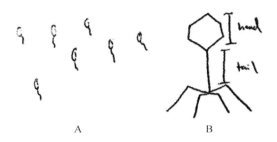

图 3 A 为珍妮弗的表征，B 为米奇的表征

此外，安尼塔（Anita）试图描述她对注释基因组的看法，并画出了注释基因组的表征。她在访谈时给出了一个外形酷似变形虫的设计，并标注"ABC"（图 4）。在与安尼塔的讨论中，她更关注的是 DNA 区域，如启动子，而不是注释基因组，可以看到她的表征是字面上的。她将注释基因组描述为"当你有一个碱基和原料的序列，你知道这部分是外显子，而这部分是启动子的侧面。当你有了序列的这一部分信息时……那么我认为它就是这样的……这个（她的画）可能是内含子"。虽然她确实提到了生物学领域中适当的术语，但她的解释是粗浅的，她难以准确地描述这些术语并从概念上将其与她的表征联系起来。

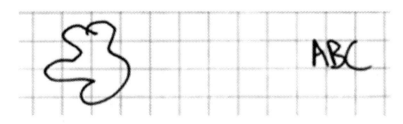

图 4 安尼塔的表征

3. 第三层次：简化级使用

这一层次的表征能力是指，学生基于正确但简单的概念性理解来进行表征构建。这一层次的学生可以对表征进行构建，并准确地讨论生物学概念的组成部分，

但其表征和解释是不完整的（例如，画染色体时没有注释；使用碱基对来画双螺旋，画染色体核型）。如果学生只关注基因组的一般特征或属性，如"碱基配对使双螺旋 DNA 保持其形状"，或"画出染色体或其他一些简化的基因结构来描述注释基因组"，他们也将被归入这一层次。该层次的学生没有在口头方面表现出对注释基因组的完整理解，也没有画出能说明基因组所有构成要素的表征。布伦特（Brent）画了一条不重复的染色体，并将他的画描述为"染色体，包含了生物体生存所需的遗传信息"。这位学生正确地画了一条不重复的染色体，并认为染色体包括生物体生存所需的基因，但不一定是生物体的全部遗传物质（图5）。

图 5　布伦特的表征

在此层次的基因组表征中，学生们还关注了他们对碱基对和双螺旋结构的先备知识。萨拉（Sarah）说："我在想基因组，所以 DNA……这里是骨架，一些碱基对，这就像 TATA 框。"（图 6A）此外，诺亚（Noah）和埃丽卡（Erica）将基因组描述为一个碱基对序列，但忽略了描述或画出注释部分。诺亚将他的画简单描述为"基因组是生物体 DNA 中四个碱基对的组织顺序"（图 6B）。

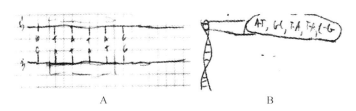

A　　　　　　　　　　　B

图 6　A 为萨拉的表征，B 为诺亚的表征

同样，埃丽卡认为，基因组是用来产生蛋白质的碱基序列。比利（Billy）认为："它显示了一个双链螺旋，由不同碱基 A、G、T、C 之间形成的键连接在一起，左边还显示了一个基因型，它是来自两个不同来源的基因的组合。"（图 7）这些学生（萨拉、诺亚、埃丽卡、比利）对注释基因组的描述都不准确，将其与单一基因混淆了。

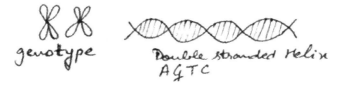

图 7 比利的表征

此外，一些学生画了核型的表征（图 8），并将它们描述为染色体［亚伦（Aaron）和萨莉（Sally）］或基因型［马克（Mark）］。学生们继续尝试将他们的画与个人的整个 DNA 序列（亚伦）联系起来，或者简单地认为他们的画展示了一个人的构成要素（萨莉和马克）。例如，亚伦说："基因组是整个 DNA 序列。我的图片显示了包含 DNA 序列的染色体。"萨莉说："每张图片都代表了一条给定的染色体，并显示了其构成要素。"马克解释说："在我早期的生物学课上，我们被告知人类有 23 或 26 种类型的基因组。这些基因组构成了你。"

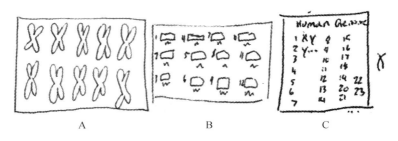

图 8 A 为亚伦的表征，B 为萨莉的表征，C 为马克的表征

在某些情况下，此层次的学生所构建的表征似乎比其他位于第三层次的表征更显得高级（即使用多个尺度），但还不足以被归至第四层次（即学生使用概念性基础）。学生可能试图在基因型和基因组之间建立联系，但他们没有实现在图画和注释基因组基本概念之间建立联系。因此，我们将这些表征归为第三层次（图 9）。凯西（Kathy）说："基因组有染色体和基因，含有制造蛋白质的指令。"她的画中既有染色体又有双螺旋，但她没有详细说明染色体和 DNA 之间的关系，也没有说明它们是如何作为制造蛋白质的指令一起工作的。此外，迪伊（Dee）画的染色体有一个放大的双螺旋。迪伊表示："我画一条染色体……这是一条带有一堆基因的染色体，双螺旋 DNA 是其最小的部分。基因组介于两者之间，整条 DNA 链就是基因组，它将表达出各种特性。"迪伊最初画了一条染色体，因为这是她最先想象到的东西，接下来她思考了染色体的组成部分，然后将 DNA 链描述为基因组。她后来表示，她不知道注释部分是什么意思。这两名学生在他们的表征

中都使用了适当的尺度，但他们在描述或表征中都没有理清不同尺度和基因组注释的基本概念之间的联系。

　　这些简化的表征可以通过添加注释或符号来改进，添加的注释或符号也可用于对概念和基本现象进行解释。我们可以在下一层次的表征能力水平中看到更多的讨论。

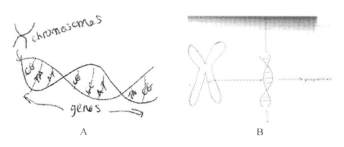

图9　A 为凯西的表征，B 为迪伊的表征

4. 第四层次：符号级使用

　　这一层次的表征能力是指学生使用由符号组成的表征，或使用以注释的形式展示的表征，来揭示他们对概念的理解。在此层次中，学生的表述是基于对基因组注释这一现象的概念性理解，但他们将概念性理解与功能联系起来的能力是不完整的。学生表现出他们知道基因组注释是一个重要的概念，并且与其他术语如DNA 和核苷酸有一定的联系，但他们仍然没有在各部分之间建立起内在联系。学生们知道注释的存在，但不清楚它们为什么或意味着什么，例如 DNA 就是核苷酸。学生们知道人工制品等术语，但没有从概念上把它们联系起来，也没有在构成要素之间建立联系——就像在一个由相互关联的工作部件（包含基因组注释在内）组成的系统中，却没有联系的孤立圆圈，因此可以说，他们的理解还是有缺陷的。学生们知道注释包括基因，但没有深入地将注释与功能联系起来，有时甚至他们对基因组注释的解释或表征都是不准确的。

　　所以当学生所绘的图反映出了其对遗传学和基因组的概念性理解，但仅局限于粗浅的描述，即他们已经开始将这些概念与注释联系起来，但没有以深刻的概念性理解进行联系，或者他们提供了不正确的描述或表征时，这些学生的表征能力将被归为第四层次。两名学生，凯莉（Kaleigh）和赞恩（Zane），画了圆形 DNA，他们都用 DNA 或 DNA 序列来描述他们的画（图10）。凯莉把她的圆形 DNA 画成了双螺旋结构的环状质粒，用放大的方框显示了核苷酸的排列方式，而赞恩只是画了一个带有阴影区域的圆，没有标注。凯莉将她的图像描述为一个 DNA 序列。赞恩将他的图像描述为"圆形双链 DNA，阴影区域是基因组编码某些基因的场所"。

A　　　　　　　　　　　B

图 10　A 为凯莉的表征，B 为赞恩的表征

在这个层次上，学生的表征可能仍然包括线性 DNA 序列或染色体，但学生开始认识到注释是为基因组的不同部分分配功能。例如，埃米莉（Emily）认识到，基因组是被研究的对象，为了做某些事情，或者是为了服务于某些特殊功能，基因组的不同部分被标记或被注释。她说："我认为基因组是生物个体的所有基因……有一些基因，你可以用一个方框来表征它们……基因某些部分代表了一些未知东西，我不知道它们代表什么。总之就是不同的部分会代表不同的东西"（图 11）。

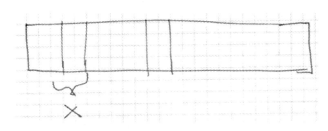

图 11　埃米莉的表征

然而，为了形成完整的概念性理解，人们必须能够将系统与其功能联系起来，或者阐明自己对现象的理解是怎样的。

5. 第五层次：概念级使用

这一层次的表征能力意指学生可以在准确的概念性理解基础上创造表征，但无法将此表征与他们对现象的概念性理解联系起来。如果学生展现出对基因组注释的理解，但无法将其表征中的信息与他们对注释基因组的准确概念性理解相结合，则其被归入这一层次。如学生就评价基因组注释的证据进行讨论，或绘制出了包括证据——它们将在对基因组进行注释的过程中被评价——在内的表征，但他们没有将证据与更宏大的局面或基因组注释的根据联系起来——如无法透过树木看到森林。

例如，萨曼莎（Samantha）说："图像显示了染色体上的基因。标记的是那些已经被研究和理解的基因。"她尝试描述道，"当科学家对基因组进行注释时，他们已经研究了与不同性状相关的基因"，但是她的图画所描述的"注释"是针对单条染色体的，而非 DNA 的一长段。这名学生从概念上理解了注释基因组和基因之间的联系，并能够用语言表达出来，可惜她仍无法在其画中准确地将它们表达出来。之所以被归为第五层次而不是第四层次，是因为萨曼莎正试图描述科学家如何知道应在哪里进行注释，而不是简单地说明它们的存在。同样地，在与杰克（Jack）的第一次访谈中，他便在一条染色体上画出了他对注释的看法。但是，他还在画中加入了尺度的概念，以在个体 DNA 中展示注释所标之处（图 12）。杰克说："首先，我画了一条染色体，因为它在'宏观'层面上包含了 DNA（使用核苷酸作为参照）。然后，我将我的画不断地具体化，直到我画到生物体可能具有的独特的核苷酸序列。"

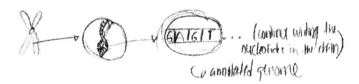

图 12 杰克的预表征

这一层次的学生也开始认识到，科学表征包含其被构建所需的基础数据和证据，即使数据并不总是明确地包含于表征中。学生在描述他们的表征时，也开始建立表征对象与系统中其他成分之间的联系，如建立基因组与蛋白质的联系（图 13）。例如，蒂娜（Tina）说：

这幅图正试图表征基因组内的基因调用。有两个正向基因和一个反向基因。如果点击这些基因，就会看到每个基因它们自身及其功能、起始密码子、标准差、编码潜力等信息。基因组在本质上是为其功能服务的。基因组包括了个体 DNA 中的所有基因。基因产生具有特定功能的蛋白质。没有基因组，就不会产生有功能的蛋白质。

在这一层次中，学生在课程中使用生物信息学软件中提供的表征形式对基因组进行注释，这些表征形式通常会对学生所构建并进行描述的表征起到限制。学生采用软件提供的表征形式进行表征是显而易见的，他们的理解被锁定在课堂提

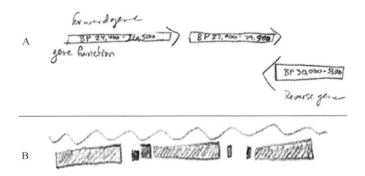

图 13　A 为蒂娜的表征，B 为埃拉的表征

供的表征技术上，这一点在他们构建的表征和提供的描述中都有所体现。一些学生甚至讨论了软件，以及讨论对他们构建之表征的某处进行"点击"（根据蒂娜在上文的说法）操作以显示额外的信息或观点。这些知识可能被认为是易变的——学生们似乎受到了用于注释基因组的生物信息学软件的限制，他们既没有将这些来自技术的表征形式整合至他们的表征心理图谱中，也未将其整合至对系统内其他相关生物概念更深入的概念性理解中。此外，埃拉（Ella）表示：

　　　这些方框代表了与基因序列相对应的基因调用。这些调用基于许多因素，如编码潜力。基因组的目的是包含生存所需的所有信息。通过更好地了解它们，我们可以更好地了解生物体是如何工作的，知道哪些基因编码对应的是哪种蛋白质，知道各种条件背后的遗传基础，等等。

　　使用此层次表征的学生在所有维度（即改变尺度、建立系统要素间的联系、认识到数据的使用和不确定性）都显示出比新手学习者更高级的思维方式。然而，绘制这些图画的人并没有关注基因组注释与其对基因和基因组的概念性理解之间的关系，而是狭隘地将关注点放在了如何构画基因调用，以及计算机程序或生物信息学软件中所提供的信息应用上。

　　但是，要表现出类似于科学家的表征能力水平，个人就必须能够使用自己构建的表征对概念进行清晰的解释，或勾画出更宏大的局面。

6. 第六层次：科学级使用

　　这一层次的表征能力意指学生不仅能在准确的概念性理解的基础上构建出如前所述的表征，也能将这些表征与现象的概念性理解联系起来。如果学生能够构建出单一准确的表征，并且能够将此表征与他们对基因和基因组的准确概念性理解联系起来，那么其表征能力可以归入这一层次。处于这一层次的学生所构建的表征也可能是对软件程序中表征的模仿（图 14），但与第五层次相比，现在他们已可将这些表征与他们对基因组的概念性理解准确地联系起来。例如，兰迪（Randy）的画是一系列相连的方框。这些方框是 DNA 的一部分，分别被标记为A、B 和 C。标记的方框是"基因，一个基因组……一个有注释的基因组，你理清了该序列基因组内的所有基因，这些基因有着某些已被人知晓的用途"。利娅（Leah）画了两组三个箭头，互相指向对方。她描述道："我想到了我们使用的 Apollo或 GBrowse 程序……这些是将基因在基因组中的位置可视化的好方法。"利娅根据她操作计算机程序的回忆来塑造她如何将注释的基因组可视化。兰迪将他的绘画与他对基因组的概念性理解联系起来，而利娅则将她的绘画与她使用计算机程序的经验联系起来。两名学生都对基因组有准确的概念性理解，并对注释基因组有实质性理解。学生们在分配和调用基因的过程中表现出了高超的技术水平，但他们并没有将基因组相关概念与功能建立起更深层次的联系，同样也不知技术是如何使他们建立这些联系的。生物系统中存在着不同的层级，而技术是贯穿其中的。学生必须在简单的核苷酸序列、假定存在的基因、该注释基因的预估功能，以及各种相关技术的使用之间建立理解。第六层次包括基因组注释与序列及功能的联系，但学生们似乎并没有理解为什么与注释和功能进行联系是一个重要步骤。最后的第七层次是使用多种表征将注释的过程与功能的理解联系起来。

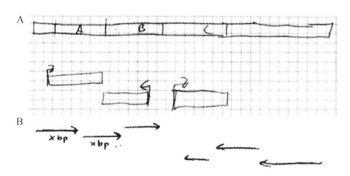

图 14 A 为兰迪的表征，B 为利娅的表征

或者说，一些学生的图画被归类为第六层次，是因为他们只使用了一种表征（在 Apollo 或 GBrowse 程序中所看到的）来描述他们对注释基因组的理解（图 15）。例如，莉莉（Lilly）是这样描述其表征的："图阐明了已经进行的基因调用，包括正向和反向。这张图还说明了如果基因同时位于正向/反向，它们是可以重叠的。此外，我还展示了编码潜力和功能。"莱克西（Lexie）表示：

这张图类似于 Apollo 程序输出的基因组。它包含正向和反向基因。

每一部分代表一个调用的基因。上方是正向基因，下方是反向基因。基因组的存在是为生物体的蛋白质/特性进行编码。其中所包含的 DNA 为生物体的构建提供指令。

莉莉和莱克西的绘画都代表了从新手级到专家级的思维变化。两人都在使用从 Apollo 和 GBrowse 程序收集到的数据来支持他们对注释基因组的理解，就像科学家使用数据来支持他们的主张一样。一些学生表现出对注释基因和功能之间的联系有概念上的理解，但他们仅基于对技术的模仿，提供单一的表征。他们没有使用多个表征进行阐述，所用表征也仅限于课堂所学的表征技术。然而，为了对基因组有一个专业的理解，科学家和学生必须能够在系统中建立多个构成要素间的联系，使用证据或数据来支持他们的表征，并使用多种表征来描述他们的理解。

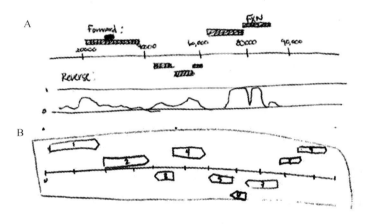

图 15　A 为莉莉的表征，B 为莱克西的表征

7. 第七层次：专家级使用

这一层次的表征能力意指学生构建多种表征，并像相应研究领域的专家一样使用这些表征来解释、识别或说明基本现象。要在任何领域拥有专家级的表征能力，就必须能够构建多种表征，将多个系统的概念联系起来。此外，还能使用证据来支持他们构建的表征，并能准确地描述表征背后的意义。例如，布鲁斯（Bruce）在其构建的一个表征中使用了不同的尺度（即双螺旋到组蛋白到染色体到整个DNA）。他在绘制时说道："这条基线可算是基因组本身，由于存在正反向两种状态，因此在每个部分中都有正向基因和反向基因。同时，注释或多或少会选择通过'创建'对该基因组中的某种基因进行识别。通过注释，一系列关于基因组

的事实被揭示。"（图 16）布鲁斯接着描述了什么是注释基因组，以及科学家如何使用它们：

> 或多或少看一眼该基因组中的不同基因，它们以序列排序来表征特定基因。然后，我给出该基因的特征，如它的功能、长度、一系列关于它的数据……能够查看不同噬菌体，或是那些正被查看之物的作用，能够确定其功能从而更深入地使用它——如从事进一步研究以开发新的噬菌体或任何东西，识别其功能及类似之物，有望获得更多知识以供他日之用。

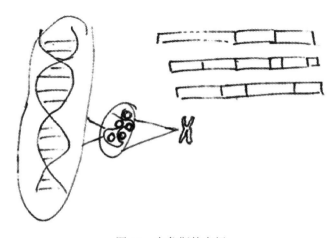

图 16　布鲁斯的表征

布鲁斯能够通过多种表征形式来描述注释的位置和用途，展现了他对注释基因组具有专家级表征能力。

在杰克获得指导后接受的访谈中，他首先绘制了一个图形，用以表征其在 GeneMarkTB 程序中之所见，然后他绘制了一系列用方框连接起来的碱基对（图 17）。在方框下面，他写着"基因 1"。在杰克绘制不同的表征时，他对在注释基因组时需要考虑的事情进行了描述：

> 那么首先，这个叫作 GeneMark 程序，你可以在线运行或是下载软件，并在该程序的界面上输入整个序列；它会告诉你有一个基因的概率是多少，它会绘制一个图形进行解释，并告诉你特定序列中应该有几个基因。所以，我在这里画的……是程序，该程序上面可能画有一些线段，或者没画任何东西。如果它画了很多线，比如说这条线长度，那就是在告诉你，这段长度大概率表示的是基因的编码潜力。根据你输入的序列，

程序会对该序列应该有多长绘制一个草图。因此，如果继续往下看所有的基因组，就会发现注释基因组是这样的。

当杰克在进行上述描述时，他正在绘制不同的图像，并像科学家一样在他的描述中使用它们。仿真生物信息学软件的使用，以及让学生参与仿真科学实践，正在促使学生进行改变，使他们拥有像科学家那样的思维，正如下述表征和讨论所显示的那样。

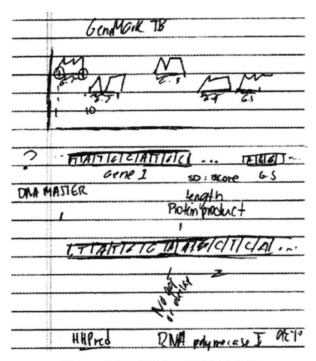

图 17　杰克在接受指导后绘制的表征

9.3.2　学生表征能力的变化

CURE 项目的被试有可能需要同时完成关于注释基因组的调查问卷和访谈。问卷在 CURE 项目体验前后完成，而访谈则在 CURE 项目的两学期之间及其结束时进行。为确定参与 CURE 项目之后学生的表征能力是否有所变化，我们比较了学生参与 CURE 项目前后对注释基因组表征能力的变化情况。在学期开始时，大多数学生的表征属于第三层次简化级使用（40%），没有学生属于第七层次专家级使用。

1. 参加 CURE 项目后表征能力有所提高

我们研究了参加了两个学期 CURE 项目的学生在表征能力方面的变化。结果显示，在参加了两个系列的课程后，学生的表征能力有了明显的提高（$p=0.0002$）（图 18）。

我们研究了学生在 CURE 项目前后表征能力水平的定量变化情况。部分学生维持在同一水平（无变化），部分学生表征能力有所提高，实现了从第一层次迈向第五层次的正向增长（图 19）。分析显示，没有任何一名参加 CURE 项目的学生表现出表征能力有所下降（0 名学生为负值）。仅 3 名学生的表征能力维持在同一水平（无变化），其余学生的表征能力均有所提高：3 名学生提高了一个层次，6 名学生提高了两个层次，2 名学生提高了四个层次，1 名学生提高了五个层次。

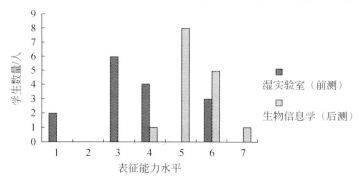

图 18 学生参与 CURE 项目前后表征能力水平的变化情况

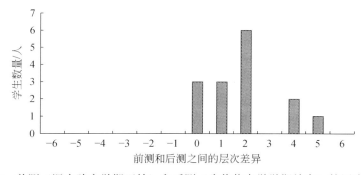

图 19 前测（湿实验室学期开始）和后测（生物信息学学期结束）的层次差异

2. 学生表征能力变化的代表性案例

安妮卡（Annika）和杰克是参加 CURE 项目后变化极大的两名学生。他们的表征能力都提高了四个层次（图 20）。在课程开始时位于第一层次的安妮卡，申明她不知道什么是注释基因组。在 CURE 项目第二学期结束时，安妮卡的表征能力达到了第五层次。同时，杰克则从第三层次进步到第七层次。

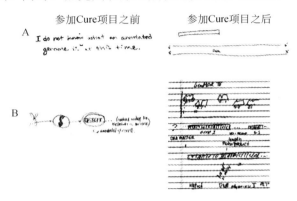

图 20　A 为安妮卡的表征，B 为杰克的表征

9.4　结论和启示

资料显示，在学习遗传学时，学生对基因和基因组概念的学习非常吃力（例如，Driver et al.，1994；Lewis et al.，2000）。基因的定义随着时间的推移而被修订，以反映科学知识的增加和技术的变化，同时，其概念仍处于基因组学研究科学家、生物科学哲学家和教育工作者的争论当中（Dikmenli et al.，2011；Gericke and Hagberg，2007；Griffiths and Neumann-Held，1999；Stotz et al.，2004）。一些人提出，科学家对基因的看法是基于他们的实验角度：发育、进化或分子（例如，Fogle，2001；Rheinberger and Muller-Wille，2008；Stotz et al.，2004；Waters，1994）。此外，基因的定义会受到从基因组测序项目中获得的大量数据的影响，以及会受到技术与计算工具使用情况的影响。这些技术与计算工具被用于对基因组进行注释，或进一步通过注释来帮助人们理解基因序列。技术的变化和数据的日益丰富，改变了我们对基因组和基因组信息的思考方式。随着新技术的改进及新实验证据的获取，科学家们能够越来越细致地研究基因，科学家们对基因的定义仍然是摇摆不定的，其定义已成为各界争论的焦点，取得共识的是将功能与序列纳入定义当中，以及在基因组注释项目技术中的定义应用（Baetu，2012；Gerstein et al.，2007）。

我们发现霍尔沃森和弗里德里克森（Halverson and Friedrichsen，2013）的表征能力框架在树状思维之外的另一个生物学领域中非常有用。该框架使我们能够识别并注意到学生对基因组思考的变化情况，尽管我们根据新内容对描述进行了细微修改，但层次水平仍与之前是一致的。这使得我们可以通过考察内容和过程两方面，来研究 CURE 项目对学生表征能力的影响。为了对基因组进行注释，学生必须了解生物系统的科学内容，并形成过程性理解，这需要使用技术进行多证据评价，而这些证据来源于数据库和生物信息学软件中的各种表征。证据评价和表征解释依赖于在整个生物系统中建立一种联系。对功能和序列的理解是至关重要的。理解如何使用技术来收集证据和提供表征同样重要，它有助于促进新的发现。我们发现学生的表征能力之间存在着以上这些区别。对内容和过程的理解，包括以发现新理解和新知识为导向的技术使用过程，有助于学生在生物系统内各构成要素之间建立更深的联系。在较低层次，学生表现出了对表面水平（核苷酸序列）的理解，之后他们开始讨论并绘制出如何使用技术的基本原理（对核苷酸序列的部件、碎片和局部进行定义/注释/赋予意义），然后他们理解功能（知识方面存在差距、被用于构建功能相关知识的证据和技术存在局限性、在此影响下对假定基因进行的注释），并与整个生物系统建立更深层次的联系——在最高层次的表征能力中，学生将所有三者联系起来，并以丰富的描述和多种表征支持他们的理解。

关于表征在生物学学习中——特别是在入门课程中——所起作用的研究严重不足，这使得表征在生物学中的实施和完善变得困难（Griffard，2013）。研究表明：

> 学生对生物学知识的构建与在不同组织层次上的多种外部表征之间进行转译的能力密切相关。促进基于技能的外部表征转译实践，以推进我们学生对于生物的理解，应被视为现代生物学教学的一项关键事业（Schönborn and Bögeholz，2013，p. 126）。

学生对表征的使用有助于我们捕捉他们过程技能的变化情况，特别是与使用表征有关的变化。认识到学生的表征能力会受到课堂经验的影响并发生变化是至关重要的（例如，Stieff et al.，2005）。表征能力是可以改变的，它对学习科学专业知识非常重要，因此我们理应给予它更多的关注。对于我们在课堂上用于交流和教授科学的表征，以及学生在使用表征时我们要求其承担的任务，包括在现代科学/生物学的丰富技术环境，都应获得关注。表征及其交流方式可以被用于揭示思维的变化。我们的研究表明，提供与基因组注释有关的仿真 CURE 项目，为学生提供了在多个外部表征之间进行实操的途径，这促使他们的表征能力迈向了更高层次水平。更具体地说，在学生处于一开始的表征能力层次时，他们注意到应将注释基因组与术语进行联系，但没有注意到将其与生物系统思维过程或更广泛的概念性理解进行联系。也许学生的表征能力一开始稳定在第三和第四层次附近，因为他们没有机会在系统内对生物内容进行多种表征，CURE 项目中的生物信息学课程很可能可以帮助学生获得更深层次的概念性理解和科学思维。未来的工作还将包括：对生物信息学课程具体影响的探索、对学生使用更富细节的表征来解决问题的能力的探索，以及对适用于生物学其他领域的问题的探究。

　　鸣谢　这项研究和跨学科合作部分得到了戈登科学和教育可视化研究会议、美国国立卫生研究院的国立普通医学科学研究所、霍华德·休斯医学研究所、大学资助发展计划，以及普渡大学的生物技术创新和监管科学中心、理工学院、农业和生物工程系、技术领导和创新系的资助。

　　我们还要感谢作者研究实验室（Authors Research Labs），他们所做的所有工作使得本文的存在成为可能。

参 考 文 献

Anderson，T. R.，Schönborn，K. J.，du Plessis，L.，Gupthar，A. S.，Hull，T. L.（2012）. Identifying and developing students' ability to reason with concepts and representations in biology. In D.F. Treagust & C. Tsui（Eds.），*Multiple representations in biological education.*（pp. 19-38）.doi: https://doi.org/10.1007/978-94-007-4192-8_2.

Baetu，T. M.（2012）. Genomic programs as mechanism schemas：A non-reductionist interpretation. *British Journal for the Philosophy of Science，63*，649-671.

Baum，D. A.，Smith，S. D.，& Donovan，S. S. S.（2005）. The tree-thinking challenge. *Science，310*，979-980.

Chi，M. T. H.，Feltovich，P. J.，& Glasner，R.（1981）. Categorization and representation of physics problems by experts and novices. *Cognitive Science，5*，121-152.

Cuoco，A. A.，& Curcio，F. R.（2001）. *The roles of representation in school mathematics.* National Council of Teachers.

Dees，J.，Momsen, J. L.，Niemi，J.，& Montplaisir，L.（2014）. Student interpretations of phylogenetic trees in an introductory biology course. *CBE-Life Sciences Education，13*（4），666-676.

Dikmenli，M.，Cardak，O.，& Kiray，S.A.（2011）. Science student teachers' ideas of the concept 'gene'. In annual meeting of the 3rd world conference on educational sciences，Istanbul，Turkey.

Driver，R.，Squires，A.，Rushworth，P.，& Woods-Robinson，V.（1994）. *Making sense of secondary science: Research into children's ideas*. London: Routledge.

Ferk, B., Vrtacnik, M., Blejec, A., & Gril, A. (2003). Students understanding of molecular structure representations. *International Journal of Science Education, 25,* 1227-1245.

Fogle, T. (2001). The dissolution of protein coding genes in molecular biology. In P. Beurton, R. Falk, & H.-J. Rheinberger (Eds.), *The concept of the gene in development and evolution.* Cambridge: Cambridge University Press.

Gericke, N. M., & Hagberg, M. (2007). Definition of historical models of gene function and their relation to student's understanding of genetics. *Science & Education, 16,* 849-881.

Gerstein, M. B., Bruce, C., Rozowsky, J. S., Zheng, D., Du, J., Korbel, J. O., Emanuelsson, O., Zhang, Z. D., Weissman, S., & Snyder, M. (2007). What is a gene, post-ENCODE? History and updated definition. *Genome Research, 17,* 669-681.

Gilbert, J. K. (2005a). Visualization: A metacognitive skill in science and science education. In J. K. Gilbert (Ed.), *Visualization in science education* (pp. 9-27). Dordrecht: Springer.

Gilbert, J. K. (2005b). *Visualizations in science education (Vol 1).* Dordrecht: Springer.

Gilbert, J. K., & Treagust, D. (Eds.). (2009). *Multiple representations in chemical education (Vol.4).* Dordrecht: Springer.

Griffard, P. B. (2013). Deconstructing and decoding complex process diagrams in university biology. In D. Treagust & C.-Y. Tsui (Eds.), *Multiple representations in biology education (chapter 10).* Dordrecht: Springer.

Griffiths, P. E., & Neumann-Held, E. M. (1999). The many faces of the gene. *Bioscience, 49* (8), 656-662.

Halverson, K. L. (2010). Using pipe cleaners to bring the tree of life to life. *The American Biology Teacher, 72* (4), 223-224.

Halverson, K. L. (2011). Improving tree-thinking one learnable skill at a time. *Evolution: Education and Outreach, 4* (1), 95-106.

Halverson, K. L., & Friedrichsen, P. (2013). Learning tree thinking: Developing a new framework of representational competence. In *Multiple. representations in biological education* (pp. 185-201). Dordrecht: Springer Netherlands.

Halverson, K. L., Pires, C. J., & Abell, S. K. (2011). Exploring the complexity of tree thinking expertise in an undergraduate systematics course. *Science Education, 95* (5), 794-823.

Harle, M., & Towns, M. (2010). A review of spatial ability literature, its connection to chemistry, and implications for instruction. *Journal of Chemical Education, 88* (3), 351-360.

Harle, M., & Towns, M. H. (2012). Students' understanding of external representations of the potassium ion channel protein part Ⅱ: Structure-function relationships and fragmented knowledge. *Biochemistry and Molecular Biology Education*, 40 (6), 357-363.

Harle, M., & Towns, M. H. (2013). Students' understanding of primary and secondary protein structure: Drawing secondary protein structure reveals student understanding better than simple recognition of structures. *Biochemistry and Molecular Biology Education*, 41 (6), 369-376.

Harrison, M., Dunbar, D., Ratmansky, L., Boyd, K., & Lopatto, D. (2011). Classroom-based science research at the introductory level: Changes in career choices and attitude. *CBE-Life Sciences Education*, 10 (3), 279-286.

Jordan, T. C., Burnett, S. H., Carson, S., Caruso, S. M., Clase, K., DeJong, R. J., et al. (2014). A broadly implementable research course in phage discovery and genomics for first-year undergraduate students. *MBio*, 5 (1), e01051-e01013.

Kozma, R., & Russell, J. (2005). Students becoming chemists: Developing representational competence. In J. K. Gilbert (Ed.), *Visualization in science education* (pp. 121-145). Dordrecht: Springer.

Kozma, R., & Russell, J. (2007). Modelling students becoming chemists: Developing representational competence. In J. K. Gilbert (Ed.), *Visualization in science education* (pp. 147-168). Dordrecht: Springer.

Lewis, J., Leach, J., & Wood-Robinson, C. (2000). All in the genes? - Young people's understanding of the nature of genes. *Journal of Biological Education*, 34, 74-79.

Mathewson, J. H. (1999). Visual-spatial thinking: An aspect of science overlooked by educators. *Science Education*, 83, 33-54.

Matuk, C. (2007). Images of evolution. *Journal of Biocommunication*, 33 (3), E54-E61.

Meyer, M. R. (2001). Representation in realistic mathematics education. In A. A. Cuoco (Ed.), *The roles of representation in school mathematics (2001 yearbook)* (pp. 238-250). Reston: National Council of Teachers in Mathematics.

National Research Council. (1996). National science education standards. National science education standards: National Academy Press.

Patrick, M. D., Carter, G., & Wiebe, E. N. (2005). Visual representations of DNA replication: Middle grades students' perceptions and interpretations. *Journal of Science Education and Technology*, 14, 353-365.

Peterson, M. P. (1994). Cognitive issues in cartographic visualization. In A. M. MacEachren & D. R. F. Taylor (Eds.), *Visualization in modern cartography* (pp. 27-43). Oxford: Pergamon.

Pruitt, K. D., Tatusova, T., Brown, G. R., & Maglott, D. R., (2011). *NCBI reference sequences*

（*RefSeq*）：*Current status，new features and genome annotation policy*. Nucleic Acids Research，Advance Access，1-6.

Rheinberger，H.-J.，& Muller-Wille，S.（2008）. Gene concepts. In S. Sahotra & A. Plutynski（Eds.），*A companion to the philosophy of biology*（pp. 3-21）. Oxford：Blackwell Publishing.

Roth，W.-M.，Bowen，G. M.，& McGinn，M. K.（1999）. Differences in graph-related practices between high school biology textbooks and scientific ecology journals. *Journal of Research in Science Teaching，36*，977-1019.

Rutherford，J. F.，& Ahlgren，A.（1990）. *Science for all Americans*. New York：Oxford University Press.

Schönborn，K. J.，& Bögeholz，S.（2013）. Experts' views on translation across multiple external representations in acquiring biological knowledge about ecology，genetics，and evolution. *In Multiple representations in biological education*（p. 126）. Netherlands：Springer.

Shaer，O.，Kol，G.，Strait，M.，Fan，C.，Grevet，C.，& Elfenbein，S.（2010）. G-nome surfer：A tabletop interface for collaborative exploration of genomic data. In *Proceedings of human factors in computing systems*（*1427-1436*）. New York：ACM Press.

Shaer，O.，Strait，M.，Valdes，C.，Wang，H.，Fend，T.，Lintz，M.，Ferreirae，M.，Grote，C.，Tempel，K.，& Liu，S.（2012）. The design，development，and deployment of a tabletop interface for collaborative exploration of genomic data. *International Journal of Human-Computer Studies，70*（10），746-764.

Shepard，R.（1988）. The imagination of the scientist. In K. Egan & D. Nadaner（Eds.），*Imagination and education*（pp. 153-185）. New York：Teachers' College Press.

Singer，S. R.，Nielsen，N. R.，& Schweingruber，H. A.（Eds.）.（2014）. *Discipline-based education research：Understanding and improving learning in undergraduate science and engineering*. Washington，D.C.：National Academies Press.

Sterk，P.，Kersey，P. J.，& Apweiler，R.（2006）. Genome reviews：Standardizing content and representation of information about complete genomes. *OMICS：A Journal of Integrative Biology，10*（2），114-118.

Stieff，M.，Bateman，R. C.，Jr.，& Uttal，D. H.（2005）. Teaching and learning with three dimensional representations. In J. K. Gilbert（Ed.），*Visualization in science education*（pp. 93-118）. Netherlands：Springer.

Stotz，K.，Griffiths，P. E.，& Knight，R.（2004）. How biologists conceptualize genes：An empirical study. *Studies in History and Philosophy of Science Part C.，35*（4），647-673.

Takayama，K.（2005）. Visualizing the science of genomics. In J. K. Gilbert（Ed.），*Visualization in science education*（pp. 217-252）. Netherlands：Springer.

Trumbo，J.（1999）. Visual literacy and science communication. *Science Communication，20*（4），409-425.

Tytler，R.，Prain，V.，Hubber，P.，& Waldrip，B.（Eds.）.（2013）. Constructing representations to learn in science. New York：Springer Science & Business Media.

Waldrip，B.，& Prain，V.（2012）. Learning from and through representations in science. In B. J. Fraser，K. Tobin，& C. J. McRobbie（Eds.），*Second international handbook of science education*（pp. 145-155）. Dordrecht：Springer.

Waters，C. K.（1994）. Genes made molecular. *Philosophy of Science，61，*163-185.

Won，M.，Yoon，H.，& Treagust，D. F.（2014）. Students learning strategies with multiple representations：Explanations of the human breathing mechanism. *Science Education，98*（5），840-866.

Yore，L. D.，& Hand，B.（2010）. Epilogue：Plotting a research agenda for multiple representations，multiple modality，and multimodal representational competency. *Research in Science Education，40*（1），93-101.

第三部分　表征能力的评估与获取

10　使用手势分析评价学生的后天表征能力

马修·E. 利拉（Matthew E. Lira）　　迈克·斯蒂夫（Mike Stieff）

10.1　引　　言

　　许多科学家通过构建外部表征来进行思考与交流，并由此收获了对当今社会具有影响的科学发现（Crick and Watson，1954）。外部表征在科学中起着非常关键的作用，许多教育工作者努力理解、发展和评估科学学生如何使用表征来学习。学生使用表征进行思考和交流是指一套广泛的技能，称为表征能力。更具体地说，表征能力是指涉及解释、生成和操作外部表征的一系列技能，以支持 STEM 领域的学习、问题解决和交流（diSessa，2004；Kozma and Russell，2005）。

　　在 STEM 各学科中，学生必须在组织各层次中学会对各式各样的概念进行协调。组织的各层次都由一系列的表征来描述。科学教育从业者常会要求学生学会将系统组织里的低层次与高层次的聚合属性进行匹配。例如，化学专业的学生必须掌握，化学反应在宏观层面产生的气泡是由两个亚微观反应物形成的气态产物。学生必须通过对化学公式、空间填充图和浓度图进行解释以了解这种现象。因此，STEM 各专业的学习需要"多层次思维"（Johnstone，1991）。学生必须学会解释对应于多个组织层次的表征，并理解这些表征之间的关系。

　　上文所描述的学习挑战已经从表征能力的角度被广泛地调查了，许多调查对专家和新手或新手在教学前后的差异进行了评价。这样的调查往往会展示出学生表征能力中惊人的一面（Ainsworth，2006）。尽管我们对于表征能力的知识在不断增长，但我们对学生的表征能力是如何发展的仍然知之甚少。目前的建构模型表明，学生具有的知识可以用于预测其对表征的使用情况，但反之则不然（Nitz et al.，2014）。这样的发现对该建构的有效性构成了威胁。尽管已有独立于内容知识的表征能力评估方法，但表征能力时有时无。

　　我们提出了一个替代方案。我们把学生在掌握表征能力方面的困难定义为一个信号，即我们应该重新评估我们的测量粒度，并考虑用其他技术来评估学生的表征能力是如何发展的。许多其他调查利用微观遗传学的方法来测量学生先天和正在成长的表征能力的细微变化（Azevedo，2000；Hammer et al.，1991；Sherin，2000）。我们对努力去理解表征能力的发展情况表示赞赏，但认为由于这些调查在实践群体中使用了学生所构建的铭文（如图表），我们仍可能与个人的知识转换机制失之交臂。例如，绘画构成了需要许多认知过程的最终产品。事实证明，在对绘画本身的最终产品进行评估时，这些认知过程很难被识别。此外，如果分析的单元是社区而不是个人，我们就更不可能了解个人的知识转换机制了。为了评估个体表征能力的发展情况，我们需要更精细的测量方法来测量处于发展中的表征能力，这是使用铭文的方法所不能实现的。

手势分析提供了一种可行的评估技术。大量的证据表明，手势分析为我们洞察知识转换机制提供了强有力的帮助。我们认为，手势分析是一种形成性评估技术，可用于测量 STEM 各专业学生不断发展中的表征能力。手势分析为洞察过渡知识状态和学习机制提供途径，被评估群体的年龄范围从 5 岁（Ehrlich et al.，2006）覆盖至成人（Garber and Goldin-Meadow，2002），评估内容涉及不同领域，如单词学习（Iverson and Goldin-Meadow，2005）和有机化学（Stieff，2011）。手势对于评估 STEM 领域表征能力发展的关键作用在于它可以呈现空间信息和动态信息。

在本章中，我们介绍了一个使用手势来评估表征能力发展情况的框架。我们在一项试点调查中应用了这一框架，通过手势分析技术来评估学生在推理一个生物系统（静息膜电位）时表征能力是如何发展的。我们选择静息膜电位这一概念是因为它是一个用物理学和数学的概念来描述的生物现象。膜电位被量化为电压，传统的教科书和讲座材料将这一概念与包括图表、方程式和电路图在内的学科表征相适配。在学习这个概念时，学生的任务是理解多个外部学科表征之间的关系，以了解生理学中的细胞模型。我们发现，学生的手势可以反映出他们在此学科中不断成长的表征能力：①描述实体和过程；②识别学科表征的关键特征；③与外部表征建立联系。这些发现促使我们进一步努力以确定这些环节的代表性，并结合更多经过验证的表征能力评估方法，如构建、解释或在多个学科表征之间进行转译，对手势分析的有效性进行评估。

10.2　评估 STEM 各学科的表征能力

10.2.1　已有的表征能力评估方法

表征能力是科学专业知识的一个标志性特征。科学家使用外部表征来思考他们在研究中面临的问题（Crick and Watson，1954）；科学家构建和解释表征是他们追求对现象的理解和有所发现的组成部分，而非将其作为一种辅助活动。在许多情况下，人类无法感知被研究的实体和过程是哪些，因为它们存在和发生的规模超出了人类的感知和寿命。外部表征改善了科学家理解问题的方式，新生表征开启了研究与发现的新途径。外部表征同时服务于个人和群体的需要。有些人认为，外部表征促使群体形成共同理解，缺少外部表征，科学将举步维艰（Latour，1986）。原子的发现史便是一个典型案例。如果不把对原子的心理模型转化为外部表征，科学家们就会致力于对那些相互竞争的模型假设进行争论，同时对检验每个模型主张所必要的实验进行争论。

外部表征在科学实践中的核心作用是促使 STEM 教育者帮助学生发展表征能力，以提高后者对学科概念和科学性质的理解。在科学教育中，表征能力仍然是一个生成性的心理建构，被用来识别影响概念性变化与问题解决的障碍物。研究人员进行跨 STEM 学科研究，并使用不同的方法来持续探索专家和新手如何构建、翻译、建立多个外部表征之间的联系及创新表征。以前评估学生表征能力的方法已经提供了有价信息，识别出了学生面临的学习挑战和教育者应该解决的教学目标。在评估学生表征能力的尝试中，许多研究利用了科兹马和拉塞尔（Kozma and Russell，2005，p. 132）所定义的能力组合。它们包括：

①针对分子层面的根本性实体和过程，使用表征来描述当中可观测化学现象的能力；

②构建或选择一个表征，并对此表征与特定目的之间的适配性作出解释的能力；

③使用文字对特定表征所具有的特征（如坐标图上的一个峰值）及特征的模式（如动画中分子的行为）进行识别和分析的能力；

④对不同的表征如何以不同的方式表达相同的内容进行描述，并解释一个表征是如何传达出不同的信息，或是如何传达出其他表征无法表达的信息的能力；

⑤在不同的表征形式之间建立联系，将某类型表征形式特征映射至另一类表征形式中（如将图形的峰值映射到结构图上），并解释它们之间关系的能力；

⑥转化认知立场的能力，即认识到表征与观察到的现象既相对应但又存在不同的能力；

⑦在社会情境中使用表征，并将其与其特征作为证据以支持主张、进行推论和对可观察化学现象进行预测的能力。

关于表征能力的定义引发了大量的研究，这反映出了这些定义在智力方面的贡献。我们承认上述能力的优点，并鼓励教育工作者继续培养学生的这些能力。教育者必须从战略角度出发，将评估与教学相匹配，进而解决学生经历的各类学习挑战。学生通常无法很好地利用表征，因为他们关注的是表征之间的表面特征，而非概念关系（Chi et al., 1981），同时学生在解决问题时会忽略有用的表征（Stieff et al., 2011），把表征当成参照物而从字面上来理解表征（Uttal and O'Doherty, 2008），并作出不准确的翻译和解释（McDermott et al., 1987；Shah and Hoeffner, 2002）。新手和专家之间的鸿沟引出了一个问题：学生是如何成功形成表征能力的？评估这种转变的发展情况既是方法上的挑战，也是理论上的挑战：确定学生会何时表现出具有表征能力（或缺乏表征能力）很容易，而评估表征能力的发展则相对困难。

打破表征能力评估局限性的一个策略是对学生在解释表征并在外部表征之间建立联系时的言语和视觉注意力进行评估。这种评估方法使教育者能够发现学生何时利用表征来提升理解，而不是利用理解对表征进行解释或构象。物理教育领域内的一项调查提供了一个示例（Parnafes, 2007）。帕纳费斯（Parnafes）通过确定学生在其话语、目光和示意性手势中关注的表征特征，对知识转换机制进行了详述。这种技术说明了学生对表征蕴意的直觉是如何随着他们与表征的互动而改变的。例如，帕纳费斯通过阐明学生对一个概念具有多重理解来关注学生的内容知识。就像"快"可能同时意味着高速和高频率，而这两者在物理学中的语义是有所区别的。当学生用速度和频率的多个外部表征进行思考和学习时，他们的学习将从这些表征中获益，因为它们将短暂的时间事件转化为永久的空间事件，对学生而言这一差异是异常显著的。

帕纳费斯对学科表征中学习机制的探究，是其最重要的研究工作。她指出，在学生拥有用文字或铭文对概念进行阐述的技能之前，他们已经具备了将感知焦点与直觉进行匹配的技能。学生首先在外部表征中发现模式（表征能力的构成要素），然后才确定这些模式与物理实体和物理过程的对应关系。例如，学生注意到两个正弦波的图形具有相同的周期，然后他们才理解到两个摆动的钟摆保持恒定的频率，与瞬时速度无关。在学生达到对学科概念强有力的概念性理解之前，学生表征能力正在提升的证据便在他们与表征的互动中出现了。这项调查说明了对表征能力的敏感性测量是如何提高我们对"学生如何使用表征来调整其直觉"的理解的。

学生的知识与表征能力之间的整体关系为表征能力的评估带来了契机与挑战。为了评估学生的知识与他们的表征能力是否相关，研究人员分别对学生在多项选择文本和表征转换任务方面的表现进行了测量（Nitz et al.，2014）。学生的知识可以用于预测他们的表征能力，但反之则不然。这一发现对建构的有效性造成了威胁。尽管表征能力和知识可以被独立测量，但表征能力被视为现象到知识的转化，通过未知的认知机制发生，并随后在学生对表征的使用中被表现出来。乍一看，这样的情况似乎与帕纳费斯（Parnafes，2007）的研究结果相互矛盾，后者阐明了学生如何利用表征来改变他们对学科概念的理解，但事实上两者并不矛盾。帕纳费斯将学生的直觉知识与内容知识本身进行对比。学生对学科概念和表征的直觉，可能会提供更具敏感性的方法以见证表征能力是如何在概念发生改变之前出现的。

眼动追踪提供了一种精确和非侵入性的方法。通过使用眼动追踪，研究者可获得严密和敏感的测量结果——学生是如何对外部表征的特征进行检查的，又是如何使用这些表征来解决问题的。与其他评估学生内容知识和表征能力之间关系的研究结果相比，眼动追踪研究得出了类似的研究结果：内容知识高的学生比内容知识低的学生更多地使用学科表征来进行学习和解决问题（Cook et al.，2008）。例如，内容知识更丰富的化学系学生使用不熟悉的表征来解决问题的次数明显多于被判断为内容知识匮乏的学生（Hinze et al.，2013）。因此，如果我们认可这些测量方法，那么眼动追踪的研究结果将再次把表征能力视为附属现象。对此我们持有一种不同的观点。我们认为，由于这些研究向学生展示了正式的学科铭文，这要求学生具备重要的必要内容知识。如果我们的目标是评估学生如何使用他们的表征能力来进行学习和交流，我们必须在直观的评估模式中测量学生对表征的直观概念。

10.2.2　用手势来评估学生表征能力的提升情况

根据麦克尼尔（McNeill，1992）的理论和实证工作，我们认为语言和手势构成一个神经认知系统，在每次表达中共享一个概念单元。口语承载思维的语言要素，手势则承载视觉要素。我们提出这一点是为了强调，在说话和打手势时，说话的人会自动将视觉表征带入思维，并将这些表征与语言描述联系起来。对于学生将学科表征转化为语言时总是面临着重复性的问题，科学家们怒其不争（Kozma and Russell，1997）。说话时的手部姿势为学生提供了一种方法，使他们开始在视觉表征的初始编码和相应的明确语言描述之间建立联系。当学生在努力尝试用语言和其他方式明确表达他们的知识时，对手势进行评估或可帮助我们了解他们表征能力的发展情况。

在个体发育和生病的过程中，手势内容与语言内容有着紧密的神经联系

（McNeill，1985）。在病理学中，布罗卡失语症患者的语言内容和手势内容会同时出现恶化（Pedelty，1985）。此外，在失语症的早期，患者会经历一种用手势替代语言来表达信息的过渡状态。在发育过程中，儿童的手势内容和语言内容是同步的。婴儿期和幼儿期的手势内容预示着儿童未来的单词学习情况（Iverson and Goldin-Meadow，2005），甚至是未来的叙述能力和阅读理解能力（Demir，2009）。这些发现表明，支撑语言内容和手势内容的认知共享一个通用计算阶段，因此我们的研究基于这样的论点，即手势与语言在评估说话者的知识方面具有同等重要的地位。

但是，并非所有的手势对评估表征能力都同样有用。本章所说的手势是指那些常常与语言同时出现的胳膊与手的运动。虽然暂无统一的手势分类方法，但有几个大的类别是研究人员普遍认同的。**叙述性**手势是第一类，指的是涉及指向物体、铭文或地点的手势，无论是真实的还是想象的。这些手势经常在说话者交流方向时出现。**节拍性**手势是第二类，指的是在较长的语言（如叙事）中出现的有节奏的手部弹动。说话者经常使用节拍性手势来分割语言或组织思想。**强调性**手势是第三类，指的是手和胳膊的迅速或突然的动作，这些动作与声音的音调、语调或音量的变化同时出现，以引起对话者对句中特定言论的关注。

表征性或标志性手势是最后一类，意指表征口头指示物意象内容的手势。因此，这些手势表征了视觉、空间和时间信息。当说话者构建表征性手势时，他们的手或手臂常常呈现出与他们所表征之实体和过程相似的形状。伸出食指和中指来表征狗或兔子的耳朵就是一个常见例子。现代方法提醒人们，不要把手势强行归入那些具有严格界限的类别当中——一个自然手势可以同时属于多个类别。尽管每一类手势在认知和交流中都有相关的功能和作用，但我们希望，表征性手势在帮助我们深入理解学生表征能力上，可以发挥出极其重要的作用。我们选择表征性手势是因为它们对与学科表征类似的实体和过程进行了表征，提供了与表征能力最为清晰的联系。

表征性手势拥有特定可供性，以满足对学生在 STEM 中的知识和技能进行评估的要求。STEM 中的许多概念涉及时空信息，沟通这种信息用手势比语言更容易。大量的研究表明，人们使用手势来支持其空间思维和交流（Alibali，2005；Chu and Kita，2011；Garber and Goldin-Meadow，2002）。学生的手势提供了对知识转换机制的洞察渠道，且由于手势是一种自然的交流模式，教师不需要教学生如何打手势。正如正式的学科表征强调和淡化学科概念的特定方面以支持思考和交流一样，手势为学生提供了构建或解释描述其参照物关键特征的图式表征的机会。

例如，研究学生在回顾性的有声思维实验中所作出的表征性手势，可以深入了解学生对数学理解的发展情况（Perry et al.，1988）。在一份开创性的报告中，研究者表明，在未能解决数学等价问题（如 2+3=__+1）的学生中，有一部分学生通过作手势将数学术语进行分组——这表明他们注意到了加数，但未能利用这些信息来解决问题。其他未能解决问题的学生则没有作出这种手势。作出分组手势的学生比没有作出这种手势的学生更能从教学中受益。

与上述类似的结果表明，表征性手势可以用于预测学生学习的准备情况。手势可用于展示视觉空间和时空知识，这是通过语言模式难以实现的。通过关注学生的手势，我们可以对他们在任务中的策略使用、表现和对指导的接受程度进行预测，这些任务包括从皮亚杰守恒实验（Church and Goldin-Meadow，1986）到齿轮旋转（Schwartz and Black，1996）。手势在各年龄段和各领域都发挥着生成性作用，这一事实凸显了手势在评估学生学习方面的强大作用，并支持我们努力使用手势分析来评估学生的表征能力。

研究学生手势的深层次理由来自另一些研究工作，它们表明了学生在 STEM 学科，包括生物学（Srivastava and Ramadas，2013）、地质学（Kastens et al.，2008）、化学（Flood et al.，2014）、数学（Alibali and Nathan，2012）和物理学（Scherr，2008）中会使用手势进行交流。例如，对于物理学专业学生而言，他们的手势在其从新手级论述到专家级论述的过渡中起到了桥梁作用（Roth，2000）。在学生理解和借用学科形式主义（如操作性定义和学科图表）之前，学生用手势来补充和完善他们对实验室观测情况的口头描述。因此，与实验室调研方法相类似，学生在课堂的仿真科学论述中所作出的手势，显示出了他们的知识正不断增长。

此外，许多研究证明了手势在科学界中发挥着生成性作用，罗思（Roth，2000）的研究结果也证实如此。例如，一项发生在生物化学实验室里的人种学调查显示，研究人员使用手势作为描述他们正在研究的蛋白质的暂定模型（Becvar et al.，2005）。专业的科学家使用手势来表征科学概念，这使我们的言论变得可信，即手势在 STEM 学科中是一种可靠的、具有生成性作用的表征模式。因此，学生在口头交流时作出的手势可以补充或增强我们对他们表征能力的理解。

10.3　使用手势评估表征能力的框架

在进行机械推理的过程中，表征性手势可为学生交流内容知识提供帮助。为了在各 STEM 学科中进行交流，科学家必须对那些不可见的实体和过程进行描述（Johnstone，1991）。正如科兹马和拉塞尔（Kozma and Russell，2005，p. 130）所声称的，"表征——如书面或绘制的符号、图标式（或表征性）手势或图表——'代表'或'指代'了其他物体或情形"。又如资深的生化科学家使用手势来交流关于蛋白质构象和构象变化的信息一样，STEM 各专业的学生可以广泛地使用手势对任何不可见的实体和过程进行表征。因为手势与语言自然共存，所以学生的言语应该与他们同时期的手势相协调。此外，较低级组织层次中许多不可见的实体和过程导致了较高级层次中的突现现象，因此，机械推理要求学生首先对组织中的各层次进行协调，然后构建相应的表征以描述这些层次。由于手势具有动态性，在学生进行推理的过程中，手势会从一种形式过渡至另一种形式。学生使用个人词汇对观点进行口头表达，并配以手势表征，是一种内容更为丰富的口头解释，它为建立各类表征性手势之间的联系提供了支撑。通过分析机械性推理的任务要求，我们预测学生会在科兹马和拉塞尔所描述的关于技能的三个心理建构上展现出他们的表征能力。这些能力是：

①针对（分子层面的）基本实体和过程，使用表征来对可观测（化学）现象进行描述的能力；

②使用文字对特定表征所具有的特征（如坐标图上的一个峰值）及特征的模式（如动画中分子的行为）进行识别和分析的能力；

③在不同的表征形式之间建立联系，将某类型表征形式特征映射至另一类表征形式特征中（如将图形的峰值映射到结构图上），并解释它们之间关系的能力。

这三个建构性能力与我们对学生们的表征能力所作的评估是一致的。这些评估是通过识别与机械推理任务要求有关的表征能力来实现的。我们的评估并没有选择其他几个建构性能力，是因为它们对学生提出了明确留意手势的要求。例如，如果学生要解释为什么他们的表征性手势是合适的，他们就必须在口头提及这些手势。尽管存在例外，但当人们作出手势时，其手部姿态往往是在有意识的认知水平之下作出的（McNeill，2005）。我们并不希望学生过于明确地注意到他们所作出的手势，所以我们的研究没有涉及对此提出要求的建构性能力。

相比之下，在机械推理任务中保留上述三个建构性能力是有据可依的。关于第一项能力，口头描述往往不能传达空间动态信息。当人们讲述钓鱼之旅的故事时，他们不会只说"我钓到了一条大鱼"。他们会说："我钓到了这么大一条鱼！"并将表征鱼大小的手势作为指示性术语来进行补充。同样地，当学生对实体及其属性，以及机制中的过程进行描述时，仅靠口头描述将难以传达空间动态信息。对于这些缺失但重要的信息，学生应使用表征性手势来加以描述。

关于第二项能力，学生往往不能对相关科学术语的不同含义进行区分（Parnafes，2007），这已在上文中有所讨论。当学生难以用语言描述一个概念时，他们可以用手势阐明其所指之含义。手势在连续机械推理中具有更高的地位，因为学生必须就实体是如何相互作用以导致系统属性变化这一情况进行沟通。手势分析显示，与使用语言相比，儿童会更早地使用手势来表征因果关系（Göksun et al.，2010）。当学生有机会表达其直觉时，语言表述和同步出现的表征性手势是互为补充的。

关于第三项能力，在多个外部表征之间建立联系会给学生带来一些认知上的挑战，从选择和关注相关特征并过滤掉不显著特征，到检索信息并组织观点以作出思路连贯、逻辑清晰的解释。学生们正在学习如何完成这项任务，但在他们学成之前，可通过手势对其表征能力水平进行判定，这些手势展示了学生们是如何对学科表征的特点进行串联性再表征，并按顺序对这些再表征进行描述的。在提出了选择这三种建构性能力的理由之后，我们在下文中提出了一组关于手势分析是如何帮助教育者对学生表征能力进行评估的猜想：

①当学生们致力于构建学科铭文或对实体与过程的口头描述时，手势分析可以反映出他们所作的努力，因为手势可呈现出反映空间动态的表征；

②当学生致力于对文字或文本与学科表征中的其他符号和图标进行匹配时，手势分析通过强调表征中的关键特征揭示了他们在交流方面所作出的努力；

③当学生致力于将一种表征的特征映射到另一种表征的特征上，同时用语言或文字解释它们之间的关系时，手势分析揭示了学生对学科表征进行串联性再表征，并对显著或经过验证的特征进行思考而过滤掉不显著特征所作出的努力。

手势可以表征机制并揭示学生在各 STEM 学科中的表征能力。请看下面对物理实验室课堂讨论中学生手势的描述：

对手势重要性的一个衡量方法是，如果没有这个手势，珍妮（Jenny）的表述将会是让人无法理解的。另一个衡量手势重要性的方法是，在直觉上，此手势令人信服地表达出了她对运动的看法，而（其他）参与者也持同样的看法；在珍妮作出手势后，助教停止了说话，小组在几秒钟内便得出了关于轨迹顶部速度的正确结论。最后，这个手势是有说服力的；很难想象文字能像珍妮的手势那般清晰简洁地表达出语义（Scherr，2008）。

我们同意谢尔（Scherr）的观点。事实上，我们之前已经证明了其他 STEM 学科的学生使用手势的方式与上文中谢尔的猜想及其论据中提及的方式是类似的。当有机化学专业的学生在多个分子图之间进行翻译时，他们的手势反映出了其表征能力的相关信息。例如，当学生伸出两个手指对原子之间的键进行再表征时，我们观察到这些学生将分子图转化为一种表征性手势，以凸显学科表征的关键特征（Lira et al.，2012）。同样，当学生在空间中移动手来对分子的空间转换进行表征时，他们使用表征性手势来阐明难以用语言表达的动态过程。我们之前的手势分析将该技术用于其他目的，因此我们现在将着手使用手势分析来对学生的表征能力进行评估。

10.4　手势分析：学生表征能力的评估

在一项试点研究中，我们通过分析学生在对细胞生理学中的复杂现象进行机械推理时所作的手势来评估他们的表征能力。此处展示的结果来自一个更大的数据语料库，该数据语料库的建立是为了更好地了解学生是如何从多重表征技术中学习的。在这项研究中，我们使用了一种抽样方法来选择访谈方案中的部分内容，这些内容既能引导学生进行机械推理，也能引导他们使用表征性手势以帮助他们对机械推理进行交流。我们的目的是证明手势在评估 STEM 学生表征能力发展方面的效用，并提供说明性案例以促进未来利用手势分析对学生表征能力发展情况进行评估的工作。

总体：参与者包括 10 名年龄在 20—23 岁的本科生。所有学生均在学习一门名为"生态平衡：动植物生理学"（以下简称"生态平衡"）的生物科学课程。9 名学生宣称他们的专业是生物学，1 名学生是生物化学。所有学生都至少学过两个学期的化学，8 名学生至少学过一个学期的物理学（力学）和微积分。

研究背景："生态平衡"这门课程强调对多细胞生物体的生存至关重要的生理机制。从这门课程中招募学生参与研究，是因为这门课程强调机械推理，而且课程材料中出现外部表征的频率很高。

在此研究中，我们就一个核心概念的理解情况对学生进行了访谈，即生态平衡课程中教授的静息膜电位。生物学家以电路形式对膜电位进行建模，因此，他们借用了物理学、化学和数学的表征方法。每个表征分别用于强调概念的某一方面。例如，图表说明了膜的物理结构，以及它是如何允许或禁止分子过程行为的，如扩散。膜电位的图表以时间为变量，说明了电压在大小与方向上所表现出的聚集性定量趋势。因为学生要掌握这一学科概念需要使用表征来进行思考和交流，所以，此概念很适合用于调查学生的表征能力。

细胞需要具备两个初始条件以产生静息膜电位：浓度梯度和选择透性膜。首先，称为钠钾 ATP 酶的分子马达蛋白质从 ATP 分子中转移键能，为这些离子建立浓度梯度。离子的浓度梯度产生了一种化学驱动力[1]（图 1）。其次，被称为被动漏通道的离子选择性穿膜蛋白，建立了一个选择透性膜。一般而言，细胞中的钾离子具有最强的渗透性，因此这些离子比其他离子更容易从浓度较高的区域扩散至浓度较低的区域。大的、带负电荷的水溶性蛋白质无法通过膜。带负电荷的氯离子会进行被动地分布。因此，主动运输建立了浓度梯度，而被动运输产生了被称为膜电位的电位梯度，即电压。膜电位指的是带相反电荷的粒子在膜上的分离。当所有的电驱动力和化学驱动力大小相等且方向相反时，膜电位就会"静止"，并且细胞中不会出现离子的后续流动（即达到动态平衡）。

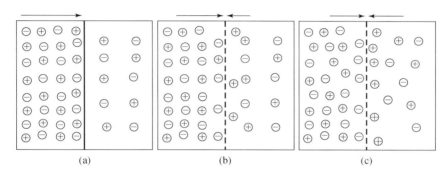

（a）　　　　　　　　　（b）　　　　　　　　　（c）

图 1　简化的示意图，只包括两种氯化钾（水）溶液，以表征静息膜电位的产生

注：（a）相同数量的带相反电荷的钾离子⊕和氯离子⊖使细胞内外的溶液呈电中性（即 0 伏电压）。箭头表示化学驱动力将钾离子引向右边。（b）对带正电的钾离子有选择透性膜（用白色空间表示）允许离子通过被动运输（即扩散）从浓度高的区域扩散到浓度低的区域。注意电驱动力的方向与化学驱动力相反。（c）当电驱动力与化学驱动力大小相等但方向相反时，系统将达到动态平衡。此时，相对于外部，细胞内部带负电压，因为其细胞内溶液中有过量的带负电荷的氯离子。水没有被表征出来。

实验计划方案：本研究是在课程之外进行的，数据从大学校园的一个实验室环境中进行采集。学生通过电子邮件完成招募。访谈是在学期（该学期共有 16 周）的第 5—13 周进行的。所有访谈由第一个研究人员完成，访谈的持续时间不超过 90 分钟。

本方案由四个任务组成：两个解释任务、一个绘画任务和一个学习任务。在第一个解释任务中，我们要求学生解释细胞是如何产生静息膜电位的。在绘画任务中，我们引导学生们绘制图画。选择这个任务是为了在我们提供任何指导之前，确定学生在第一次口头解释和图画解释中反复出现的主题。在学习任务中，我们

---

[1] 熵驱动扩散。因此，"化学驱动力"不是一个真正的力。生理学家使用这个隐喻是因为它为直觉和交流提供支撑。另外，数学和物理模型也支持这种使用，如把溶剂理解为施加的黏性力（阻力），在其扩散过程中做功（Weiss，1996）。

向学生提供了一个使用多种表征形式技术的学习体验。我们不会在这里介绍这项技术，也不会妄言学生是如何从这项技术中进行学习的。我们的目的是评估学生的表征能力，而不是影响它，我们在此提供了这一信息是为了对数据收集的一般性背景进行说明。在最后一个任务，也就是第二个解释任务中，我们要求学生再次解释细胞是如何产生静息膜电位的。

分析：我们采用了持续比较法（constant comparative method）（Glaser，1965）对学生的图表和解释中的信息进行对比。关于图表，我们对图表中的实体（如钾离子）、它们的属性（如电荷）、过程（如扩散）和相互作用（如吸引力）进行了分类。我们利用学科框架开始了本项分析。例如，在学生使用图表对被动或主动运输机制进行表征时，我们使用学科知识进行记录。接下来，我们在屏蔽了学生的声音后对视频进行了分析，并识别出了学生作出表征性手势的所有情节片段（即当他们的手势幅度超出了其手势节拍的范围）。然后我们分析了他们的讲话，以确定那些与手势相对应的概念。在所有的表征性手势被识别并按学科内容进行分类后，我们重复此过程，直至我们提取出 15 个情景片段。我们对学生在机械推理过程中的表征性手势进行了分类，由此获得了三个关于学生表征信息的说明性片段，这些表征信息是无法见诸学科图当中的。

具体到手势分析，我们沿用了麦克尼尔（McNeill，1992，2005）所描述的分析过程。这个过程包括确定一个手势何时开始，手势的完整结构何时呈现，以及手势何时结束。这三个阶段分别被称为准备阶段、半程阶段和回溯阶段。我们将用斜体字来表示学生们在做手势的同时所强调的词语，这通常发生在半程阶段。

10.5 分析结果

10.5.1 描述实体与过程

我们的第一个情景片段显示了学生是如何用手势来表征不可见实体，以及表征对静息膜电位的产生如何起至关重要的作用的。回顾一下，科学中许多可观察的现象是用还原论的术语来理解的，即看不见的实体和过程相互作用，最终突现形成宏观或可测量的属性。由于这种实体和过程超出了人类的感知范围，手势便成为表征这种信息的适当模式，因为手势可随着时间的推移在三维空间中持续呈现。

在第一个片段中，一位叫艾伦（Allan）的学生在其第一个解释任务的尾声阶段，开始用亚微观层面的实体和过程来描述生态平衡。他首先从净电荷的角度描述了一种实体，即钾离子。在自然界中，钾元素经常与其他元素结合，形成盐类。当放在水中时，钾元素与带负电的要素解离，作为阳离子存在于溶液中。在生理溶液中也是如此。艾伦在第一个解释任务中，全程使用他对这个实体的知识来进行推理（图2）。

然后，艾伦描述了这个过程中的一个关键步骤，他认为，基于钾离子的化学属性（即化学特性），它们会"想要离开"（图2左），但基于它们的物理特性（即电荷），它们会在一定程度上分离以保持平衡状态（图2右）。当艾伦用手势表征进入和离开细胞的运动时，我们看到了他所表征的动态平衡。

图2　艾伦：所以钾，因为它是加号（准备阶段：出现在胸部，左手收缩手指形成拳头），它会**想离开**（半程阶段：拇指伸展并指向身体后面，如左图所示），但（准备阶段：食指伸出，手掌朝向身体），它**离开**的程度（半程阶段：手向左右摇动，幅度逐渐减小，如右图所示），在那里它保持平衡（回溯阶段：手在胸部停顿，一个新手势出现）。因此，浓度梯度将其向外推，电化学梯度则将其向内推

艾伦在解释的最后指出了被称为"通道"的穿膜蛋白的重要性（图3）。回顾一下，通道是微观实体，遍布细胞膜；它们允许离子进行扩散，从而产生静息膜电位。艾伦在其言辞中提及了通道这一实体，并将作为参照物。接着艾伦用手势来表征这个实体。

在手势的半程阶段，艾伦用紧握的拳头来表征封闭的通道（图3左）。然后，在手势的回溯阶段，作为通道封闭状态的对比，艾伦将拳头打开呈"O"形（图3右）。因此，艾伦是通过打手势来描述基本的实体和过程的。

艾伦接下来完成了绘图任务。请注意，艾伦绘制了一个单一的图（图4）来表征细胞，而没有使用图组来表征细胞产生静息膜电位的过程（图1）。用单个图来表征过程使得艾伦陷入了困境。他没能表征出静息膜电位产生的明确机制，也没有表征出动态平衡的过程。完整图示应该包括三个部分：一个具有钾离子浓度梯度的电中性细胞，通过钾渗通道进行被动运输，带相反电荷离子的跨膜分离。艾伦用位于膜附近的正负符号表征了最后一部分，但他没有表征出前两部分。

图3　艾伦：（……）通道随着浓度梯度和电化学梯度的变化而变化（准备阶段：右手从腰部举到胸部，拳头合拢），并**保持**（半程阶段：合拢的拳头）那些（回溯阶段：手落向地面的同时打开拳头）处于封闭或打开的状态

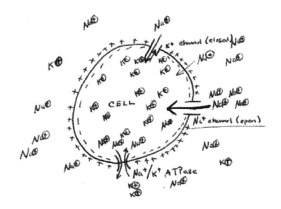

图4　艾伦的绘图，表征多种运输机制和非平衡态的单一框架

接下来，注意绘图的顶部，艾伦用箭头对通过其所标明的钾（K^+）通道的运动进行表征（图4）。我们推测艾伦意用这些箭头来表征矢量，因为它们具有不同的大小和方向。但由于标注的缺失，我们对此无法确定。可以肯定的是，他的绘图并没有对动态平衡或"静息状态"膜电位进行表征，因为箭头的大小有所不同，这也表明了有离子净通量的存在。同样的问题出现在绘图的中间与右方，我们在此观察到了一个朝内的大矢量，而没有看见反方向矢量。这些矢量汇总后反映出

正离子具有净向内通量，故此对动态平衡的表征以失败告终。

最后，艾伦用文字来标识通道的打开与封闭状态，但却没有表征出其手势表征的封闭通道。艾伦通过语言和手势的配合使用，将封闭通道的特征添加至其指代物上，但却未能协调使用其文字和绘画来表征封闭通道。

艾伦的绘图对产生静息膜电位的基本实体、过程和机制进行了表征，但对机制和事件顺序的信息传递存在不足。首先，艾伦没有对运输机制进行明确表征。他的绘图中包括被动和主动运输机制，我们只能假设这两种机制在静息膜电位的产生中发挥着同等作用，但事实并非如此。其次，艾伦在其绘图中没有正确地对运输机制的时间顺序进行表征。绘图通过正负电荷的分离来表征最终状态，但没有表征出能帮助我们区分出因与果的前步阶段。

艾伦的表征性手势丰富了其对平衡态，以及开放或封闭通道的特异性的解释，这是绘图没有做到的。艾伦用手势说明两个方向的离子通量是相等的，以此来表征动态平衡；他通过来回摇晃他的手来实现这一点。艾伦的手势也对通道处于开放和封闭状态进行了表征，它告诉我们，通道正随着梯度"前移"。艾伦的这一说法被我们解释为指代被动运输，因此通过言语和手势，我们可以更好地观察艾伦的表征能力。手势无疑增强了艾伦的解释力度。

我们不希望对艾伦的绘图进行表面和字面的解读。我们意识到，图像以多种方式对时间进行表征（McCloud，2006；Schnotz and Lowe，2008）。我们的观点是，其绘图中那些没有被我们检测到的信息，出现在了我们对其语言和手势的评估中。我们认为，与单独评估艾伦的绘图相比，手势分析对艾伦的表征能力提供了更具敏感性的评估。

10.5.2　识别表征中的关键特征

在接下来的环节中，我们将说明学生的手势是如何对外部表征的关键特征进行识别的，这些被识别的关键特征可为解释提供支撑。我们在此对卡丽（Carrie）进行了观察，和艾伦一样，她也未能在其绘图中准确地阐明运输机制（图5），使用单帧图同时对主动运输（图底部中心位置）和被动运输（图右上方）进行了表征。非要说两人有何不同的话，那就是卡丽的绘图指出了膜电位由主动运输产生，因为她在图底部，即靠近主动运输的地方，对正负电荷的分离进行了表征，而其他地方没有出现这一表征。

关于图中的"K^+逐渐减少"，卡丽将被动运输作为一种没有明确原因的效应来进行表征。或者我们可以姑且认为：图中心位置、位于"K^+"旁边的箭头是用来表示细胞内液中有较高浓度的钾离子，而细胞外液中的钾离子浓度较低，正是这一始态导致了钾离子向外扩散。我们同意卡丽的绘图有表征这些信息的寓意——尽管其只是一个框架而非三个。然而，作此解读意味着，在卡丽仅提供单个文本以协助交流的同时，她使用同一个符号，即箭头，来表征三个不同的概念，这三个概念分别是范围或者说大小，流动或者说被动运输，以及化学反应或者说主动运输。尽管卡丽将箭头符号与多个概念联系起来的技能隐示了其表征能力，但她未能处理好文本与箭头使用的关系，这使得我们难以对其表征能力给予较高的评价。

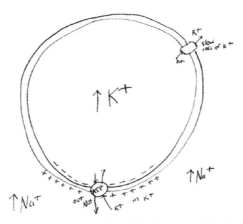

图5 卡丽的绘图，表征多种运输机制和非平衡态的单一框架

在第二个解释任务中，卡丽解决了这个差异。在卡丽打手势的半程阶段中，我们看到她双手互指（图6）。对此，卡丽谈到："这两种力量达到了一种平衡。"通过她的手势，卡丽完成了对抽象实体之间互动的表征——卡丽的语言和手势描述对效应（即离子流量的变化）的原因（即力）进行了表征。她的双手来回摆动，直到手势的回溯阶段才停住。因此，卡丽识别出了这些实体的关键特征——它们的方向和大小，并选择一个适当的模式来说明动态平衡是如何发生的。

在卡丽的绘图中，她用箭头来表征钾离子的扩散，但没有说明扩散的原因。卡丽的手势从多个方面增加了她的解释的特异性。首先，她用大小相等但方向相反的表征性手势对两个力进行表征，并给出了"静息"的定义。这一手势还对卡丽在讲话中提到的物理量（60毫伏）进行了表征。在卡丽的绘图中，她表征了一个负电压，但我们从她的图中无法看出可以把电荷的分离视为一个测量的物理量（即电压）。最后，卡丽的绘图对钾离子（K^+）的"逐渐减少"进行了表征，但未说明钾离子在通道中进行着双向运动（即动态平衡）。卡丽一边作手势，一边解释说，钾离子"希望"既可出去又能回来。在上一个情景片段中，艾伦表征了大小相等但方向相反的力的效果，他的手势表征了离子向相反的方向移动。卡丽的手势则表征了移动的原因。

图 6 卡丽：（……）外面的钾少了，所以钾有往外走的倾向，但同时也创造了一个更加负面的内部环境，所以它又有回来的倾向。（**准备阶段**：双手向中线移动，在胸部附近相互按压）因此，在（**半程阶段**：双手在靠近和远离身体的地方挥动）这两种力量*之间*，它或多或少地达到了平衡（**回溯阶段**：双手紧扣于胸部附近）（……），它维持在-60毫伏（……）

10.5.3 与外部表征建立联系

　　最后一个情景片段为洞察学生如何在手势中与多种外部表征建立联系提供了帮助——学生是通过将学科表征进行串联性再表征来实现的。当人们交谈时，同时出现的表征手势会从一种形式无缝过渡到另一种形式。作为思维的视觉要素，这些手势对多个场景或单个场景的多个特征进行串联性表征（McNeill，1992）。因此，当学生用手势表征科学概念时，他们就可以按照其在思维中发生的顺序对实体的过程、互动情况和属性特征进行描述。

　　此情景片段中，一名叫奥斯卡（Oscar）的学生用手势对一个机械性的相互作用进行了再表征，并将其与电压-时间图联系起来。与卡丽不同，奥斯卡在他的第一个解释和绘图中都提到了方向相反的力，但力是用文字而非矢量符号来表征的（图1和图4）。奥斯卡为其图示中的箭头所标注的是运动而非力。此外，他没有对他的图表进行图示分析（图7）。

　　从奥斯卡的第二个解释任务中，我们了解到更多关于他表征能力的信息。首先，奥斯卡和卡丽一样，作出了一个表征两个力之间相互作用的手势（图8）。在讲话中，奥斯卡解释说，膜电位是静息的，因为这些力在精确的电压下处于平衡状态。在第一个手势的半程阶段，他通过在身体前从左到右地挥动双手来描绘力是如何达到平衡的，直至回溯阶段，他的双手才停了下来（图8左）。通过这个手势，奥斯卡对明确且极其重要的机械的相互作用进行了表征，这些的相互作用是膜电位处于"静息状态"的根本原因，之后奥斯卡选择了一个适当的模式来表征动态平衡是如何发生的。通过对力的方向和大小进行表征，奥斯卡所作的手势丰富了其语言解释的特异性，这与卡丽的情景片段中出现的说明方式相同。奥斯卡用大小相等且方向相反的矢量来表征平衡状态，使手势得以被用于对这些抽象的实体进行表征。

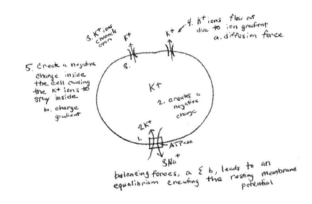

图 7　奥斯卡的绘图

注：单帧图，内按编号为阶段排序，并配有辅助文本以描述决定最终动态平衡状态的机制。

图 8　奥斯卡：所以（**准备阶段**：右手与左手在胸部中线相接）这些力相互抵（**半程阶段**：双手向左右摇动）消（**回溯阶段**：右手放松，左手开始描绘钾离子的运动方向），因为钾离子需要往细胞外移动，鉴于细胞内浓度很高，为再次平衡这些力，就像我一开始回答那样，便产生了静息膜电位，此膜电位更接近于（**准备阶段**：双手抬起，在胸部下方的中线上相遇）钾离子（**半程阶段**：双手与地面平行地分开）的平衡电位（**回溯阶段**：双手在胸部合拢）

　　与卡丽相比，奥斯卡的情景片段更为有趣，因为当他提到钾离子的"平衡状态"时，他通过将他表征平衡的第一个手势与表征恒定电压的第二个手势联系起来进行阐述（图8右）。奥斯卡说，静息膜电位与钾离子的平衡（电位）更为接近。在第二个手势的半程阶段，奥斯卡对他在第二个解释任务之前的学习任务中所经历图示的一个关键特征进行了表征。他通过将两只手掌平放在地面上，并将手掌从身体上扫开来描绘一条斜率为零的直线，以此作为对此关键特征的表征。通过作出两个不同的连续表征性手势，当奥斯卡用手势对外部表征的两个关键部分进行再表征，并将此表征与自己的措辞联系起来时，奥斯卡的表征能力得以展示（图8）。

　　与奥斯卡所绘之图相比，其言辞与手势为理解如何表征动态平衡和静息膜电位提供了一个更有利的视角。奥斯卡在图示所附的文本中标注了"平衡"一词，但他对动态平衡的表征并不能让人满意，因为他只对钾离子从细胞内移出进行了表征，未对为零的净通量进行表征。然而，在言辞和手势中，奥斯卡对两个方向相反的力进行了表征，以将"静息"定义为动态平衡。

10.6　结　　论

　　在本章中，我们提出了一个使用手势来分析学生在 STEM 各学科中表征能力的框架。我们用三个情景片段对此框架的应用进行了说明，这些情景片段突出强调了学生在对细胞生理学概念进行解释时所表现出的表征能力。对于那些深入理解手势在评估学生表征能力中作用的工作，我们的研究结果无疑为其提供了支持。我们着重强调了学生手势可用于揭示学生的表征能力这一观点，其揭示的方式是绘图或语言所不具备的。

　　我们的多模态评估提供了一种视角，用以发现与学生言语同步出现的手势是如何映射出学生的表征能力的，这与学生在学科范式下构建表征所反映出的表征能力是有所不同的。学生们的绘图无法清晰地对时间进行表征，他们通过绘制单帧图来对多阶段机制进行描述，因此表征既零散又肤浅，对于事件顺序和因果关系的描述更是模糊不清。只有构建图组来对顺序性事件进行强调才有助于将那些具有意义的关系传达出来（Agrawala et al.，2003）。即使给予生物专业学生一系列的书面语句，他们也很难按照正确顺序对事件进行排序（Zohar and Tamir，1991）。在解释的尾声阶段，学生对动态平衡进行了描述与表征，我们对与学生言语同步出现的手势进行分析，使得这些描述与表征得以充分展示。因此，学生配合使用言语与表征时空信息手势，使得他们所具有的表征能力得以展现。

　　单帧图可以表征多阶段过程，但为了很好地传达信息，需要在图中辅以文本。

我们发现，当学生没有为其绘图匹配辅助文本时，实体间的、属于机制中关键步骤的相互作用，便难以获得传达。此前的研究已表明，非生物学专业的学生在绘制生理学图画时所提供的文字数量是不同的（Ainsworth et al.，2007）。而要求学生通过绘图来为他人作解释，便能够促使学生在其绘图中使用文本来进行辅助。本章研究中，学生被告知要绘制一个高中生可以理解的自解释图。尽管不是最后的结论，但生理学专业的学生在学习如何对机制进行表征时，首选文本而非图示来对事件进行排序。尽管如此，学生的手势凸显了力与力之间的相互作用，并说明了这些相互作用是如何决定离子通量或动态平衡这些过程的。通过识别学生绘图时遗漏的特征，以及他们用语言和手势所表征的特征，我们不仅对学生表征能力的认知得到了提升，对手势分析应如何对其他评估工作进行补充也有了更深刻的认识。

本研究没有对这些情景片段的代表性进行阐明。尽管我们可以在如此小的数据集（$n=10$）中确定这些情景片段，但需要承认的是，参与这项研究的是生物学专业的高年级学生，对于其他 STEM 学科专业的年轻学生而言，情况或许将有所不同。未来可以通过采用元表征方法对研究内容进行优化（diSessa，2004）。例如，可以选择 STEM 各专业学生为样本作横截面研究，而非选择单一学科的学生来进行研究。让学生们在完成一个解释任务前，先完成一个标准化绘图任务，这将提供一个更为严格的测试，以确定手势是否可以传达出学生绘图中所缺少的信息。

此外，我们的手势分析虽反映了学生的表征能力，但研究方案的设计使我们无法具体了解手势是如何与学生所构建的表征协同发展的。在这项研究中，我们仅有一个任务对绘图进行评估，但对口头解释的评估却有两个。未来的研究可以通过反均衡设计来突破设计的局限性，即给学生的手势和绘图以相同的评估次数。

我们的多模态评估通过利用绘图的可供性，以及解释任务，为洞察学生的表征能力提供了窗口。通过分析学生的手势，我们形成了一个更为完整的图景来反映学生的表征能力是如何随学科范式的表征（即绘图）协同发展的。我们承认，对于这两种交流模式是如何协同发展的，仍存有许多未知。然而，这些结果提供了一个概念性的证据，即与学生们的绘图相比，他们的手势更加凸显了不同学科的概念和表征的特征，因此本章研究对使用手势分析来评估学生表征能力持肯定态度。

参 考 文 献

Agrawala，M.，Phan，D.，Heiser，J.，Haymaker，J.，Klingner，J.，Hanrahan，P.，& Tversky，B.（2003）. Designing effective step-by-step assembly instructions. *ACM Transactions on Graphics*

（*TOG*），*22*（3），828-837.

Ainsworth，S.（2006）. DeFT：A conceptual framework for considering learning with multiple representations. *Learning and Instruction*，*16*（3），183-198.

Ainsworth，S.，Galpin，J.，& Musgrove，S.（2007）. Learning about dynamic systems by drawing for yourself and for others. *In EARLI conference 2007.*

Alibali，M. W.（2005）. Gesture in spatial cognition：Expressing，communicating，and thinking about spatial information. *Spatial Cognition and Computation*，*5*（4），307-331.

Alibali，M. W.，& Nathan，M. J.（2012）. Embodiment in mathematics teaching and learning evidence from learners' and teachers' gestures. *Journal of the Learning Sciences*，*21*（2），247-286.

Azevedo，F. S.（2000）. Designing representations of terrain：A study in meta-representational competence. *The Journal of Mathematical Behavior*，*19*（4），443-480.

Becvar，L. A.，Hollan，J.，& Hutchins，E.（2005）. Hands as molecules：Representational gestures used for developing theory in a scientific laboratory. *Semiotica*，*156*，89-112.

Chi，M. T.，Feltovich，P. J.，& Glaser，R.（1981）. Categorization and representation of physics problems by experts and novices*. *Cognitive Science*，*5*（2），121-152.

Chu，M.，& Kita，S.（2011）. The nature of gestures' beneficial role in spatial problem solving. *Journal of Experimental Psychology： General*，*140*（1），102.

Church，R. B.，& Goldin-Meadow，S.（1986）. The mismatch between gesture and speech as an index of transitional knowledge. *Cognition*，*23*（1），43-71.

Cook，M.，Carter，G.，& Wiebe，E. N.（2008）. The interpretation of cellular transport graphics by students with low and high prior knowledge. *International Journal of Science Education*，*30*（2），239-261.

Crick，F. H.，& Watson，J. D.（1954）. The complementary structure of deoxyribonucleic acid. *Proceedings of the Royal Society of London Series A： Mathematical and Physical Sciences*，*223*（1152），80-96.

Demir，Ö. E.（2009）. *A tale of two hands： Development of narrative structure in children's speech and gesture and its relation to later reading skill* (Doctoral dissertation). Retrieved from ProQuest.（Accession No. 3369323）.

Ehrlich，S. B.，Levine，S. C.，& Goldin-Meadow，S.（2006）. The importance of gesture in children's spatial reasoning. *Developmental Psychology*，*42*（6），1259.

Flood，V. J.，Amar，F. G.，Nemirovsky，R.，Harrer，B. W.，Bruce，M. R.，& Wittmann，M. C.（2014）. Paying attention to gesture when students talk chemistry：Interactional resources for responsive teaching. *Journal of Chemical Education*，*92*（1），11-22.

Garber, P., & Goldin-Meadow, S. (2002). Gesture offers insight into problem-solving in adults and children. *Cognitive Science*, 26 (6), 817-831.

Glaser, B. G. (1965). The constant comparative method of qualitative analysis. *Social Problems*, 12 (4), 436-445.

Göksun, T., Hirsh-Pasek, K., & Golinkoff, R. M. (2010). How do preschoolers express cause in gesture and speech? *Cognitive Development*, 25 (1), 56-68.

Hammer, D., Sherin, B., & Kolpakowski, T. (1991). Inventing graphing: Meta-representational expertise in children. *Journal of Mathematical Behavior*, 10 (2), 117-160.

Hinze, S. R., Rapp, D. N., Williamson, V. M., Shultz, M. J., Deslongchamps, G., & Williamson, K. C. (2013). Beyond ball-and-stick: Students' processing of novel STEM visualizations. *Learning and Instruction*, 26, 12-21.

Iverson, J. M., & Goldin-Meadow, S. (2005). Gesture paves the way for language development. *Psychological Science*, 16 (5), 367-371.

Johnstone, A. H. (1991). Why is science difficult to learn? Things are seldom what they seem. *Journal of Computer Assisted Learning*, 7 (2), 75-83.

Jolley, R. P. (2010). *Children and pictures: Drawing and understanding*. Chichester: Wiley.

Kastens, K. A., Agrawal, S., & Liben, L. S. (2008). Research methodologies in science education: The role of gestures in geoscience teaching and learning. *Journal of Geoscience Education*, 56(4), 362-368.

Kozma, R. B., & Russell, J. (1997). Multimedia and understanding: Expert and novice responses to different representations of chemical phenomena. *Journal of Research in Science Teaching*, 34 (9), 949-968.

Kozma, R., & Russell, J. (2005). Students becoming chemists: Developing representational competence. In J. K. Gilbert (Ed.), *Visualization in science education* (pp. 121-145).

Latour, B. (1986). Visualization and cognition. *Knowledge and Society*, 6, 1-40.

Lira, M., Stieff, M., & Scopelitis, S. (2012). The role of gesture in solving spatial problems in STEM. In J. van Aalst, K. Thompson, M. J. Jacobson, & P. Reimann (Eds.), *The future of learning: Proceedings of the tenth international conference of the learning sciences (ICLS)-volume 2, short papers, Symposia, and abstracts* (pp. 406-410). Sydney: International Society of the Learning Sciences.

McCloud, S. (2006). *Making comics: Storytelling secrets of comics, manga, and graphic novels*. William Morrow.

McDermott, L. C., Rosenquist, M. L., & Van Zee, E. H. (1987). Student difficulties in connecting graphs and physics: Examples from kinematics. *American Journal of Physics*, *55*(6), 503-513.

McNeill, D. (1985). So you think gestures are nonverbal? *Psychological Review*, *92*(3), 350.

McNeill, D. (1992). *Hand and mind: What gestures reveal about thought*. University of Chicago Press.

McNeill, D. (2005). *Gesture and thought*. University of Chicago Press.

Nitz, S., Ainsworth, S. E., Nerdel, C., & Prechtl, H. (2014). Do student perceptions of teaching predict the development of representational competence and biological knowledge? *Learning and Instruction*, *31*, 13-22.

Parnafes, O. (2007). What does "fast" mean? Understanding the physical world through computational representations. *The Journal of the Learning Sciences*, *16*(3), 415-450.

Pedelty, L. (1985). *Gestures in aphasia*(doctoral dissertation). Unpublished doctoral dissertation.

Perry, M., Church, R. B., & Goldin-Meadow, S. (1988). Transitional knowledge in the acquisition of concepts. *Cognitive Development*, *3*(4), 359-400.

Roth, W. (2000). From gesture to scientific language. *Journal of Pragmatics*, *32*(11), 1683-1714.

Scherr, R. E. (2008). Gesture analysis for physics education researchers. *Physical Review Special Topics-Physics Education Research*, *4*(1). 010101.

Schnotz, W., & Lowe, R. (2008). A unified view of learning from animated and static graphics. In R. Lowe & W. Schnotz (Eds.), *Learning with animation research implications for design* (pp.304-356). Cambridge: Cambridge University Press.

Schwartz, D. L., & Black, J. B. (1996). Shuttling between depictive models and abstract rules: Induction and fallback. *Cognitive Science*, *20*(4), 457-497.

diSessa, A. A. (2004). Metarepresentation: Native competence and targets for instruction. *Cognition and Instruction*, *22*(3), 293-331.

Shah, P., & Hoeffner, J. (2002). Review of graph comprehension research: Implications for instruction. *Educational Psychology Review*, *14*(1), 47-69.

Sherin, B. L. (2000). How students invent representations of motion: A genetic account. *The Journal of Mathematical Behavior*, *19*(4), 399-441.

Srivastava, A., & Ramadas, J. (2013). Analogy and gesture for mental visualization of DNA structure. In D. F. Treagust & C. Y. Tsui (Eds.), *Multiple representations in biological education*(pp. 311-329). New York: Springer.

Stieff, M. (2011). When is a molecule three dimensional? A task-specific role for imagistic reasoning in advanced chemistry. *Science Education*, *95*(2), 310-336.

Stieff, M., Hegarty, M., & Deslongchamps, G. (2011). Identifying representational competence with multi-representational displays. *Cognition and Instruction*，29（1），123-145.

Uttal，D. H.，& O'Doherty，K.（2008）. Comprehending and learning from 'visualizations'： A developmental perspective. In J. K. Gilbert，M. Reiner，& M. Nakhleh（Eds.），*Visualization： Theory and practice in science education*（pp. 53-72）. Dordrecht：Springer.

Weiss，T. F.（1996）. *Cellular biophysics*（Vol. 1）. Cambridge：MIT press.

Zohar，A.，& Tamir，P.（1991）. Assessing students difficulties in causal reasoning in biology——a diagnostic instrument. *Journal of Biological Education*，25（4），302-307.

11　用眼动追踪技术评估表征能力

因加·乌本（Inga Ubben）　　桑德拉·尼茨（Sandra Nitz）

克丽丝蒂·L. 丹尼尔（Kristy L. Daniel）

安妮特·厄普迈尔·祖·贝尔岑（Annette Upmeier zu Belzen）

11.1　引　　言

科学课程需要使用各种表征形式的模型。表征能力意指思考、使用和反映表征的基本过程和特征的能力（Kozma et al.，2000；Kozma and Russell，1997；Kozma and Russell，2005），对于每个参与者——学生和教师而言，表征能力是一种基本和关键的技能。表征能力具有很强的情景针对性，个人所处的表征能力阶段，一定程度上取决于拟表征的内容（Kozma and Russell，2005）。从科学的角度来看，这意味着表征能力处于何种状态，以及其发展情况如何，是不可一概而论的，需要针对不同的内容进行研究。通过访谈、问卷调查或一些其他方法，此观点已经被精准论证（例如，Nitz et al.，2014；Stieff，2007；Tippett and Yore，2011）。其中，外部表征具有高度视觉特征，因此，为使表征的视觉感知变得清晰可见，眼动追踪技术被越来越多的研究所采用，包括从专家与新手的比较（如 Jarodzka et al.，2010）到多元表征展示的使用情况（Stieff et al.，2011）再到表征形式对表征能力的影响（如 Novick et al.，2012），此处，我们仅列举这么几个例子。这种方法的吸引力在于它"为用户的视觉过程和（明显的）的注意力聚焦过程提供了客观和定量的证据"（Duchowski，2002，p. 455）。本章将描述眼动追踪技术与语言方法的结合是如何帮助我们全面了解表征能力的认知过程的。我们以系统发育树为例进行阐明，因为它是生物学领域所具有的独特表征形式。

11.2　表征能力和模型能力

科兹马和拉塞尔（Kozma and Russell，2005）定义了表征能力在化学领域中所具有的各类能力及五个阶段或层次，即从基础级表征能力到专家级表征能力①：处于第一层次（描述性表征）的个体构建表征以描述物理现象的特征。在第二层次（符号的使用）中，个体无视表征的语法和语义，仅对表征进行粗浅的阅读。对于第三层次（语法的使用）的个体而言，其特征表现为在语法层面阅读表征，而未考虑其背后的意义。此外，处于该表征能力层次的个体，只会通过语法与表面特征对同一现象下的两个表征进行比较。在第四层次（语义的使用）中，个体开始将表征的外部特征与所表征的内容联系起来，并考虑表征的意义。此层次的个体会根据表征的意义对不同的表征进行比较，因此，能够认识到对于同一现象的不同表征所具有的共识性基本意义，并促使这些表征之间的信息进行交互与传递。此外，自发地使用表征来进行解释，是此层次表征能力的特征之一。第五层次（反思的、修辞的使用）的个体可以借助一个或多个表征来解释物理现象，也可为那些涉及表征某些特征的观点提供支持，还可以选择出最合适的表征，并对此选择作出解释（Kozma and Russell，2005）。

我们可以看到，随着层次的提高，个体对表征的解读变得越来越精准细致。低层次的特点是只使用表征的表面特征，而高层次的表征则包括了表征所具有的基本蕴意（Chi et al.，1981）。处于较高层次的个体能够处理几种表征，并能够推理出哪一种是最合适的。考虑到这一点非常重要，即不同的表征形式并不意味着不同的观点，而只是对一个基本模型所构建的各种表征（Passmore et al.，2014）。根据内尔塞西安（Nersessian，2002）的研究，一个模型的表征形式通过强调突出特征来促进对该模型的推理。此外，模型的表征对于个体之间的交流是富有成效的，并由此促进新见解的产生（Nersessian，2002）。一个现象的模型可以被外化为几种表征形式，在随后使用模型进行预测和推理时，这些表征形式将提供帮助（Mahr，2008，2009；Passmore et al.，2014）。在第一种情况下，模型被平均地使用，在第二种情况下，模型被有方法地使用（Gilbert，1991；Mahr，2009）。正如模型能力框架所描述的那样，可以在三个不同的层次上进行模型处理（Grünkorn et al.，2013；Upmeier zu Belzen and Krüger，2010）。第一和第二层次涵盖了模型的平均方面，而更精细的第三层次包括了方法上的使用。

---

① 这五个层次原本也包括关于构建表征的信息。为了把重点放在表征的视觉方面，本节将只提及解读表征方面的信息，唯一例外是第一层次，因为该层次没有提供表征解读方面的信息。关于各层次的完整描述，详见（Kozma and Russell，2005，p. 133）。

11.3　眼动追踪技术的基础知识

眼动追踪技术被广泛应用于多个学科，如市场研究、心理学和医学。在过去几年中，它也被越来越多地应用于科学教育研究。眼动追踪技术始于 19 世纪，从复杂的机械装置开始，该技术在几十年中不断改进。作为眼动追踪装置的一种，隐形眼镜具有极强的侵入性。[1]现代眼动追踪器使用红外线摄像机来监测眼球运动，因此侵入性要小得多。目前存有多种不同的可选择技术，从头戴式系统到远程系统，再到轻型移动眼镜。[2]用电脑对数据进行记录是最常见的数据收集方式，智能手机同样也可用于收集并存储数据。虽然各种技术和制造商的数量在不断增加，但眼动追踪技术的基本原理基本没有改变。下文将对眼球运动的机制、视觉注意力、研究采用的方法和补充性数据记录进行概述。[3]

11.3.1　眼-心假设、眼球运动和测量

当我们在视觉上感知一种情况、一个表征或一个文本时，相关的视觉信息与不相关的视觉信息通过数个认知过程被分离开来。这些认知过程的总和被称为视觉注意力。视觉注意力可以是明显的（直接看某物时），也可以是隐蔽的（注意某物而不把眼睛移向它，如副中央凹视觉注意力；McMains and Kastner，2009）。眼动追踪是基于这样的假设：眼睛固定在一个位置上表明视觉注意力在这个位置上，于是该位置会被处理（眼-心假设；Just and Carpenter，1980）。由于此定义排除了隐蔽注意力，雷纳（Rayner，1998）提出了这样的假设：至少在那些需要处理信息的复杂任务（如阅读）中，视觉注意力和眼睛的聚焦点可能是紧密相连的。[4]

聚焦是眼睛非静态的微型运动，它使视网膜稳定在感兴趣的位置上。通过这种方式，可以在视觉上感知到该位置。相比之下，扫视是眼球在两个聚焦点之间的快速运动，目的是将视网膜重新定位到另一个感兴趣的位置。在眼球扫视的过程中，是没有视觉感知的[5]（Duchowski，2007）。

---

[1] 关于眼动追踪技术的详细历史，见（Duchowski，2007，pp. 51-59）。

[2] 本章将主要关注远程系统。

[3] 关于眼动追踪技术的理论和实践的广泛性介绍见杜霍斯基（Duchowski，2007）和霍尔姆奎斯特等（Holmqvist et al.，2011）。

[4] 杜霍斯基（Duchowski，2007）指出，眼-心假设可能是有局限性的，而且——在理想的条件下——眼动追踪应该由对大脑活动的测量来进行信息补充。他举了天文学家的例子，在寻找那些眼睛直视无法发现的微弱星星时，天文学家们会刻意地将注意力与目光方向分开。此外，正如本章"评估专家和新手之间的差异"部分中所描述的那样，专家能够从旁观角度感知表征的细节。

[5] 还有其他类型的眼球运动，如平滑追视（眼睛跟随移动的物体）和眼球震颤（头部的平衡运动），这些运动在评估表征能力时并不起作用。

我们如何才能真正地对上述那些眼球运动进行测量呢？一种方法是利用基于视频的眼动追踪器，根据瞳孔位置和角膜对红外光的反射来捕捉眼球运动。特别是在远程系统中，这两个参数对于抵消头部相对于静态刺激监测仪的运动是必要的。更确切地说，位于刺激监测仪下面的红外光源所发出的光被眼睛反射，反射被照相机成像。虽然瞳孔与刺激屏的相对位置以及与红外源的相对位置因眼球运动而改变，但眼球表面上的角膜反射（也称为第一浦肯野反射）的相对位置保持不变。因此，瞳孔和角膜反射之间的矢量可以用来计算眼球运动与刺激屏和红外源的关系（图 1；Duchowski，2007）。

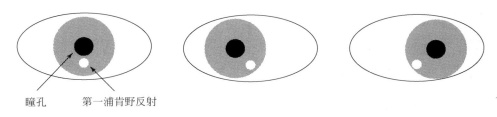

瞳孔　　　第一浦肯野反射

图 1　瞳孔和第一浦肯野反射之间的矢量，随眼球运动而变化

注：改编自（Duchowski，2007，p. 58），经 Springer 公司许可。

11.3.2　如何解释和使用眼动追踪数据

聚焦是眼动追踪技术中的重要计量单位，因为根据眼-心假设（Just and Carpenter，1980），它们指明了个人所聚焦的是表征的哪一特征。为了使聚焦有意义，我们创建了与研究问题相对应的兴趣区域（areas of interest，AOIs），它们既可能是与解决某项任务相关的部分，也可能是不相关部分。随后，可以对这些 AOIs 的聚焦次数或持续时间进行比较。例如，在一项关于对鱼运动感知的研究中，鱼的身体被划分为不同的 AOIs（鳍、身体、眼睛等）。这些 AOIs 尤其与是否有对运动进行描述有关，聚焦的次数和持续时间被作为专业知识的指标（Jarodzka et al.，2010）。此外，通过从开始到第一次聚焦某物体所经过时间的长短，可以了解个人识别出表征相关特征的速度。

两次聚焦的中间过程即为一次扫视，其总和构成了扫描路径——"在一定时间间隔内，眼球运动事件的空间路线"（Holmqvist et al.，2011，p. 254）。因此，扫描路径表征了眼球运动的模式，可用于初步的数据概述和提示性回顾有声思维，这将在本章后部分进行描述。为了在被试或群体之间进行扫描路径比较，可以采用霍尔姆奎斯特等（Holmqvist et al.，2011）提出的几个方法。

11.3.3　补充性数据

　　眼球运动数据会告诉我们参与者聚焦在哪，什么时候聚焦的，而不是为什么聚焦于此。对于基本认知过程，只能通过与其他方法（如语言数据）建立三角关系来进行研究。为此，我们推荐两种不同类型的有声思维法：共时有声思维（concurrent think aloud，CTA）（Ericsson and Simon，1993；van Someren et al.，1994）和提示性回顾有声思维（retrospective think aloud，RTA）（van Gog et al.，2005）。在一项关于错误诊断的研究中，CTA 对于洞察认知过程比 RTA 更加有效（Brinkman，1993）。为了解决上述两种方法存在的质量差异问题，梵高等（van Gog et al.，2005）通过设置被试的扫描路径作出 RTA 过程的提示，对 RTA 的方法（Ericsson and Simon，1993）进行了扩展。在基于计算机的问题解决任务中，通过获取如下信息：①为解决问题，执行了哪些行动？②为什么要执行这些行动，又如何执行？③被试应如何反思这些行动的执行？提示性 RTA 被发现与 CTA 一样有效（van Gog et al.，2005，p. 237）。此外，提示性 RTA 还具有一个优点，即专家在对其表现进行解释时，所使用的词汇量与新手是相似的，而在 CTA 方法中，专家作出的口头表达比新手要少（Jarodzka et al.，2010）。梵高等（van Gog et al.，2005）推荐使用提示性 RTA，以结合 RTA 和 CTA 的优点，但其也申明应注意到仍有一些问题需要进一步研究，比如在 CTA 和提示性 RTA 中，个人会就问题解决的不同方面作出口头表达，又比如被试群体是否会影响到这些方法的研究结论。

　　斯蒂夫等（Stieff et al.，2011）解决了一个重要的问题，即口头数据和眼动追踪数据是否显示了相同的认知过程，或者更准确地说，人们是否有提到，他们在审视多重表征所展示出的特征。至少对于 CTA 而言，它们可以对视觉数据和语言数据之间存在的关联性进行量化展示，例如，眼动追踪的缺省数据可以用语言数据来填补，反之亦然。此外，鉴于这两种数据来源显示了相同的认知过程，它们相互补充以揭示过程的不同方面。例如，眼动追踪数据显示了个体究竟在看什么地方，而语言数据则让人了解他们是如何使用表征的（Stieff et al.，2011，p. 141）。对于是使用 CTA 还是提示性 RTA 的问题，需要根据具体情况来决定。斯蒂夫等（Stieff et al.，2011）在研究中使用了头戴式眼动追踪设备，因此，对于处于 CTA 过程中的被试而言，其头部运动对数据收集所造成的负面影响比远程系统要更小。对于远程系统而言，提示性 RTA 可能是更适合的方法，因为被试在完成任务时既不会因为说话，也不会因为对实验者的提示作出反应而移动。

11.4　评估专家和新手之间的差异

专业知识，即"在某领域的一系列特定表征性任务中作出的持续性卓越表现"（Ericsson and Lehmann，1996，p. 277），一直是众多眼动追踪研究的焦点（Gegenfurtner et al.，2011）。正如下文所描述那般，视觉感知在很大程度上取决于专业知识的掌握程度。

格根富特纳等（Gegenfurtner et al.，2011）在对 65 项关于专业知识的眼动追踪研究进行元分析后发现，专家比新手有更短的聚焦时间，因为他们能更迅速地将信息放入长时记忆中并在需要时检索出来（长时工作记忆理论；Ericsson and Kintsch，1995）。与信息衰减假说（Haider and Frensch，1999）相对应的是，专家会更频繁、更长期地聚焦于与 AOIs 相关的区域，而非与 AOIs 不相关的区域，因为他们能更快地区分与 AOIs 相关的区域和 AOIs 的冗余区域，并主动关注与 AOIs 相关的区域（Gegenfurtner et al.，2011）。此外，格根富特纳等（Gegenfurtner et al.，2011）证实了图像感知整体性模型（Kundel et al.，2007），他们说到，专家不需要直接关注表征的相关特征，因为他们有更高的视觉跨度和副中央凹视觉感知能力。这表现在他们首次聚焦相关 AOIs 的耗时较短，扫视的时间更长。上述三个理论支持用不同的眼动追踪方法来进行操作，如聚焦时间、聚焦次数、首次聚焦在相关 AOIs 和冗余 AOIs 所用的时间，以及扫视的持续时间。

关于描述鱼类运动模式的专家解决策略，亚罗兹卡等（Jarodzka et al.，2010）认为并不存在所谓的专家策略。事实上，专家们用不同的策略得出了相同的结果。这些策略是通过对扫描路径（编辑距离，又称莱文斯坦距离，Levenshtein distance）（Feusner and Lukoff，2008；更多细节见 Jarodzka et al.，2010）进行比较来操作的。对于新手而言，描述鱼类运动的策略是不存在的。因此，一种观点认为，可使用专家策略来对新手进行教导（眼动追踪建模实例，eye movement modeling example，EMME；例如，van Gog et al.，2009；Jarodzka et al.，2013；见下文"未来应用——如何使用眼动追踪技术来评估使用系统发育树进行表征的能力"）。由于专家策略具有异质性，亚罗兹卡等（Jarodzka et al.，2010）建议使用某位专家的策略，而不要将几种策略进行融合使用。

正如格根富特纳等（Gegenfurtner et al.，2011）在进行元分析时所展示的那般，专家能够在不直接观看表征的情况下感知到信息。因此，在分析眼动追踪数据时，必须牢记这种副中心凹视觉注意力或隐蔽注意力（见 McMains and Kastner，2009，"眼-心假设，眼部运动与测量"）。因此，或许可以通过间接检测来发现副中心凹视觉注意力，即对相关 AOIs 的首次聚焦是否更快，同时扫视的时间是否更久，这可以参照格根富特纳等（Gegenfurtner et al.，2011）的研究来进行操作。此外，语言数据可以告知大家，专家是否在没有聚焦的情况下感知到了表征的特征。在表征能力的例子中，相较于现实刺激，专家和新手存在的差异在受到图示刺激时会更大（Gegenfurtner et al.，2011）。

11.5　科学教育中的眼动追踪

40 多年来，眼动追踪技术已被广泛用于阅读研究（Rayner et al.，2012），已有数项研究将眼动追踪用于研究广义上的学习（Lai et al.，2013）。有少量的研究，包括下文所描述的复杂图形表征，集中在使用多媒体进行表征的能力。研究发现，先备知识和提供新内容知识对于寻找相关信息，以及解释表征深层含义有着各不相同的有益影响（Canham and Hegarty，2010；Cook et al.，2008）。此外，可视化中的视觉线索可以引导读者找到表征的相关部位（Boucheix and Lowe，2010；Koning et al.，2010），因此当被试的表征能力较弱时，它们可以帮助被试处理复杂表征。在这四项研究中，对相关表征和表征部位的聚焦次数，被分别作出视觉感知的衡量标准，并辅以语言数据。

特别是在科学教育中，学生们要面对各种不可见现象或结构的表征形式，如图表、公式、模式等。这些往往是高度抽象和科学的，因此对新手来说是个挑战（Stieff et al.，2011，p. 123）。斯蒂夫等（Stieff et al.，2011）在化学教育中对多种表征形式的视觉感知进行了研究，其中使用 CTA 进行眼动追踪。他们向大学化学系学生展示了一种现象的四种动画表征形式，要求被试选择最合适的表征形式，并使用这些表征形式来提出观点和作出预测。此任务需要被试具有一定程度的表征能力。研究发现，学生们会经常聚焦于相关的表征形式，并能够口述出任务的正确答案。于是我们得出了如下结论，只要化学特有的动画表征不是太过抽象，那么被试的表征能力将表现出中等水准（Stieff et al.，2011）。

在系统发育树（phylogenetic trees，PTs）的案例中，抽象物的相关性开始显现，PTs 是生物学所特有的，对进化关系的表征。这些表征是严格约定的基础，需要具备一定数量的关于进化的内容知识。由于 PTs 是下文作出的解释的基础，我们将在下一节简要介绍该主题。

11.5.1　小结：系统发育树的性质

PTs 是生物体之间进化关系的模型。它们既是关于这些关系现有假说的模型，也是产生新假说或检验现有假说的模型（Mahr，2008，2009；Passmore et al.，2014；见前文"表征能力和模型能力"）。这些模型的表征形式是多方面的，学生、教师甚至科学家都在为正确阅读、理解和解释这些表征而努力（例如，Baum et al.，2005；Halverson，2011）。PTs 以各种表征形式出现，从达尔文（Darwin）的第一张草图到海克尔（Haeckel）的"人类血统"再到现代的系统图和族谱图。举例来说，族谱图显示了最近的类群（生物群，如种群、物种和科）之间的进化关系，把它们作为 PTs 的顶端进行描述，并将其最近的共同祖先描绘为节点。在这种特殊的表征形式中，分支的长度是没有意义的（图 2）。这些例子说明，要想良好地使用 PTs 的表征能力，需要对一些约定俗成有所了解。能够正确地阅读和解释 PTs 是一项关键的技能，不仅是为了处理表征，也是为了理解进化的概念（例如，Baum et al.，2005；O'Hara，1988）。甚至有人说，个体如何解释 PTs 直接影响到他们对进化的理解，反之亦然（Omland et al.，2008）。通过系统发育的方式和组织形式，在 PTs 中对地球上的生命进行思索，被定义为树状思维，此概念首次出现在 20 世纪60 年代（O'Hara，1988，1997）。因此，它包括对自然界的分层视图（Novick and Catley，2007），对进化机制的理解，继承，以及对系统发育工具如 PTs 的使用（Halverson et al.，2011）。因此，树状思维可以被称为一种特殊的、生物学上特有的表征能力，不仅包括对 PTs 的正确解读，还包括对它们的解释和应用。

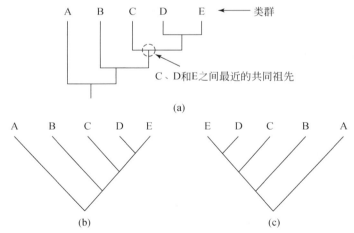

图 2　树状族谱图（a）和两个阶梯状族谱图（b，c）

注：这三张族谱图都代表了相同的进化关系。

11.5.2　系统发育树的视觉感知

诺维克等（Novick et al.，2012）研究了阶梯状族谱图的方向对视觉感知和表征能力的影响。研究比较了大学生对两个不同的阶梯状族谱图表征的理解情况和阅读方向：从左下到右上的"脊椎"①族谱图（图 2b）与从左上到右下的"脊椎"族谱图（图 2c）。有人认为，即使这些族谱图表征的是相同的信息，但由于它们的表征形式不同，其计算方法也不尽相同。被试是大学生物学专业的学生，他们至少有一年的生物学背景。研究使用头戴式眼动追踪系统记录了眼球运动。聚焦和扫描路径显示，与阶梯状族谱图的方向无关，学生是沿着"脊椎"从左到右进行阅读的。两位被称为专家的教授所提供的额外数据，同样展示出了类似的视觉模式（Novick et al.，2012）。由于专家的样本量小，无法进行专家和新手之间的深入比较，但至少眼动追踪数据显示了某种趋势。在对阶梯状族谱图进行眼动追踪之后，我们向学生们展示了树状族谱图（图 2a），学生们需要将其与阶梯状族谱图进行比较，并决定它们在内容上是否相同。尽管从左上到右下的阶梯状族谱图（图 2c）更为少见，但学生们在使用它时会有更好的表现。因此，该研究的作者建议在展示阶梯状族谱图时使用这一方向（Novick et al.，2012）。综上所述，本研究既提供了阅读阶梯状族谱图时的扫视行为的数据，也提供了被试在转换任务中表现出来的树状图阅读能力的数据。因此，在学生们处理 PTs 时，这两种方法的结合便促使我们对其表征能力有更深刻的理解。

11.6　与系统发育树相关的表征能力——水平和里程阶段

　　前文描述的研究涉及了高度的生物学特有表征，并阐明了特定内容的表征能力特征。尽管研究中被测试的学生是生物学专业的学生，但他们在应对不太直观的 PTs 时也很吃力。为了对学生所面临的困难作出解释，霍尔沃森和弗里德里克森（Halverson and Friedrichsen，2013）将科兹马和拉塞尔（Kozma and Russell，2005）在研究化学领域时提出的表征能力五个层次扩展到了七个，特别是在进化情景下使用 PTs 进行表征的能力（见下文）。这七个层次的定义如下②。

　　①没有使用：学生无法识别所呈现的信息。

　　②表面级使用：学生所见的是一些无信息的特征，如树梢间的距离，且没有将所见特征与基本蕴意相联系。

　　③简化级使用：学生假设"主枝"与"侧枝"，并比较不同表征形式的枝条的相似性和差异。

① 阶梯状族谱图显示了一条从根部到某分类群的实线，这是高度抽象化的结果（图 2b 和图 2c）。学生往往难以理解阶梯状族谱图的层次性，而认为"脊椎"是一条线（Novick et al.，2012）。
② 本研究描述了在树状图阅读与构建中使用树状图进行表征的能力。由于本章的重点是视觉方面，因此只讨论树状图阅读。关于树状图构建的深入信息，请参见（Halverson and Friedrichsen，2013）。

④符号级使用：学生理解符号元素，但过多地强调节点。

⑤概念级使用：学生能够在节点上旋转树枝，并将树状图视为三维表征的二维图解。但他们没有把这些与进化史联系起来，也不能对不同风格的树图进行比较。

⑥科学级使用：学生能正确地阅读树状图，并能对独立于其风格的几种表征形式进行比较。

⑦专家级使用：多种表征形式被用于科学探索。这一层次是为动物学家等专业人士保留的，并不区分树状图阅读与树状图构建。

这些层次依赖于树的表征形式和任务的性质，例如，在单一的树状图表征任务中或在多个树状图的比较任务中，层次存在着区别。该研究包括一个学期的 PTs 课程，并对学生使用树状图进行表征的能力进行前后测试。结果显示，大多数学生在上课前处于第二到第三层次之间，在课程结束时则提高至第三层次附近。但是，这种表征能力的发展是不连续的，其层次取决于树状思维的各个方面（Halverson and Friedrichsen，2013）。表征能力的这七个层次建立在数个重要转折阶段之上，这些重要转折阶段是树状图阅读和构建的必要条件。基于学生在化学中需要的表征能力（Kozma and Russell，2005），霍尔沃森和弗里德里克森（Halverson and Friedrichsen，2013）确定了以下六个重要转折阶段。

①识别和解释表征的信息符号部分。

②比较多个性质相似的表征，找到最合适的表征。

③准确地将表征的意义传达给他人。

④根据表征进行预测。

⑤根据新数据对表征进行测试和调整。

⑥构建适当和准确的表征。

前两个重要转折阶段使我们回到了眼动追踪，因为对 PTs 符号部分的视觉感知，以及对数个表征进行比较，是高度视觉化的过程。下一节将讨论，作为理论背景的这些重要转折阶段和七个层次，是如何采用眼动追踪技术评估使用 PTs 进行表征的能力的。

11.7　未来应用——如何使用眼动追踪技术来评估使用系统发育树进行表征的能力

通过眼动追踪来评估使用 PTs 进行表征的能力，是极具潜力的。因为 PTs 融入了复杂的表征形式，且这些表征形式如上文所述那般具有广泛的基本蕴意和约定惯例。PTs 是学校教授进化论的合理工具（Novick and Catley，2014），所以未来的教师应该是可以利用这种潜力的树状思维者。他们对使用 PTs 进行表征的能力水准可以通过下述研究草图来进行诊断，该诊断基于第一个和第二重要转折阶段，并融合了霍尔沃森和弗里德里克森（Halverson and Friedrichsen，2013）所开发的七个层次的使用 PTs 进行表征的能力水平。本研究的目的是对眼部运动的差异进行调研，而不同层次的使用 PTs 进行表征的能力决定了眼部运动的情况。此外，本研究通过结合视觉和语言数据，对被试的表征能力水平进行了全面诊断。

被试是职前生物教师。他们正处于在学校和大学接受培训的尾声阶段，即将为学生传授知识。此外，为获得使用 PTs 进行表征的能力的"黄金标准"，以确保第七层次是可以达到的，我们对专家（例如，系统动物学家）进行了测试。

研究计划给被试布置难度逐渐增加的任务。完成每个任务都需要被试具备一定水平的表征能力。第一个任务需要第一层次表征能力水平，第二个任务需要第二层次表征能力水平，以此类推，直到第七层次。众所周知，表征能力水平并非连续的（Halverson and Friedrichsen，2013；Kozma and Russell，2005），因此每个被试都会执行所有七个任务，以确保每个人都有机会拿出其最佳表现。只要被试能够解决某层次的任务，他们就被认为达到了该层次的表征能力水平。任务解决过程中，眼部运动可以为深入了解被试使用了哪些表征的特征来完成任务提供帮助。

本研究中将测量对与完成任务相关的 AOIs（如节点、分类单元）的聚焦情况，对不相关的 AOIs（如分类单元的附加象形图）的聚焦情况，这些聚焦的持续时间，首次对相关 AOIs 进行聚焦的时间，以及构成扫描路径的聚焦顺序。这些测量方法可能会揭示策略。任务将呈现在刺激屏上，在完成每个任务之后，语言数据将通过提示性 RTA 进行收集。

七个层次之间的差异可能看起来如下。由于第一层次的被试根本不使用表征，而仅依靠其先备知识，因此可以作出假定：他们只聚焦于树端以阅读给定的物种名称。他们极可能不会注意到族谱图上的分支模式和节点这些具有实际信息的部位。因此，他们很少会聚焦于节点。具有第二层次表征能力（表面级使用）的被试可能会花更多的时间在树端和分支上，因为他们已经开始尝试从表征中提取信息。虽然他们无法正确地解读 PTs，但已经会关注到树端和分支的位置。因此，他们会表现得与第一层次的被试不同，可能会花费更多的时间把目光放在树端上，并在不同的分类群之间来回游走。相比之下，第三层次的被试似乎专注于分支，这使得将他们与其他层次的被试区分开来成为可能。第三层次被试对"主线"的关注也可以被研究，正如诺维克等（Novick et al.，2012）在其对分支的 AOIs 研究中已经表明的那般。过分强调节点是第四层次（符号级使用）的特点，在此层次中，被试错误地对所有节点进行计数以确定物种之间的关系。在这里，聚焦的顺序在一定程度上可用于对以计数为目的的节点聚焦和随机的节点聚焦进行区分。在第五层次的任务中，此层次的特征技能——心理旋转开始出现。因此，被试必须对节点分支进行心理旋转，以比较两个 PTs 间的相似性或差异性。此处，相比于对其他节点的聚焦，被试可能会更久地聚焦于他们进行心理旋转的分支上。在第六层次（科学级使用）中，被试能够对 PTs 的不同表征形式进行比较。可以预计，被试会以目标为导向，将目光聚焦于两种表征中的节点部位，以寻找差异和相似之处。这可以通过扫描路径来揭示。此外，我们假设，与较低水平的被试相比，此层次的被试首次完成相关 AOIs 聚焦的时间更短。

第七层次是一个特例，此层次只有专家可以达到（Halverson and Friedrichsen，2013）。我们对专家进行了测试，根据预期，这些专家会达到第七层次水平，并且他们可以通过其自有的个人策略（Jarodzka et al.，2013）来完成复杂的任务，包括用不同的表征形式进行多重表征。

七个层次之间存在的差异，尤其是第一到第四层次之间的差异，是很难通过眼部运动来测量的，因此语言数据便有了用武之地。正如在"互补性数据"部分中所讨论的那般，提示性 RTA 不仅使眼部运动数据实体化，同时也为了解被试为什么要聚焦于某个区域提供了帮助（Stieff et al.，2011）。这些关于原因的信息可以放大水平层次之间的区别。

数据分析的一个重点是，它应该只对被试达到的最大层次水平进行分析。由于所有被试都经历了从第 1 个到第 7 个的所有任务，第一层次的专家解决方案与仅具有该层次水平的被试在此层次提出的方案是不同的。因此，眼部运动和语言数据应在属于该层次的被试之间进行比较，并不是在每个层次之间进行比较。

根据所获得的数据，并非每次都可以通过眼部运动对七个层次进行区分。在这种情况下，考虑根据数据对层次进行压缩，将各层次合并为诸如低层次、中层次、高层次。

一个重要的控制变量是被试的模型能力水平（Grünkorn et al.，2013；Upmeier zu Belzen and Krüger，2010）。正如在本章"表征能力和模型能力"和"小结：系统发育树的性质"两部分中所描述的那般，PTs 的表征是基于与进化关系相关的模型。因此，解读 PTs 并解释其基本含义，即进化关系模型，就必须具备表征能力和模型能力。因此，当我们研究个体如何应对 PTs 的表征形式时，我们也应该阐明如何应对进化关系模型。这可能导向对表征能力和模型能力是否有相互影响，以及它们是如何相互影响的深入了解。

本章所提及的研究，提供的不仅仅是根据眼动追踪技术来诊断学生 PTs 表征能力的可能性；任务解决过程中出现的专家眼部运动也可持续地作为眼部运动的建模案例（EMME；van Gog et al.，2009），以加强对表征的学习。对于这种方法，理想的扫描路径（例如，由专家提供的）被附加于表征上，并重复播放以向新手展示相关的特征在什么地方。可以通过表示聚焦的彩色圆圈，或是所谓的聚光灯来完成这项工作，使用聚光灯时，只有专家聚焦的区域为高像素显示，而表征的其余部分则是模糊的。此外，专家的口头报告也可以同时播放，以传达专家为什么要聚焦在某个特征上的相关信息。虽然 EMME 在以问题解决为导向的任务中被证明是有负面影响的（van Gog et al.，2009；van Marlen et al.，2016），但其他研究发现，在描述鱼类运动模式（Jarodzka et al.，2013）与临床诊断（Jarodzka et al.，2012）的视觉搜索和相关特征解释方面，在文本和图像的综合处理方面，以及在阅读插图文本的转移方面，都具有积极的影响（Mason et al.，2015）。后面的三个例子表明，EMME 适合用于指导新手进行树状解读，因为这个过程包括找到相关的表征特征并对其进行解释。总之，本章所提及的研究利用了眼动追踪技术与语言数据相结合的潜能。第一，它们使我们能够深入了解到个体在阅读 PTs 时看的是哪里，以及为什么看那里。第二，有可能通过 PTs 对表征能力的水平进行区分，从而将眼动追踪作为诊断工具。第三，可以强调表征能力和模型能力之间的关系。第四，专家的解决方案可以应用于教导新手解读树状图，从而提高后者使用 PTs 进行表征的能力。

11.8　结　　论

　　视觉感知是人类重要的信息来源。因此，除去部分特例，视觉注意力与我们眼睛聚焦的地方是一致的便不足为奇。表征提供了大量的视觉信息，所以我们需要区分重要和不太重要的特征，以便能够解释这些表征。在这一点上，眼动追踪技术作为评估表征能力的有力工具便开始发挥作用。正如本章所描述的，眼动追踪不仅为研究专家和新手的视觉感知是如何不同的提供了帮助，也为研究我们应如何洞悉这些知识并从中获取指导提供了帮助。然而，我们不能忘记，眼部运动相关数据本身是没有意义的，对其的使用需要与语言数据建立三角关系以获取关于"为什么"的信息。由于我们可以以一种未经过滤的方式来研究视觉感知，将这些信息结合起来之后，眼动追踪技术便可以帮助我们建立起学习结果与认知过程之间的联系。

　　总之，眼动追踪技术是一个应用前景广阔的工具，可用于研究处理表征时的视觉感知过程，从而评估表征能力。除此之外，它还允许我们利用所学的见解来弥补教科书中表征的缺点以改进教学。

参 考 文 献

Baum，D. A.，DeWitt Smith，S.，& Donovan，S. S. S.（2005）. The tree-thinking challenge. *Science*，*310*（5750），979-980.

Boucheix，J.-M.，& Lowe，R. K.（2010）. An eye-tracking comparison of external pointing cues and internal continuous cues in learning with complex animations. *Learning and Instruction*，*20*（2），123-135.

Brinkman，J. A.（1993）. Verbal protocol accuracy in fault diagnosis. *Ergonomics*，*36*（11），1381-1397.

Canham，M.，& Hegarty，M.（2010）. Effects of knowledge and display design on comprehension of complex graphics. *Learning and Instruction*，*20*（2），155-166.

Chi，M. T.，Feltovich，P. J.，& Glaser，R.（1981）. Categorization and representation of physics problems by experts and novices. *Cognitive Science*，*5*（2），121-152.

Cook，M.，Wiebe，E. N.，& Carter，G.（2008）. The influence of prior knowledge on viewing and interpreting graphics with macroscopic and molecular representations. *Science Education*，*92*（5），848-867.

Duchowski，A. T.（2002）. A breadth-first survey of eye-tracking applications. *Behavior Research Methods，Instruments，& Computers*，*34*（4），455-470.

Duchowski，A. T.（2007）. *Eye tracking methodology：Theory and practice*（2nd ed.）. London：Springer. With permission of Springer.

Ericsson，K. A.，& Kintsch，W.（1995）. Long-term working memory. *Psychological Review*，*102*，211-245.

Ericsson，K. A.，& Lehmann，A. C.（1996）. Expert and exceptional performance：Evidence of maximal adaptations to task constraints. *Annual Review of Psychology*，*47*，273-305.

Ericsson，K. A.，& Simon，H. A.（1993）. *Protocol analysis：Verbal reports as data*（Rev. ed.）. Cambridge，MA：MIT Press.

Feusner，M.，& Lukoff，B.（2008）. Testing for statistically significant differences between groups of scan patterns. In S. N. Spencer（Ed.），*Proceedings of the 2008 symposium on eye tracking research & applications*（pp. 43-46）. New York：ACM.

Gegenfurtner，A.，Lehtinen，E.，& Säljö，R.（2011）. Expertise differences in the comprehension of visualizations：A meta-analysis of eye-tracking research in professional domains. *Educational Psychology Review*，*23*（4），523-552.

Gilbert，S. W.（1991）. Model building and a definition of science. *Journal of Research in Science Teaching*，*28*（1），73-79.

Grünkorn，J.，Upmeier zu Belzen，A.，& Krüger，D.（2013）. Assessing Students' understandings of biological models and their use in science to evaluate a theoretical framework. *International Journal of Science Education*，*36*（10），1651-1684.

Haider，H.，& Frensch，P. A.（1999）. Eye movement during skill acquisition：More evidence for the information reduction hypothesis. *Journal of Experimental Psychology：Learning，Memory，& Cognition*，*25*，172-190.

Halverson，K. L.（2011）. Improving tree-thinking one learnable skill at a time. *Evolution：Education and Outreach*，*4*（1），95-106.

Halverson，K. L.，& Friedrichsen，P.（2013）. Learning tree thinking: Developing a new framework of representational competence. In D. F. Treagust & C.-Y. Tsui（Eds.），*Models and modeling in science education：Vol. 7，Multiple Representations in Biological Education*（pp. 185-201）. Dordrecht：Springer.

Halverson，K. L.，Pires，C. J.，& Abell，S. K.（2011）. Exploring the complexity of tree thinking expertise in an undergraduate systematics course. *Science Education*，*95*（5），794-823.

Holmqvist，K.，Nyström，M.，Andersson，R.，Dewhurst，R.，Jarodzka，H.，& van de Weijer，J.（2011）. *Eye tracking：A comprehensive guide to methods and measures*. Oxford，New York：Oxford University Press.

Jarodzka，H.，Scheiter，K.，Gerjets，P.，& van Gog，T.（2010）. In the eyes of the beholder：How experts and novices interpret dynamic stimuli. *Learning and Instruction*，*20*（2），146-154.

Jarodzka，H.，Balslev，T.，Holmqvist，K.，Nyström，M.，Scheiter，K.，Gerjets，P.，& Eika，B.（2012）. Conveying clinical reasoning based on visual observation via eye-movement modeling examples. *Instructional Science*，*40*（5），813-827.

Jarodzka，H.，van Gog，T.，Dorr，M.，Scheiter，K.，& Gerjets，P.（2013）. Learning to see：Guiding students' attention via a Model's eye movements fosters learning. *Learning and Instruction*，*25*，62-70.

Just，M. A.，& Carpenter，P. A.（1980）. A theory of reading：From eye fixations to comprehension. *Psychological Review*，*87*，329-354.

Koning，D.，Björn，B.，Tabbers，H. K.，Rikers，R. M.，& Paas，F.（2010）. Attention guidance in learning from a complex animation: Seeing is understanding? *Learning and Instruction*，*20*（2），111-122.

Kozma，R.，& Russell，J.（1997）. Multimedia and understanding：Expert and novice responses to different representations of chemical phenomena. *Journal of Research in Science Teaching*, 34 （9）, 949-968.

Kozma, R., & Russell, J. （2005）. Students becoming chemists: Developing representational competence. In J. K. Gilbert（Ed.）, *Visualization in science education*（pp. 121-145）. Dordrecht: Springer.

Kozma, R., Chin, E., Russell, J., & Marx, N. （2000）. The roles of representations and tools in the chemistry laboratory and their implications for chemistry learning. *The Journal of the Learning Sciences*, 9（2）, 105-143.

Kundel, H. L., Nodine, C. F., Conant, E. F., & Weinstein, S. P. （2007）. Holistic component of image perception in mammogram interpretation: Gaze-tracking study. *Radiology*, 242, 396-402.

Lai, M.-L., Tsai, M.-J., Yang, F.-Y., Hsu, C.-Y., Liu, T.-C., Lee, S. W.-Y., et al. （2013）. A review of using eye-tracking technology in exploring learning from 2000 to 2012. *Educational Research Review*, 10, 90-115.

Mahr, B. （2008）. Ein Modell des Modellseins: Ein Beitrag zur Aufklärung des Modellbegriffs. In E. Knobloch & U. Dirks（Eds.）, *Modelle*（pp. 187-218）. Frankfurt am Main: Peter Lang.

Mahr, B.（2009）. Die Informatik und die Logik der Modelle. *Informatik Spektrum*, 32（3）, 228-249.

van Marlen, T., van Wermeskerken, M., Jarodzka, H., & van Gog, T. （2016）. Showing a model's eye movements in examples does not improve learning of problem-solving tasks. *Computers in Human Behavior*, 65, 448-459.

Mason, L., Pluchino, P., & Tornatora, M. C.（2015）. Eye-movement modeling of integrative reading of an illustrated text: Effects on processing and learning. *Contemporary Educational Psychology*, 41, 172-187.

McMains, S. A., & Kastner, S. （2009）. Visual Attention. In M. D. Binder, N. Hirokawa, & U. Windhorst（Eds.）, *Encyclopedia of neuroscience*（pp. 4296-4302）. Berlin, Heidelberg: Springer.

Nersessian, N. J. （2002）. The cognitive basis of model-based reasoning in science. In *The cognitive basis of science*（pp. 133-153）.

Nitz, S., Ainsworth, S. E., Nerdel, C., & Prechtl, H. （2014）. Do student perceptions of teaching predict the development of representational competence and biological knowledge? *Learning and Instruction*, 31, 13-22.

Novick, L. R., & Catley, K. M. （2007）. Understanding phylogenies in biology: The influence of a gestalt perceptual principle. *Journal of Experimental Psychology: Applied*, 13（4）, 197-223.

Novick, L. R., & Catley, K. M. （2014）. When relationships depicted diagrammatically conflict with prior knowledge: An investigation of students' interpretations of evolutionary trees. *Science*

Education，*98*（2），269-304.

Novick，L. R.，Stull，A. T.，& Catley，K. M.（2012）. Reading phylogenetic trees：The effects of tree orientation and text processing on comprehension. *Bioscience*，*62*（8），757-764.

O'Hara，R. J.（1988）. Homage to Clio，or，toward an historical philosophy for evolutionary biology. *Systematic Zoology*，*37*（2），142-155.

O'Hara，R. J.（1997）. Population thinking and tree thinking in systematics. *Zoologica Scripta*，*26*（4），323-329.

Omland，K. E.，Cook，L. G.，& Crisp，M. D.（2008）. Tree thinking for all biology：The problem with reading phylogenies as ladders of progress. *BioEssays*，*30*（9），854-867.

Passmore，C.，Gouvea，J. S.，& Giere，R.（2014）. Models in science and in learning science：Focusing scientific practice on sense-making. In M. R. Matthews（Ed.），*International handbook of research in history，philosophy and science teaching*（1st ed，pp. 1171-1202）. Dordredht：Springer Netherlands.

Rayner，K.（1998）. Eye movements in reading and information processing. 20 years of research. *Psychological Bulletin*，*124*（3），372-422.

Rayner，K.，Pollatsek，A.，Ashby，J.，& Clifton，C.，Jr.（2012）. *Psychology of reading*. New York：Psychology Press.

Stieff，M.（2007）. Mental rotation and diagrammatic reasoning in science. *Learning and Instruction*，*17*（2），219-234.

Stieff，M.，Hegarty，M.，& Deslongchamps，G.（2011）. Identifying representational competence with multi-representational displays. *Cognition and Instruction*，*29*（1），123-145.

Tippett，C. D.，& Yore，L.（2011）. Exploring middle school students' representational competence in science：Development and verification of a framework for learning with visual representations.

Upmeier zu Belzen，A.，& Krüger，D.（2010）. Modellkompetenz im Biologieunterricht. *ZfDN*，*16*，41-57.

van Someren，M. W.，Barnard，Y. F.，& Sandberg，J. A. C.（1994）. *The think aloud method：A practical guide to modeling cognitive processes*. London：Academic Press.

van Gog，T.，Paas，F.，Merriënboer，v.，Jeroen，J. G.，& Witte，P.（2005）. Uncovering the problem solving process：Cued retrospective reporting versus concurrent and retrospective reporting. *Journal of Experimental Psychology. Applied*，*11*（4），237-244.

van Gog，T.，Jarodzka，H.，Scheiter，K.，Gerjets，P.，& Paas，F.（2009）. Attention guidance during example study via the model's eye movements. *Computers in Human Behavior*，*25*（3），785-791.

12　以三重表征模型为基础评价学生的表征能力

吉尔·D. 马鲁（Jill D. Maroo）　　萨拉·L. 约翰逊（Sara L. Johnson）

12.1　引　言

本章讨论了如何使用三重表征模型来评价学生的表征能力。对于本书第 1 章对表征能力的详细描述，我们是认同的。也就是说，表征能力是一个人使用表征来解释内容知识的能力。我们广义地将内容知识定义为个人显示出的与某特定研究主题有关的所有知识。本书的主题是表征能力，研究兴趣的核心是学生的理解。

学生的理解有多种不同但有效的定义。在本章中，我们认为学生的理解是个人的内容知识和表征能力的综合体现。根据我们以前的研究（Johnson et al., 2010），我们认为内容知识和表征能力这两个实体是不同但相关的。在此处呈现给大家的工作中，我们首先研究了与内容知识准确度不相关的表征能力。然后我们考虑了内容知识的准确度，发现大多数学生的表征能力是稳定的。以此方式将三重表征模型用于研究表征能力，我们对学生的理解情况将掌握得更加细致。

12.1.1　三重模型

三重模型在化学教育研究中已是随处可见，其应用也渗透至诸多其他学科当中（Talanquer, 2011）。三重模型将知识分为三个层次；这些层次之间可以建立联系，以帮助解释或描述自然界。虽然知识层次的划分情况是一致的，但划分的名称、定义和层次数量却有所不同（Talanquer, 2011；Gilbert and Treagust, 2009）。将化学知识划分为一个三重模型的做法源于约翰斯通（Johnstone, 1982）的早期工作。约翰斯通最初的知识划分包含三个层次：描述与功能、表征及解释。然而，约翰斯通在他的早期模型中，将宏观化学与微观化学进行了分离。这最终发展成了我们所称的约翰斯通三角——一个包含三个层次的三重模型：宏观层、亚微观层、符号层或表征层（Johnstone, 1991, 1993）。在约翰斯通（Johnstone, 1982, 1991, 1993）的几部著作中，他强调了这三个层次的平等性，但也解释说对于所有人而言，并不是所有层次都必须被使用到。在其著作中我们看到，约翰斯通使用各种术语对模型所欲传达的信息进行描述。同样地，我们看到使用三重模型进行研究具有持续性趋势。塔兰克尔（Talanquer，2011）指出，将化学知识划分成三个层次是化学教育研究中最常见的模型之一。许多研究者已经使用三重模型的透视作用来审视并指导数据分析（如 Boddey and de Berg，2014；Rappoport and Ashkenazi，2008；Treagust et al.，2003）。三重模型的透视作用对于评估工具的设计更具作用（如 Chandrasegaran et al.，2007；Jaber and BouJaoude，2012）。虽然列举的都是化学教育中的案例，但在其他教育学科，特别是生物学中，同样存有三重模型的应用研究（如 Marbach-Ad and Stavy，2000）。

12.1.2　本章的三重模型

我们相信，本章三重模型所具有的表征性本质会使其成为讨论表征能力的宝贵工具。我们的模型为表征构建提供了一个支架，用以对个体使用概念性知识的能力进行表征。此类表征可以展示出个体的表征能力水平。我们给三重模型的各层次命名为：表征性宏观、表征性微观和表征性符号（图1）。我们认为表征性宏观层次是指，一个具有平均视力水平的学生可以看见的所有东西，包括在此层次上发生的各种相互作用。表征性微观层次是指对具有平均视力水平的学生而言，那些看不见的东西。表征性符号层次是指任何用于解释表征性宏观层次或表征性微观层次的工具（如符号、公式或图表）。

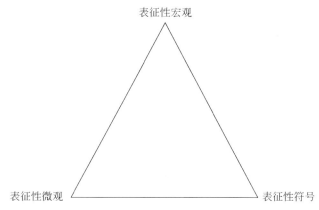

图1　三重模型的直观表征

注：三角形的点上是表征层次的名称。连接这些点的线段表征了个体在层次间可以建立的最强潜在联系。具有专家级表征能力的个体能够将所有三点连接起来，并探索三角形的中心。

为了证明这一点，我们将用三段式关系来描述我们如何看待食糖溶于水的现象。当谈论将食糖溶入水中时，我们可以选择用符号来表征这个过程（即表征性符号层次）。例如，我们可以用一个正方形来表示固体食糖，而用另一种形状如圆形来表示水。为了表示溶解的食糖，我们可以选择使用第三个形状（如三角形），或以某种方式结合我们的正方形和圆形，以展示水和食糖之间的相互作用。在表征性宏观层次上，我们可以通过在装有适量水的烧杯中加入可见数量的食糖来演示糖的溶解现象。随着我们对溶液的搅拌，食糖会溶解、数量减少，直到它似乎从我们的视野中消失。或者，我们可以使用低倍显微镜，在表征性微观层次上观察同样的过程。在这个层次上，我们可以观察到糖晶体的边缘是如何扩散的，以及当食糖溶解到水中时，它的整体尺寸是如何缩小的。除了这些观察之外，我们还了解到，食糖之所以能在水中溶解，是因为它能够通过非共价相互作用与水相互作用。这些相互作用即使用显微镜也看不到，但可将其归属于表征性微观层次，正如我们的三重模型术语所定义的。

12.2 用此三重模型分析数据

为了证明如何使用三重模型进行数据分析，在此展示以前关于相异概念的研究数据（Johnson et al.，2010）。我们的定性研究使用半结构式访谈探讨了学生掌握的与三羧酸（TCA）循环相关的相异概念（图 2），根据对学生访谈摘录的归纳性编码，建立了一个分类方法。此分类法是根据本科生在生物导论课中表现出来的相异概念所创建的。

与 TCA 循环有关的概念分类法

我们的概念分类法包含了 10 个与 TCA 循环相关的相异概念（Johnson et al.，2010）：

- 识别线粒体的表征
- 确定线粒体"动力源"这一称呼的含义
- TCA 循环与光合作用的联系
- TCA 循环与发酵的联系
- 糖酵解在新陈代谢中的相对位置
- ETC 在新陈代谢中的相对位置
- 氧气与 TCA 循环的作用
- 单次进入 TCA 循环的底物数量
- 单个线粒体中的 TCA 循环酶的数量

• TCA 循环的动态性质（Johnson et al.，2010）

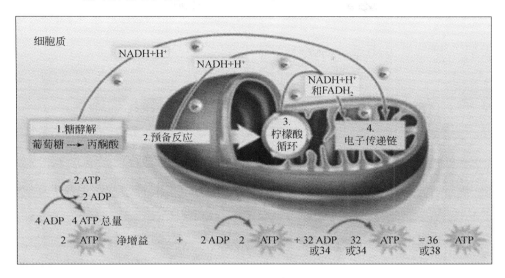

图 2　TCA 循环

注：TCA 循环也被称为克雷布斯循环或柠檬酸循环，是细胞呼吸的组成部分，它将糖酵解与电子传递链（electron transport chain，ETC）联系起来，最终产生三磷酸腺苷（ATP），即细胞的能量"货币"。在真核生物中，糖酵解的三碳产物丙酮酸从胞质溶胶进入线粒体基质，在那里它被转化为二碳分子乙酰辅酶 A。乙酰辅酶 A 通过与草酰乙酸缩合进入循环，形成六碳分子柠檬酸。柠檬酸经过一系列可逆反应，产生电子供体化合物（如 NADH），然后在 ETC 中被用来为氧化磷酸化提供动力并制造 ATP。除了在糖代谢中的作用外，TCA 循环还整合了细胞内的其他代谢过程。这种相互联系的性质要求 TCA 循环是动态和高度调节的。

我们通过对这些分类概念的三重模型分析，进一步探讨了学生的表征能力。三重模型的分析结果为我们提供了直观的工具来交流个人或团体的表征能力。因此，在展示分析结果时，我们参考了上面的概念分类法。

12.3　个人表征能力

在调查个人表征能力时，我们把"摘录"定义为一个人在访谈中对于某特定概念的所有讨论，使用三重模型对每个摘录进行编码。对大多数人来说，这些讨论不是连续的，而是分布在整个访谈过程中。然后，对每个概念的正确和错误的讨论进行区分，每人最多只能有 20 个摘录。点状图上的每一个点都代表了个人在该摘录中所表现出的最强表征能力。

为了对摘录进行编码，我们确定个人是否使用了表征性微观、表征性宏观、表征性符号或综合语言，以此来讨论每个概念。如果某人使用了多个层次的表征

（例如，表征性微观和表征性宏观），我们会进一步去确定：此摘录是否有建立这些层次之间的联系，还是将三重模型各层次视为单独实体来进行处理。如果是后者，我们就将摘录编码为单独的点。上述编码方法导致了层次分类的出现，层次范围从低水平的点，到高水平所有的点，再到可探索三角形中心。这样，层次分类将包括：一个点、两个点、三个点、一个连接、一个连接和一个点、两个连接、三个连接和探索中心。

下面这段话来自狄龙（Dillon），他在两个层次上对单个细胞内存在许多周期这个概念进行了讨论，但两个层次之间的联系并未建立起来。他说："我认为它发生了（2 个 ATP 的净收益），无处不在，漫山遍野……那有一个合成 ATP 的泵。"由于狄龙没有在层次之间建立联系，我们将他的摘录编码为两个没有联系的点。

如上文所示，狄龙在给出一个细胞内同时发生一个以上循环的原因时，提到了表征性微观层次。我们对狄龙在表征性符号上的反应进行编码，因为他使用了三磷酸腺苷的缩写 ATP。我们认为这些层次是没有联系的点，因为狄龙没有明确提到合成 ATP 的泵与他在微观层次的解释（2 个 ATP 的净收益）有什么关系。

下面的引文来自埃达（Ada），她在三个层次上讨论了一个与糖酵解有关的概念。埃达在两个层次之间建立了两种不同的联系，但未能建立第三种联系。除了上面采用的编码方式外，我们还用下划线来表示表征性宏观层次。

因此，TCA 循环。你吃食物，它就会分解。糖酵解，所有的糖都会分解。然后你会有葡萄糖和……这玩意？（整理卡片）所以，最后会获得 ATP。但我不记得是否如此了。我知道有些循环会产生 ATP，但之后 ATP 会生成更多的 ATP，所以我不记得是否如此。我不知道是否这样。但我相信或多或少它会是这样的。因为我是知道的。我认为氢气是从那里来的。然后你就有了 ADP。然后你会有 H_2O，但我不知道碳发生了什么。

我们对埃达的摘录进行了编码，认为她有在表征性宏观和微观层次之间，以及表征性符号和微观层次之间建立的联系。埃达没有在表征性符号和宏观层次之间建立联系。

在摘录的开始，埃达用"你吃食物，它就会分解"这句话体现表征性宏观层次。然后，她重申并扩展了她的想法，将表征性微观层次包括在内，她解释说："糖酵解，所有的糖都会分解。"埃达在两个层次之间建立的联系，展示了她对身体如何使用食物的理解。在摘录的最后，埃达开始描述她对 TCA 循环的理解。在她的解释中，她使用了融合表征性符号和微观层次的语言。埃达这种对关系构成要素的描述，使得她得以摆脱术语的束缚来对 TCA 进行解释。

在对摘录进行编码后，我们确认这已达到三重模型的最高类别。我们为每个人绘制了一个点状图，每个点代表一个摘录。由于点状图取决于个体访谈，点状图上的摘录（点）的数量也不同。这些点状图展示了个人表征能力的总体情况。研究采取了定性分析的方法，两名研究人员对每个点状图的趋势进行讨论，直到对个人在三重分类中所处的序列位置达成一致。作为一个例子，我们提供了下面的点状图，其中包含 20 个摘录，未考虑准确度（图 3）。

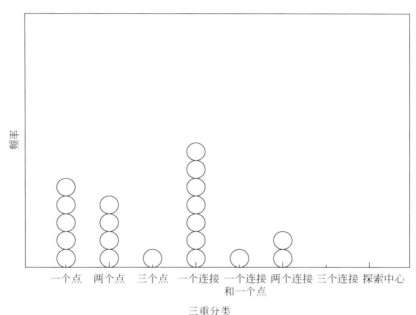

图 3　个人的点状图范例

注：点状图包含 20 个摘录（点），按三重分类布局。点状图上没有标明关于被试答题准确度的信息。根据三重分类，此人所处位置应为"三个点"和"一个连接"之间。

　　图 3 给出了个体表征能力的总体情况，这是学生理解的一个组成部分。然而，如果我们在图中增加内容知识的一个组成部分（即准确度），我们就可以开始探索学生的理解。我们提供了一个将内容准确度考虑其中的案例，以获取学生对某一特定主题的理解情况（图 4）。

　　图 5 是关于罗伯特（Robert）表征能力的点状图。我们将罗伯特归类为表征能力低下的学生。在看罗伯特的点状图时，我们观察了其整体形状，以确定他对于该主题而言所具有的表征能力。基于我们的三重分类法，我们将罗伯特的两段摘录确定为"一个连接"水准。然而，他的点状图严重偏向于较低水准的范围，他有 75%的点属于"一个点"水准。我们认为，罗伯特的两个"一个连接"点，

多少增加了一些他在整体表征能力方面的体现。因此，我们将罗伯特的总体表征能力描述为处于"一个点"和"两个点"之间。

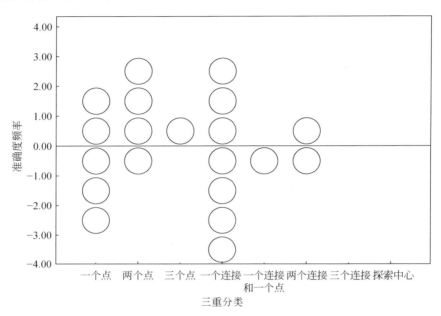

图 4　个人的点状图范例，描述了关于被试答题的准确度

注：点状图包含 20 个摘录（点），按三重分类布点。准确度在点阵图上的显示方法为：正确的布于 x 轴上方，
　　错误的在下方。此人水平处于"三个点"类别稍高一些的位置。

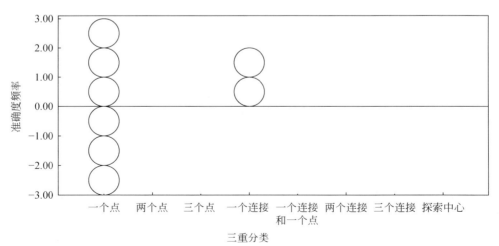

图 5　罗伯特的个人点状图

图 6 显示了埃达的表征能力点状图，埃达是一个具有中等表征能力的学生。我们观察了埃达的点状图的整体形状，以确定她在该主题上的表征能力。虽然埃达摘录的数量与罗伯特相似，但她的点状图形状却明显不同。埃达的摘录中，有超过一半的摘录被归类于中等表征能力范畴内。虽然埃达的点状图中有四个点处于低水平范畴，但她仅有一个 1 分的点，且她有两个最高的点，均属于三重分类中"两个连接"的水准。因此，在确定她的表征能力时，我们考虑了她所有的点的位置，并将她的总体表征能力归类为介于"三个点"和"一个连接"类别之间。

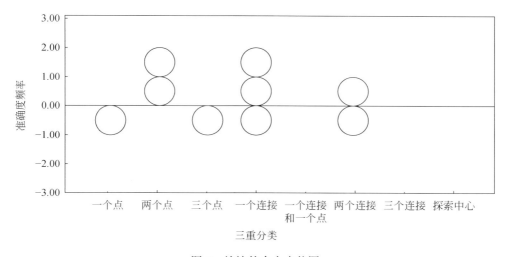

图 6 埃达的个人点状图

在此例中，我们基于编码的访谈摘录，构建了点状图表征来研究个体的表征能力，对个人表征能力的测量分析进行了强调。我们用这种方法为所有的参与者绘制了关于准确度的个人点状图（图 7）。利用这些点状图，用以描述群体表征能力的方法得到了拓展。

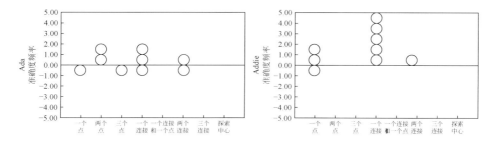

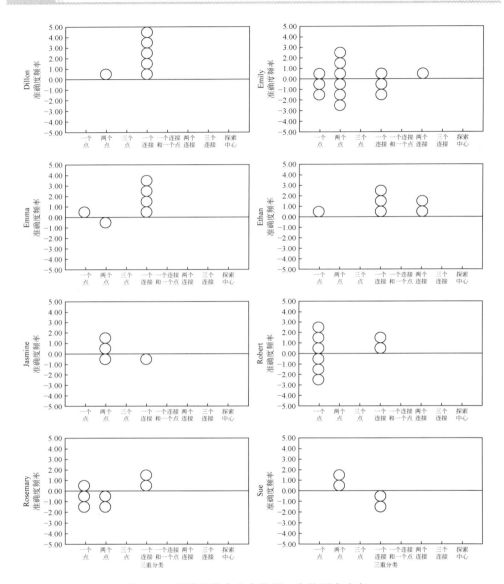

图 7　10 名被试的个人点状图（含答题准确度）

12.4　群体表征能力

在我们的数据和以前的文献（Kozma and Russell，2007）的指导下，我们创建了一个分布图来直观地显示群体表征能力（图 8）。处于低范围的个体具有整体的表征能力，在我们的三重模型中没有显示出层次之间的联系。中等范围的个体的整体表征能力在我们的三重模型中处于三个点到两个连接之间的联系。对个人来说，他们的整体表征能力在我们的三重模型中超过了两个连接到三个连接之间的联系，就可以被归入高分段。专家级的位置要求整体表征能力超过三个连接，以探索三重模型三角的中间位置。

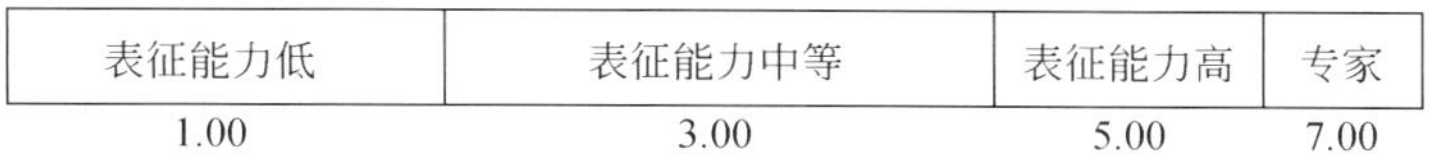

表征能力低	表征能力中等	表征能力高	专家
1.00	3.00	5.00	7.00

图 8　不含被试数据的表征能力分布图示例，显示了分布图中四个表征能力组的范围

我们对每个人的表征能力的评估进行了汇编（表 1），以构建一个可以显示被试群体表征能力的分布图，并对每个点状图进行了视觉评估，以确定个人的总体表征能力值。这个分布图的数据来自对多元个体表征能力点状图的分析，详情可参阅上面的范例。我们的评估包括点状图的准确和不准确区域，并将这些表征能力的数值绘制在我们的分布图上（图 8）。此分布图有助于我们按照从低到高的顺序对被试的表征能力水平进行判断。通过分布图，我们还可以看到所有被试的表征能力均位于低和中等两个水平上（图 9）。我们的研究结果表明，在三重模型中，所有被试的平均表征能力值均低于"两个连接"的水准。由于研究中的被试均为本科学生，这一结果并不令人意外。

表 1　被试个体在表征能力分布图上的位置

个体	不考虑准确性	考虑准确性
Ada	中等	中等
Addie	中等	中等
Dillon	中等	中等
Emily	低	低
Emma	中等	中等
Ethan	中等	中等
Jasmine	低	低
Robert	低	低
Rosemary	低	低/中等*
Sue	低/中等*	中等

* 处于范围上限的个体被计算在范围下限内。

图 9　基于被试回答数据的表征能力分布图

注：每一个被试表征能力点状图均由一个钻石来表示，其中白底钻石代表低表征能力组，灰底钻石代表中等表征能力组。

　　为了确定答题准确度是如何影响被试的整体表征能力分布的，我们只用答题正确的信息来进行点状图评估。我们将这些表征能力值绘制在一个新的分布图上（图 10）。从此分布图中，我们看到表征能力值的范围与图 9 是相似的。虽然有些被试在分布图上的位置发生了变化，但个人在两个位置上的总体分布和模式保持一致。仅有一个被试从低表征能力组的上限移到了中等表征能力组。分布图中似乎缺少了两个被试的信息，这是因为中等组中有两个具有同等表征能力水平的成员，他们在图中的信息发生了重叠。上述发现坐实了"对于学生理解而言，表征能力和内容知识是相互独立的"的这一论点。

图 10　基于被试回答数据的表征能力分布图（参考答题准确度）

注：每一个被试表征能力点状图均由一个钻石来表示，其中白底钻石代表低表征能力组，灰底钻石代表中等表征能力组。八个可见钻石意味着存在同等表征能力值的重叠情况。

　　在本例中，我们还围绕 TCA 循环问题，针对那些处于同一表征能力水平组的被试，就他们在某一时点所具有的表征能力进行了分析。可以通过修改我们的方法，来对多个被试在某时点上的表征能力进行比较，或是对某一个被试在不同时点上的表征能力进行比较。教师和研究人员可以用这种方法来更深入地掌控学生理解情况的全局。

12.5　评估的准则

　　我们认为，学生的理解能力是个人内容知识与表达能力的结合。尽管这些准则的关注点在表征能力，但我们也不应忽视它与内容知识的联系。无论如何，我们始终认为，表征能力并不完全依赖于正确的内容知识。对于研究人员和教师而言，要想全面掌握学生的理解能力情况，就必须考虑对两者进行评估。学生的理解能力是研究人员和教师都感兴趣的议题。本节将把讨论整合至研究人员和教师的相关话题中。尽管在动机上两者有所不同，但就评估设计的基础步骤而言，相似之处随处可见。本节拟讨论的步骤主要包括：问题（题项）的设计、评估（工具）的设计，以及结果的解释。

12.5.1　问题的设计

一般而言，学生给出的答案，很大程度上取决于提出的问题。我们可以通过多种视角，对问题的构成要素进行考量。例如，我们可以用布鲁姆分类法（Bloom et al.，1956）来分析一个问题，以确定给出一个完整答案所需的认知领域。同样，可以使用我们的三重表征模型，根据模型的类别对问题进行分类。要做到这一点，则必须考虑到三重表征模型类别中的两个重要构成要素：①个人表征能力水平；②层次间的联系。这些要素可能存在于问题中，更重要的是存在于期望的答案之中。我们建议在设计问题时，答案应是各种各样的，以反映各层次的表征能力水平；但有些问题应该只要求回答三重模型中的一个层次分类（表征性微观、表征性符号或表征性宏观）即可，题库应该包含那些专注于每个单独类别的问题；其他问题应该要求答题者从多个层次上作出回答，而不一定要求在不同层次之间建立联系。学生的答案应至少能够在三重分类中的两个层次间建立联系，才有望达到更高阶的表征能力水平标准。与布鲁姆分类法（Bloom et al.，1956）类似，通过在不同层次上进行问题设计，可以更为全面地对学生的表征能力进行评估。关于问题设计的这些建议，可能适用于各个层次的学生，但也需要承认，我们的研究仅仅涉及了本科学生。

12.5.2　评估的设计

在设计评估时，你应该拉出一些问题，这些问题在答案中涵盖了不同的层次和联系。这种多样性可以确保不同表征能力水平的学生有机会根据三重模型正确回答问题。然而，与同龄人相比，具有较高表征能力的学生可能会给你提供比你要求或预期更高的三重模型类别水平。如前所述，学生的答案可以涵盖正确的三重模型类别，但显示出不正确的内容。我们建议建立评估，以增加三重模型类别的复杂性，从最低的复杂性开始，以最高的水平结束。一个完整的评估不一定要包含所有三重模型类别的问题。与布鲁姆分类法类似，你应该注意到你所写的评估的水平。在评估过程中，你的学生很有可能达不到高级或专家级的水平，这取决于题目的情况。我们发现本科生物入门班的学生并没有表现出高于"两个连接"类别的能力。你所评估的最高三重模型类别应该略高于你所期望的受众的表征能力。

12.5.3　结果的解释

当你使用分析数据部分给出的方法对你的评估进行打分时，才是对学生表征能力的真正衡量。在为表征能力打分时，要记住你的问题可能会影响学生的回答。我们在研究中注意到，我们的许多问题都集中在三重模型的微观层面，这可能影响了学生在各层次之间建立联系的能力。因此提醒你在解释点状图或分布图结果时要注意到这个限制。当你观察学生的表征能力与他们对某一主题的内容知识的比较时，我们的评估方法有助于识别多种类型的学生。首先，你可以确定哪些学生有较强的表征能力，但缺乏对内容的理解。其次，你可以确定那些尽管有正确的内容知识，但在表征能力上有困难的学生。最后，你还可以通过点状图观察哪些学生在表征能力和内容知识方面都很弱或很强。这就描绘出了学生知识的总体情况，有助于比较或跟踪学生。

12.5.4　核对清单

以下是一份以简略的形式呈现的核对清单表，它综合了我们的上述准则。当使用三重模型来评估表征能力时，你应该：

①设计涵盖各种三重模型类别的问题。

②明确指出哪一种三重模型类别是回答问题所必需的。

③确定对你的问题给出完全正确的答案所需要的三重模型类别。

④围绕各种问题进行评估。

⑤在评估你的学生所拥有的表征能力时，保持合理的期望。

⑥使用多种评估方法来全面了解学生的表征能力。

12.5.5　潜在的用途

教育者会发现，对于掌握班级学生表征能力的大体情况，以及在教学前后对个别学生表征能力进行观察而言，这个评估十分有效。尽管我们认为，个人的表征能力或许取决于内容，但也有理由相信，对于不熟悉的主题而言，个人表征能力的测量结果会是相近的。此类评估的另一用途是，当你把内容正确和内容不正确的回答分开时，可以掌握每个学生对该主题理解情况的详细信息。研究人员可能会发现这些方法同样有助于对学生和班级表征能力的持续性评估。

此外，这些方法不仅可以应用于课堂，也可以应用于研究。根据你的研究问题，你不仅可以用此模型来了解个人表征能力或群体表征能力的分布情况，还可以用它来获得个人对某主题的整体性理解情况。你可以对这些方法中的任何一个进行修改，以解答各种各样的研究问题（包括比较性问题和描述性问题）。

12.6　结　　论

本章主张使用三重表征模型来对学生的理解能力进行探究，并就如何使用三重表征模型测量个人的表征能力与理解情况进行了描述。此外，本章还提出了一种方法，用于对群体表征能力和个人的动态表征能力进行比较。

基于笔者的经验和当前的研究，本章还提出了一个根据三重表征模型进行评估设计的准则。最后，本章再次重申，为了达到预期结果，让评估与三重表征模型的类别保持一致是非常重要的。无论是在教育还是在研究环境中，这一研究方法都具有重要的应用价值。

参 考 文 献

Bloom，B. S.，Engelhart，M. D.，Furst，E. J.，Hill，W. H.，& Krathwohl，D. R.（1956）. In B. S. Bloom（Ed.），*Taxonomy of educational objectives：The classification of educational goals，Handbook 1：Cognitive domain.* New York：David McKay Company，Inc.

Boddey，K.，& de Berg，K.（2014）. The impact of nursing students' prior chemistry experience on academic performance and perception of relevance in a health science course. *Chemistry Education Research and Practice.* Advance online publication，*16*，212. https://doi.org/10.1039/ c4rp00240g.

Chandrasegaran，A. L.，Treagust，D. F.，& Mocerino，M.（2007）. The development of a two-tier multiple-choice diagnostic instrument for evaluating secondary school students' ability to describe and explain chemical reactions using multiple levels of representation. *Chemistry Education Research and Practice，8*（3），292-307. https://doi.org/10.1039/B7RP90006F.

Gilbert，J. K.，& Treagust，D. F.（2009）. Introduction：Macro，submicro and symbolic representations and the relationship between them：Key models in chemical education. In J. K. Gilbert & D. F. Treagust（Eds.），*Models and modeling in science education，Volume 4：Multiple representations in chemical education*（pp. 1-8）. Netherlands：Springer.

Jaber，L. Z.，& BouJaoude，S.（2012）. A macro-micro-symbolic teaching to promote relational understanding of chemical reactions. *International Journal of Science Education，34*，973-998. https://doi.org/10.1080/09500693.2011.569959.

Johnson，S. L.，Maroo，J. D.，& Halverson，K. L.（2010，April）. Classification of Undergraduate Alternative Conceptions of the Tricarboxylic Acid Cycle. Paper presented at the meeting of National Association for Research in Science Teaching，Orlando，FL.

Johnstone, A. H. (1982). Macro- and microchemistry. *School Science Review, 64*, 377-379.

Johnstone, A. H. (1991). Why is science difficult to learn? Things are seldom what they seem. *Journal of Computer Assisted Learning, 7*, 75-83. https: //doi.org/10.1111/j.1365-2729.1991. tb00230.x.

Johnstone, A. H. (1993). The development of chemistry teaching: A changing response to changing demand. *Journal of Chemical Education, 70*, 701-705. https: //doi.org/10.1021/ed070p701.

Kozma, R., & Russell, J. (2007). Students becoming chemists: Developing representational competence. In J. Gilbert (Ed.), *Visualization in science education* (pp. 121-145). Dordrecht: Springer.

Marbach-Ad, G., & Stavy, R. (2000). Students' cellular and molecular explanations of genetic phenomena. *Journal of Biological Education, 34* (4), 200-205. https: //doi.org/10.1080/00219 266.2000.9655718.

Rappoport, L. T., & Ashkenazi, G. (2008). Connecting levels of represenation: Emergent versus submergent perspective. *Internation Journal of Science Education, 30*, 1585-1603. https: //doi.org/ 10.1080/09500690701447405.

Talanquer, V. (2011). Macro, submicro, and symbolic: The many faces of the chemistry "triplet". *International Journal of Science Education, 32*, 1-17. https://doi.org/10.1080/09500690903386435.

Treagust, D., Chittleborough, G., & Mamiala, T. (2003). The role of submicroscopic and symbolic representations in chemical explanations. *International Journal of Science Education, 25*, 1353-1368. https: //doi.org/10.1080/0950069032000070306.

13　科学教育中的表征能力：从理论到评估

约亨·沙伊德（Jochen Scheid）　　安德烈亚斯·米勒（Andreas Müller）
罗萨·黑特曼施佩格（Rosa Hettmannsperger）
沃尔夫冈·施诺茨（Wolfgang Schnotz）

13.1　理　　论

现象、概念、各种心理表征及其相互作用对于正确理解科学实验是非常重要的（Gilbert and Treagust，2009；Mayer，2005）。术语"表征"被理解为一个三方关系，包括指代物（或对象）与表征、该指代物与表征的蕴意（或对它们的解释），以及它们之间的互动。这一关系往往通过不同的方式被提及（如"皮尔斯三角"或"意义三角"），对其在认识论和符号学中的基础的详细讨论可以在泰特勒等的著作（Tytler et al.，2013，Ch.6.）中看到。施诺茨（根据双重编码理论）区分了两种类型的表征（Schnotz，2005，2002，综合图文解）。

照片或示意图是描述性图片表征，公式、表格和语言描述是描述性文字表征，所有形式的表征都可以出现在内部（在头脑中）或外部（例如，在纸张或屏幕上）。表征是有选择性的，因此，它们可以在内容上不同，以解决不同的任务（Schnotz，1994；Herrmann，1993）。一个表征不一定只是一张说明性的图片，它还可以作为以问题解决为导向的任务的工具，是推理的基本方法。施诺茨和迈尔（Mayer）对认知过程理论进行了详细描述，指出认知过程发生在使用多种表征进行工作时（Schnotz，2005；Mayer，2005）。因此，可以通过听觉或视觉渠道对不同表征的信息进行处理，并将其整合至工作记忆里的命题和心智模型中（Schnotz，2005；Mayer，2005）。此外，他们还提供了任务构建策略，以减少可能出现的认知过载（Sweller，1999），这种过载可能是由与多种表征相关的工作造成的（例如，多媒体认知原则和一致性原则，Mayer，2005；Schnotz，2005）。

众所周知，在物理学和科学教育中，熟练使用多元表征是解决问题的常用方法（Ainsworth，1999；Tsui and Treagust，2013；Schnotz et al.，2011）。针对某一情形或某个问题，以熟练且相互关联的方式，来构建和使用不同且具有专属性的表征（描述性图片表征和描述性文字表征）（Schnotz and Bannert，2003）的能力被称为表征能力（Guthrie，2002；Kozma and Russell，2005）。在表征能力的一系列技能和实践中（Kozma and Russell，1997；Kozma，2000；Dolin，2007），包括：①在不同形式的表征之间切换与转译的能力（Ainsworth，1999）；②对于那些基本的、无法明显感知的物理实体（例如，辐射或原子）和过程进行交流的能力。表征之间的信息转译往往是必要的（Ainsworth，1999）；在科学情景中，信息转译意味着，被表征信息中的一部分内容，是可以用不同的表征形式来表达的。当把分子相关的图形、视频或动画内容转译成任何其他类型的表征时，专家的表现明显好于新手（Kozma and Russell，1997）。当然，在对一组表征的重叠性内容进行转译时，自相矛盾的情况是不应出现的。每种表征类型都有其特定的思维方式，它们各有优点和缺点；因此，在学习过程中，有技巧地将不同的表征进行组合使用是有益的（Leisen，1998a，1998b）。鉴于其对科学思维的重要性，并基于大量的证据（如 Kozma et al.，2000；Dunbar，1997；Roth and McGinn，1998），科兹马（Kozma，2000）强调，应在化学课程中培养学生的表征能力。在丹麦，这已见诸学校课程中了（Dolin，2007）。

　　然而许多研究表明，学生的表征能力水平极低。科兹马和拉塞尔（Kozma and Russell，2005）认为，具有不同表征能力水平的学生在面对与表征相关的学习中会表现出差异。他们指出，表征能力水平低的人是在表征的表面层次进行工作的（Chi et al.，1981；diSessa et al.，1991；Kozma and Russell，1997）；而表征能力水平高的人会展示出深度处理问题的特点，列如，他们使用更多的正式和非正式表征来解决问题，作出预测或解释现象（Dunbar，1997；Goodwin，1995；Kozma et al.，2000；Kozma and Russell，1997；Roth and McGinn，1998）。学生在化学领域的表征能力水平颇低，许多研究对其可能的原因进行了讨论并有所发现（Devetak et al.，2004）。中学生（平均年龄：18 岁）在他们的高中考试中必须解决几个任务。为此，许多学者的研究（Thiele and Treagust，1994；Devetak et al.，2004）认为，这要求学生必须能够建立起化学概念在宏观、亚微观和符号层次的联系。然而，他们的研究结论显示，教师一般并不注重教授学生如何在数种表征之间建立联系；仅在准备高中考试时，教师们才会将精力集中于此。如果学生不能充分将各层次的表征联系起来，他们的知识将会是支离破碎的，只可被暂时记忆。此外，众所周知的是，问题不仅仅在于学生缺乏在不同层次的表征间建立联系的能力，他们也没有理清符号层次表征和亚微观层次表征的作用（Treagust et al.，2003）。研究表明，物理学专业的学生同样拥有较低的表征能力水平（Saniter，

2003）。即使是高年级的学习者（大学第七学期）也不能将公式含义与现象，以及在实验中的实践联系起来，他们并没有比低年级学习者（大学第五学期）表现得更好。特别是当学生试图只用一种表征方法来对实验进行解释时（例如，用库仑定律的对称形式来解释单源点电荷，Saniter，2003），问题就出现了。只有当学生与现象级层次的表征相联系时，他们才能够正确地估计测量值。其他的表征问题也已被研究所发现（Saniter，2003）。当一个学生对某一表征层次的主题不是很熟悉时，他就不能用表征来完成任务，即便是他在之前的任务中已与此任务内容有过直接接触（Saniter，2003）。对内容的盲目追求被认为是造成这种情况的原因。对学生来说，危险之处是他们持续地在表征的表面特征上进行操作（Chi et al.，1981；diSessa et al.，1991；Kozma and Russell，1997）。学生表征能力水平低的另一个可能原因源于教师在课堂上处理表征的方式。李（Lee，2009）分析了八年级三个班级关于射线光学的课程，发现了一种隐含的、简短的、部分不准确的、易接受的表征使用方式。也因此，学生对表征的认知没有被充分激活（关于发展表征能力的激活性学习策略，可参阅 Scheid et al.，2015；Scheid，2013）。

　　学习过程中存在的不足不仅是由学生表征能力的缺乏所导致的，也因为学生没有达到教师们对实验学习的预期（Novak，1990；Harlen，1999）。在学校的课程中，学生很少有机会去谈论实验或自己设计实验又或者是分析实验，他们无法与实验建立联系（Tesch，2005，七至九年级，关于机械和电力的视频研究）。因此，学生对不同类型的表征进行更深入处理的机会不多。对科学实验的适当理解通常需要一定水平的表征能力，因为信息通常分布在相同或不同类型的数个表征当中，并且这些信息必须被联系起来。这尤其说明了，在不同表征的内容之间建立相互联系的能力，以及将重叠的内容从一个表征转译为另一个表征的能力，是获取关联性知识的关键能力。这种能力被称为表征一致性能力（representational coherence ability，RCA）（Scheid et al.，2015；Scheid，2013）。在数个表征之间进行信息转译不可避免地易出现曲解或错误，并可能导致不想看到的矛盾和不一致情况出现。因此，从上文提及的表征一致性能力中可以看到，表征能力的核心可以被视为"学生在一系列表征的重叠信息之间，实现表征一致性的能力水平"，这种说法是科学的。RCA 是使用多元表征的必要条件，它还包括在不同类型的表征之间进行信息转译或对表征进行调整，并且与在学科（如物理学）中所取得的成就有着根本性的联系。鉴于表征能力对于学生的理解能力具有的重要作用，以及学生表征能力水平普遍低下的现状（见上文），对 RCA 诊断工具的需要迫在眉睫。基于此，本章旨在对 RCA 的测试题项进行设计，并通过心理测量学中的指标值对所设计题项进行信度评价。

13.2 研 究 方 法

研究在德国（莱茵兰-普法尔茨联邦州）的几所文法学校开展。所有的学校都位于小城镇。研究的主题是物理学，特别是射线光学科目和凸透镜成像科目。根据课程安排，这个主题在七年级时就开始教授。我们有三个测量时间点：六个光学课程开始前（前测）与结束（后测）时，以及这些课程结束后的六个星期（随访测）。我们用经典的题项分析方法对数据进行了分析：因子分析、α_C、题总相关度、题项难度，以及专家评分的组内相关度。我们招募了 6 所学校 17 个班级的 488 名学生。这些学生的年龄在 12 到 14 岁之间（M=13.3；SD=0.5），其中 54%是男孩，46%是女孩。

RCA 测试的设计

使用表征进行设计的能力，以及恰当地运用表征来进行工作的能力，与物理学成就密切相关，因为科学表征往往是领域专属的，被用于描述、描绘或联系科学内容。处理表征的能力既是累积物理学成就的基础，也是获取物理学成就的结果。因此，它们不仅本身相互依存，其发展也是相辅相成的。所以说，尽管 RCA 评估任务的重点在 RCA，但 RCA 是与物理学成就有着内在联系的。任务的重点是由实验的多样性或是与现象相关的表征的多元性所决定的。RCA 是通过评估任务来完成测量的，这些任务与课程相关，它们要求学生在有两个表征信息的情况下进行工作（题项类型 A），或是在有三个及以上表征信息的情况下进行工作（题项类型 B，均见表 1）。通过结合这些变体，可以涵盖表征能力的范围：从单一或少数表征到相互联系的表征系统。本章将对题项 1b、1c、4a 和 7 进行讨论。为了阐明题项中的各种表征，可在附录中查看测试内容。

表 1　关于 RCA 测试题项的不同表征类型组合的概述

题项	题项类型	解决任务所需要的表征数量/个	表征数量/个				
			文本	光路图	公式	表格	照片/逼真的图纸
1a			1	1			
2			1				1
3a	A	2	1		1		
3b			*		1	1	
4a			1		1		
7			1	1			

续表

题项	题项类型	解决任务所需的表征数量/个	表征数量/个				
			文本	光路图	公式	表格	照片/逼真的图纸
1b			2	2			
1c			2	2			
4b			2	1			
5a	B	≥3	2				2
5b			2				2
5ca			2				2
5cb			2				2
6			2	2	1		
8			2				2

*表示完成任务所不急需的信息；题项 1b、1c、4a 和 7 在文中讨论，其他题项和其表征形式可见附录。

测试采用了等距量表和开放式问答的形式，题项类型 A、B 分别有 6 个和 9 个（Scheid，2013；Scheid et al.，2017；考虑到了答案的复杂性，Kauertz，2008）。

作为题项类型 A 的范例，图 1 显示了一个使用文本和光路图来评估 RCA 的任务，评估依据为学生解决焦点问题时的表现（表 1）；学生被要求根据所给的数值参数来绘制成像过程的光路图，以找出凸透镜的焦点。学生要完成此任务，必须首先理解任务的语言部分，然后知晓如何找到解决方案，并且学生可以将语言信息中的有效部分转译为描述性示意图，应用物理学原理绘制光路图。图 2 显示了在有两个表征信息的情况下对 RCA 进行评估的另一题项。

彼得做了一项成像实验，但他忘了记录下凸透镜的焦点。
物体大小为3.0厘米，像大小为1.6厘米，
物距为4.3厘米，像距为2.3厘米。
用绘图来解决任务。凸透镜的焦点在哪里？

凸透镜

图 1　评估 RCA 的题项类型 A 的范例

注：该题项有两个表征（题项 7）：给定数值参数、光路形成（光路形成的例子见图 3，Scheid，2013；Scheid et al.，2017）。

该题项似乎是一个关注焦点在放大率公式上的传统文本任务，但解决这个任务也需要 RCA（即语言表征和数学公式之间的一致性水平）。学生们必须能够将口头上的数值参数分配给正确的物理量，否则他们就不能正确地将数值应用于公

式当中，因此也就不能正确地使用公式。

> 伊内丝想绘制一个放大的瓢虫图像（20毫米），这只瓢虫原本为5毫米。
>
> 为了方便绘制，她想把虫子的图像投射到屏幕上，瓢虫位于凸透镜前10毫米处。
>
> 屏幕应该放在何处？
>
> 通过计算回答上述问题。

图 2　在有两个表征信息的情况下对 RCA 进行评估的题项类型 A 范例（题项 4a）

注：用口头上的参数进行计算（Scheid，2013；Scheid et al.，2017）。

另外，当学生被要求口述任务的答案时，他们需要将数学表征转译成文本。为此，他们至少要知道方程中物理参数的含义。

相比之下，测量 RCA 的题项类型 B 由一系列任务组成。任务通常会提供三个或更多的、与实验或现象有关的连贯心理表征。也因此，这些任务需要深层次的、不流于表面的处理才能得以妥善解决。

图 3 显示了一个题项集，要求学生建立一个表征性心智模型以作出正确的回答。这个模型必须包含光路图中所显示的相关信息，该光路图的实验性设置如图所示。为了推进这项工作，对物理定律的理解是势在必行的——如果物距发生改变，凸透镜会如何改变光路呢？一般来说，学生并不会掌握此模型，但他们拥有基本知识，因此是有可能设计出心智模型的。学生们知道如何绘制光路图，下一步是建立适当的心智模型，以对具有不同"像-凸透镜"距离的光路图进行比较和描述，之后在表征性思维过程的最后阶段，建立起题项所需的、光路图与心智模型之间的关系（需要在心智上改变对光路形成的认知，表1）。无论是一般情况还是特殊情况，我们都可以通过这种方式估计出像距是如何随着物距的变化而变化的。

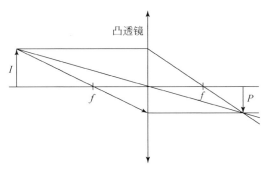

凸透镜

b)如果增加物体与凸透镜间的距离，那么像与凸透镜间的距离，以及像大小将如何变化？

c)用图中的光束解释你的推理。
如果物体与凸透镜间的距离增加，为什么像大小会以你上面描述的方式改变？

图 3　在有三个表征信息的情况下对 RCA 进行测量的题项集（题项 1b 和 1c，类型 B，Scheid，2013；Scheid et al.，2017）

注：I：物体大小；f：焦距，P：像大小。

在任务的第二部分，学生被要求口头解释他们是如何完成上述任务的。这种方法试图深入了解学生们的思维过程，并识别出那些蒙对答案的学生。鉴于此，学生只有使用了连贯心智模型和三种合格的表征形式，才会被认为顺利地完成了任务：①示意图，根据书面任务绘制；②示意图的心智模型（如光路如何变化），涉及相关物理定律；③生成性文本，用于描述心智模型，并可作为任务的一部分答案。

13.3 题项和测试分析的结果

探索性因子分析（主成分分析，四等分极限轴转法，Eid et al.，2011）显示，第一个因子具有较大的特征值，而其他因子特征值不超过单个题项特征值。当某因子特征值明显高于其他因子（Cattell，1966），且该因子特征值高于单个题项特征值时，可认为其是相关性因子（Kaiser and Dickman，1959；Eid et al.，2011）。因此，只有一个因子是真正相关的，本测试可被视为一维的。

关于课程的信效度，RCA 测试的内部一致性为 α_C=0.8 [N（后测）=488，N（随访测）=484，Cronbach and Snow，1977]。由于前测时存在着知识不一致的情况，不应预期前测值会处于理想范围内（Nersessian，1992；Ramlo，2008；Nieminen et al.，2010）。同时，个别题项的排除并不会导致内部一致性的提高。我们对 RCA 测试的题总相关度——即单个题项与其余题项总分的相关度——进行了计算，每个题项与余项总分都具有较佳的相关度，r_{it}>0.3（Weise，1975）。仅题项 3a 的相关度为：r_{it}=0.2。

在前测中，有 8 个题项的难度在 0.2<P_i<0.8 的理想范围内，有 7 个题项的难度低于 0.2 [P_i（前测）=0.16]。对于其他时间的测量，除了题项 1c（后测和随访测）和题项 6（随访测）外，其余题项的难度均位于理想范围内。后测的平均题项难度 [P_i（后测）=0.36] 比随访测的平均题项难度 [P_i（随访测）=0.30] 高17%。

专家评分的结果显示，RCA 测试被视为"对课程有效"或"对课程完全有效"。组内相关度非常显著，其系数值在 0.5 和 0.7 之间：0.5<ICC<0.7。

13.4 讨   论

就题项分析而言，RCA 前测时的题项难度较低，一个可能的解释是，题项问题中涉及的物理内容实际上是接下来课程的主题。尽管如此，在课程开始前评估RCA 是有意义的，因为学生在前测中显示出了 RCA 的个体差异，这些信息可以用于统计分析以衡量变化情况。前测中较低的题项难度，以及数据表中数个缺失值，是导致当时无法对修正后的题总相关度和 α_C 进行计算的原因。在后测和随访测中，共计有三个题项是惹人注意的。

题项 1c 难度值较低，因为它要求在成像实验中，对物距与像距之间抽象的相互关系进行逻辑推理。题项 6 的难度值也较低（仅在后测中）；该题项要求回答为什么不能用光路图中标记的两个三角形推导出放大率公式的原因。无论是从物理学的角度，还是从教学实践来看，这两个题项的内容都是很难的；然而，正是这些内容使得所设题项不仅有趣，而且对测量高水平的 RCA 极其重要。因此，它们是有用的，应保留在测试中。

就题总相关度而言，只有题项 3a 的值较低，这似乎是一个例外。一个可能的解释是，该题项的主题与其他题项的主题不同。它问的是应用放大率公式的可能性，此题项要求回答者具有元认知。保留该题项将导致问题的出现，应进行剔除。修正后的题总相关度，以及后测和随访测的 α_C 值都是可接受的（Kline，2000）。总之，RCA 测试的结果是准确可靠的。

专家评分的组内相关度是异常显著的，该数值可以被接受（Wirtz and Caspar，2002）。因此，专家评分清晰地表明，在课程中进行的 RCA 测试具有足够的效度，学校可以将其用于诊断学生的 RCA 水平。当然，如果有需要的话，也可以将其用于评分。

13.5 启示、局限性和未来的研究建议

我们围绕 RCA 的测量进行了题项设计策略的开发，就所考虑的各方各面而言，这种基于理论的开发都是成功的。因此，在了解了本研究结果所提及的相关知识后，教师们可以普遍对其所授的，可促进学生 RCA 水平发展的教学课程进行必要的评估，也可以针对性地去识别应该为哪些学生提供援手，以帮助他们发展 RCA，所提供的帮助又应有多大。这可以帮助解决学生在理解科学概念、现象和实验时所面临的那些众所周知的问题。此外，RCA 的测试工具还可以用于对促进 RCA 水平发展的未来策略效果进行研究［例如，使用表征性活动任务（representational activity tasks，RATs），见（Scheid et al.，2015；Scheid，2013）］。但本测试工具存在局限性，即只适用于射线光学领域。在此建议对服务于其他需要使用多重表征的科学教育主题如热力学或遗传学，进行 RCA 测试工具的设计。

鸣谢 我们感谢所有参与这项研究的老师和学生,感谢莱茵兰-普法尔茨联邦

州对我们此项研究的授权。感谢德国研究协会（German Research Association，研究生院 GK1561）对本项研究的资助。本研究的观点并不代表资助机构的观点。

附录

RCA 测量的题项与表征

任务 1

a）在下面的成像实验中画出光束的传播情况：焦距 $f=3$ 厘米；物距 $i=8$ 厘米；物体大小 $I=2$ 厘米。

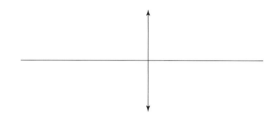

b）如果增加物体与凸透镜间的距离，那么像与凸透镜间的距离，以及像大小将如何变化？

_____

_____

_____

c）用图中的光束解释你的推理。如果物体与凸透镜间的距离增加，为什么像大小会以你上面描述的方式改变？

_____

_____

任务 2

一个物体在一个凸透镜前，其距离在一倍焦距和两倍焦距之间。

与物体大小相比，像大小是多少？ _____

与焦距相比，像会在离凸透镜多远的地方（即像距）出现？ _____

任务 3

a）放大率公式的作用是什么？

· 如果像距和像大小是已知的，能够用其设计一个指定放大系数的凸透镜实验。

· 如果物体大小和像大小是已知的，能够用其计算出像距。

· 如果物距和像距是已知的，能够在没有进行实际实验的情况下，用其计算出放大率。

· 如果焦距和像距是已知的，能够用其计算像大小与物体大小的比值。

b）根据物体在屏上的投影计算下方的缺省值，详细写出计算过程并标明单位。

I	i	P	p	A
物体大小	物距	像大小	像距	投影比例尺
12 厘米	120 厘米		40 厘米	

任务 4

伊内丝想绘制一个放大的瓢虫图像（20 毫米），这只瓢虫原本为 5 毫米。为了方便绘制，她想把虫子的图像投射到屏幕上，瓢虫位于凸透镜前 10 毫米处。

屏幕应该放在何处？

a）通过计算回答上述问题。

b）如果凸透镜的焦距是已知的，那么有哪些可以完成此任务的途径？写出关键词即可。

任务 5

一个普通窗户被凸透镜投射至房间墙面上。

a）照片中有哪些类型的像（由凸透镜形成）：放大的/缩小的/等大的图像？

_____

b）物体（窗户）与凸透镜之间的距离 i 有多大？请在正确答案选项上打钩。

· 与墙和凸透镜之间的距离相近。
· 比墙和凸透镜之间的距离更近。
· 比墙和凸透镜之间的距离远得多。
· 是墙和凸透镜之间距离的两倍。

c）用几句话解释你对问题 a）和 b）的推理。

问题 a）

_____

_____

_____

问题 b）

_____

_____

_____

任务 6

为什么不能用下列三角形建立投影方程？

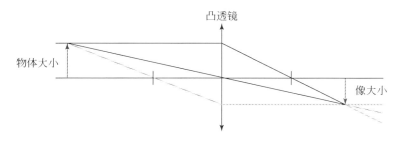

提示：投影方程为 $\dfrac{像大小}{物体大小} = \dfrac{像距}{物距}$

说明理由：

_____

_____

_____

_____

任务 7

彼得做了一项成像实验，但他忘了记录下凸透镜的焦点。物体大小为 3.0 厘米，像大小为 1.6 厘米，物距为 4.3 厘米，像距为 2.3 厘米。

用绘图来解决任务。凸透镜的焦点在哪里？

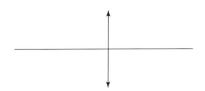

任务 8

某个晴朗的日子，托拜厄斯想使用凸透镜点燃火柴。

凸透镜　火柴

娜丁建议托拜厄斯在凸透镜前放置一个可调节的光阑（见下图）。

托拜厄斯这样做能使火柴更容易燃烧吗？

不能，因为……

_____

如果不能，光阑应怎么放置才会限制最小？请在上图中标注。

可以，因为……

_____

如果可以，光阑应怎么放置才能最大限度地提升点燃效果？请在上图中标注。

（RCA 工具的所有题项翻译自 Scheid，2013）

参 考 文 献

Ainsworth，S.（1999）. The functions of multiple representations. *Computers & Education*，*33*，131-152.

Cattell，R. B.（1966）. The scree test for the number of factors. *Multivariate Behavioral Research，1*，245-276.

Chi，M.，Feltovich，P.，& Glaser，R.（1981）. Categorization and representation of physics problems by experts and novices. *Cognitive Science，5*，121-152.

Cronbach，L.，& Snow，R.（1977）. *Aptitudes and instructional methods：A handbook for research on interactions*. New York：Irvington.

Devetak，I.，Urbančič，M. W.，Grm，K. S.，Krnel，D.，& Glažar，S. A.（2004）. Submicroscopic representations as a tool for evaluating students' chemical conceptions. *Acta Chimica Slovenica，51*，799-814.

diSessa，A.，Hammer，D.，Sherin，B.，& Kolpakowski，T.（1991）. Inventing graphing：Metarepresentational expertise in children. *Journal of Mathematical Behavior，10*（2），7-160.

Dolin，J.（2007）. Science education standards and science assessment in Denmark. In D. Waddington，P. Nentwig，& S. Schanze（Eds.），*Making it comparable. Standards in science education*（pp. 71-82）. Waxmann：Münster.

Dunbar，K.（1997）. How scientists really reason：Scientific reasoning in real-world laboratories. In R. Sternberg & Davidson（Eds.），*The nature of insight*（pp. 365-396）. Cambridge，MA：MIT Press.

Eid，M.，Gollwitzer，M.，& Schmitt，M.（2011）. *Statistik und Forschungsmethoden.*（*2. Aufl.*）［*Statistics and research methods*］（2nd ed.）. Weinheim：Beltz.

Gilbert，J. K.，& Treagust，D.（Eds.）.（2009）. *Multiple representations in chemical education.* Netherlands：Springer.

Goodwin，C.（1995）. Seeing in depth. *Social Studies of Science，25*，237-274.

Guthrie，J. W.（Ed.）.（2002）. *Encyclopedia of education.* New York：Macmillan.

Harlen，W.（1999）. *Effective teaching of science.* Edinburgh：The Scottish Council for Research in Education（SCRE）.

Herrmann，T.（1993）. Mentale Repräsentation ein erläuterungsbedürftiger Begriff ［mental representation，an explanation needy expression］. In J. Engelkamp & T. Pechmann（Eds.），*Mentale Repräsentation*（pp. 17-30）. Huber：Bern.

Kaiser，H. F.，& Dickman，K. W.（1959）. Analytic determination of common factors. *American Psychologist，14*，425.

Kauertz，A.（2008）. Schwierigkeitserzeugende Merkmale physikalischer Leistungstestaufgaben ［Difficulty-generating features of physics assessment tasks］. In H. Niedderer，H. Fischler，& E. Sumfleth（Eds.），*Studien zum Physik- und Chemielernen Band 79*. Berlin：Logos Verlag.

Kline，P.（2000）. *The handbook of psychological testing*（2nd ed.）. London：Routledge.

Kozma，R.（2000）. Representation and language：The case for representational competence in the chemistry curriculum. *Paper presented at the Biennial Conference on Chemical education*，Ann Arbor，MI.

Kozma，R. B.，& Russell，J.（1997）. Multimedia and understanding：Expert and novice responses to different representations of chemical phenomena. *Journal of Research in Science Teaching，43*（9），949-968.

Kozma，R. B.，& Russell，J.（2005）. Students becoming chemists：Developing representational competence. In J. Gilbert（Ed.），*Visualization in science education*. Dordrecht：Springer.

Kozma，R. B.，Chin，E.，Russell，J.，& Marx，N.（2000）. The role of representations and tools in the chemistry laboratory and their implications for chemistry learning. *Journal of the Learning Sciences，9*（2），105-143.

Lee，V.（2009）. Examining patterns of visual representation use in middle school science classrooms. Proceedings of the National Association of research in science teaching（NARST）annual meeting compact disc，Garden Grove，CA：Omnipress.

Leisen，J.（1998a）. Physikalische Begriffe und Sachverhalte. Repräentationen auf verschiedenen Ebenen ［physical notions and concepts. Representations on different levels］. *Praxis der Naturwissenschaften Physik，47*（2），14-18.

Leisen，J.（1998b）. Förderung des Sprachlernens durch den Wechsel von Symbolisierungsformen im Physikunterricht ［Fostering the learning of conversation via the change of symbolizitationtypes］. *Praxis der Naturwissenschaften Physik，47*（2），9-13.

Mayer，R. E.（2005）. Cognitive theory of multimedia learning. In R. E. Mayer（Ed.），*The Cambridge handbook of multimedia learning*（pp. 31-48）. New York：Cambridge University Press.

Nersessian，N. J.（1992）. How do scientists think? Capturing the dynamics of conceptual change in science. In R. N. Giere（Ed.），*Cognitive models of science，Minnesota studies in the philosophy of science*（Vol. 15，pp. 129-186）. Minneapolis：University of Minnesota Press.

Nieminen，P.，Savinainen，A.，& Viiri，J.（2010）. Force concept inventory-based multiple-choice test for investigating students' representational consistency. *Phyical Review Special Topics Physics Education Research，6*（2），1-12.

Novak，J. D.（1990）. The interplay of theory and methodology. In E. Hegarty-Hazel（Ed.），*The student laboratory and the science curriculum*. London，New York：Routledge.

Ramlo，S.（2008）. Validity and reliability of the force and motion conceptual evaluation. *American Journal of Physics，76*（9），882-886.

Roth, W. M., & McGinn, M. (1998). Inscriptions: A social practice approach to representations. *Review of Educational Research, 68,* 35-59.

Saniter, A. (2003). Spezifika der Verhaltensmuster fortgeschrittener Studierender der Physik [The specifics of behavior patterns in advanced students of physics]. In H. Niedderer & H. Fischler (Eds.), *Studien zum Physiklernen Band 28.* Berlin: Logos.

Scheid, J. (2013). Multiple Repräsentationen, Verständnis physikalischer Experimente und kognitive Aktivierung: Ein Beitrag zur Entwicklung der Aufgabenkultur [Multiple representations, understanding physics experiments and cognitive activation: A contribution to developing a task culture]. In H. Niedderer, H. Fischler, & E. Sumfleth (Eds.), *Studien zum Physik- und Chemielernen, Band 151.* Logos Verlag: Berlin, Germany.

Scheid, J., Müller, A., Hettmannsperger, R., & Schnotz, W. (2015). Scientific experiments, multiple representations, and their coherence. A task based elaboration strategy for ray optics. In W. Schnotz, A. Kauertz, H. Ludwig, A. Müller, & J. Pretsch (Eds.), *Multiple perspectives on teaching and learning.* Basingstoke: Palgrave Macmillan.

Scheid, J., Müller A., Hettmannsperger, R. & Kuhn, J. (2017). Erhebung von repräsentationaler Kohärenzfähigkeit von Schülerinnen und Schülern im Themenbereich Strahlenoptik [Assessment of Students Representational Coherence Ability in the Area of Ray Optics]. *Zeitschrift für Didaktik der Naturwissenschaften, 23,* 181-203.

Schnotz, W. (1994). *Aufbau von Wissensstrukturen. Untersuchungen zur Kohärenzbildung bei Wissenserwerb mit Texten* [Construction of knowledge structures. Research on coherence development during knowledge acquisition with texts]. Beltz, Psychologie-Verl. Union: Weinheim.

Schnotz, W. (2002). Towards an integrated view of learning from text and visual displays. *Educational Psychology Review, 14* (1), 101-119.

Schnotz, W. (2005). An integrated model of text and picture comprehension. In R. E. Mayer (Ed.), *The Cambridge handbook of multimedia learning* (pp. 49-70). New York: Cambridge University Press.

Schnotz, W., & Bannert, M. (2003). Construction and interference in learning from multiple representation. *Learning and Instruction, 13* (2), 141-156.

Schnotz, W., Baadte, C., Müller, A., & Rasch, R. (2011). Kreatives Denken und Problemlösen mit bildlichen und beschreibenden Repräsentationen [Creative thinking and problem solving with depictoral and descriptive representations]. In R. Sachs-Hombach & R. Totzke (Eds.), *Bilder Sehen Denken* (pp. 204-252). Köln: Halem Verlag.

Sweller, J. (1999). *Instructional design in technical areas.* Melbourne: ACER Press.

Tesch，M.（2005）. Das experiment im Physikunterricht ［The experiment in physics education］. In H. Niedderer，H. Fischler，& E. Sumfleht（Eds.），*Studien zum Physik- und Chemielernen Band 42*. Berlin：Logos.

Thiele，R. B.，& Treagust，D. F.（1994）. An interpretive examination of high school chemistry teachers' analogical explanations. *Journal of Research in Science Teaching*，*31*，227-242.

Treagust，D. F.，Chittleborough，G. D.，& Mamiala，T. L.（2003）. The role of sub-microscopic and symbolic representations in chemical explanations. *International Journal of Science Education*，*25*（11），1353-1369.

Tsui，C.，& Treagust，D.（Eds.）.（2013）. *Multiple representations in biological education*. Dordrecht：Springer.

Tytler，R.，Prain，V.，Hubber，P.，& Waldrip，B.（Eds.）.（2013）. *Constructing representations to learn in science*. Rotterdam：Sense.

Weise，G.（1975）. *Psychologische Leistungstests* ［*Psychological performance tests*］. Göttingen：Hogrefe.

Wirtz，M.，& Caspar，F.（2002）. *Beurteilerübereinstimmung und Beurteilerreliabilität* ［*Rater agreement and rater reliability*］. Göttingen：Hogrefe.